Welfare politics
and social policies
after the economic crisis

경제위기 이후
복지정치와 사회정책

Welfare politics and social policies after the economic crisis

경제위기 이후
복지정치와 사회정책

한국복지국가연구회 기획

은민수 | 박성호 엮음

은민수 | 손영우 | 손정욱 | 장선화 | 홍이진 | 김영필 | 임유진 지음

서문

경제위기는 사회정책에 어떠한 영향을 미치는가? 1920-30년대의 대공황, 제2차 세계대전, 1970-80년대의 오일쇼크와 브레턴우즈체제 붕괴, 2010년 전후의 유로존 및 글로벌 금융경제위기, 그리고 2020년 전후의 코로나 위기에 이르기까지 세계의 주요 국가들은 지난 100여 년간 여러 차례의 대규모 경제위기를 경험하였다. 이러한 경제위기가 사회정책에 미치는 영향, 특히 경제위기가 국내 사회경제 조건, 정당선거 정치 등과 동반하는 상호작용의 양상과 그것의 복합적 정책 결과는 사회과학 여러 분야의 연구대상이 되어왔다. 이에 관한 다양한 질문과 대답은 학문적 관심의 수준을 넘어, 정부, 정당, 그리고 시민사회 구성원들에게 정책적 실천적 논쟁의 소재를 제공해 왔다. 이 책은 2000년대 이후 서구 유럽과 아시아 태평양 권역의 주요 국가들이 대규모 경제위기에 어떻게 대응해왔고 이것이 사회정책에 미친 영향은 무엇이었는지 규명하고자 한다. 경제위기가 저성장, 양극화, 저출산/노령화 등의 사회경제구조와 정당선거의 정치과정과 어떻게 상호작용을 하였는지, 이의 결과로서 새롭게 진화하는 사회정책의 모습은 무엇인지 등이 주요 탐구 주제가 될 것이다. 이 책의 저자들이 각국의 맥락에서 제시하는 분석들은 현재 경제위기 시기 한국의 복지개혁 논쟁에도 중요한 함의를 제공할 것이다.

　서구 주요 국가들의 경험에 비추어 볼 때, 대규모 경제위기는 국
내의 사회경제적, 정치적 조건과의 상호작용 속에서 사회정책에 다
양한 영향을 미쳤다. 대공황과 세계대전으로 대표되는 20세기 초중
반의 경제적 충격은 대체로 사회정책의 확대에 긍정적으로 기여한
것으로 평가된다. 대규모 산업노동자층의 형성, 남성 중심의 홑벌
이 가족구조, 계급/계층 간 불평등으로 표현되는 근대 자본주의 체
제의 특성들은 시장의 위협으로부터 노동자와 그들의 가족을 보호
하는 공적 보험(산재, 실업, 의료, 연금 급여)과 공공부조에 대한 사
회적 수요를 확산하였다. 이러한 상황에서 발생한 대규모 경제위기
는 시장의 가혹함과 불안정성에 내한 공공의 인식을 더욱 심화하였
고, 산업노동자층, 중산층, 농민층의 지지를 포괄하는 사회민주주의
의 성공과 맞물리며 사회복지의 확대를 촉진하였다. 미국의 루스벨
트 민주당 정부 (1933-1945), 스웨덴의 사민-농민당 연립정부
(1932-1957), 그리고 2차 대전 후 서유럽 각국 정부의 정책들은 사
회복지의 확대를 보여주는 대표적인 사례들이다.

　이러한 성공에 기초하여 20세기 중반 이후 서구의 주요 국가들
은 시장의 불평등과 불안정에 대응하는 사회안전망을 더욱 확장하
였다. 또한 성공적인 전후 복구, 베이비붐 세대를 중심으로 젊은 노
동력의 확대, 중고 부가가치 제조업 중심의 경제성장 등에 기초하
여 사회복지의 재정기반을 안정화하였다. 더욱이 반주기적
(counter-cyclic) 재정통화정책과 총수요 관리에 기초한 케인스주의

의 광범한 수용은 거시경제변동에 대응하는 정부의 정책기능을 더욱 강화하였다. 하지만 자본주의의 황금기는 1970-1980년대를 거치면서 마감하게 된다. 이 시기에 발생한 두 차례의 오일쇼크는 제조업 생산성의 둔화라는 구조적 조건과 맞물리며 공급가격 충격과 경제불황을 촉진하였다. 또한 달러의 금 태환에 기초하여 2차 대전 후의 환율체제를 관리하였던 브레턴우즈체제의 붕괴는 국제적 환율 경쟁 및 인플레이션 악화를 초래하였다. 이러한 위기의 상황에서 다수의 정부가 시행한 케인스주의 거시경제관리와 공공사회 정책은 내수 확대를 통해 경기 불황을 완화하기보다는, 노동자, 소비자, 기업의 인플레이션 기대심리를 확대하여 스태그플레이션(stagflation)을 고착화하는 데에 기여하였다. 이제 공공의 여론은 거시경제정책 실패와 사회복지의 부작용에 주의를 기울이기 시작하였다. 특히 1980년대 전후 영국의 대처 보수당 정부의 수립, 미국의 레이건 공화당 정부의 수립, 서독의 콜 기민당 정부의 수립, 프랑스의 미테랑 사회당 정부의 통화주의 거시경제정책으로의 전환 등은 공공정책의 축소와 시장 역할의 강화를 본격화하는 신호탄이 되었다.

  21세기 들어 최근 10여 년간의 세계 경제 상황은 경제위기가 사회정책에 미치는 영향에 대한 학문적 정책적 관심을 새롭게 환기하였다. 2007-8년 미국의 주택 및 파생금융상품 시장에서 발생한 서브-프라임 모기지(sub-prime mortgage) 사태는 대형 투자금융기관의 도산과 채무 악화 문제를 유발하였다. 비슷한 시기 유럽통화연합 내의 무역 불균형과 적자국의 공공/민간부채의 누적에 기초하여 발생한 유로존 경제위기는 서브-프라임 모기지 사태와 상승작용을 하며 OECD 주요 국가의 경기침체를 강화하였다. 더욱이 2020년부터 본격화한 코로나 방역위기는 전 세계 경제에 전대미문의 커다란 충격파를 던져주었다. 전염병 확산에 대응하는 각종 통제정책으로 인하여 노동력의 공급, 생산, 투자, 소비의 모든 영역에서 경제활동이 급감하였다. OECD 주요 국가 중 위기의 수준이 가장 심각했던 남유럽 및 영국 등은 2020년 기준으로 -10% 내외의 경제성장률을 기록하였고, 위기관리에 비교적 성공적이었던 한국, 대만, 뉴질랜드, 호주 등도 0% 내외의 경제성장을 경험하였다.

이 책은 최근의 경제위기가 여러 국가의 사회정책에 미친 영향에 대한 다양한 논의를 제공한다. 프랑스, 네덜란드, 이탈리아, 스웨덴 등 전통적인 서구 유럽국가뿐 아니라, 아시아 태평양 권역에서 민주주의와 시장경제를 성공적으로 결합해온 호주/뉴질랜드, 일본, 대만의 사례들도 함께 추적한다. 이 국가들은 과거의 대척지 국가 모델(호주/뉴질랜드)과 발전국가 주도의 경제성장 모델(일본, 대만)에서 탈피하여 보다 일반적인 시장경제모델로 전환해왔다는 점, 그리고 대만의 경우 1980-1990년대의 민주화를 거치면서 새로운 민주주의 정치체제를 공고히 해왔다는 점에서, 경제위기가 성숙한 시장 민주주의 국가의 공공정책에 미치는 영향을 분석하는 데에 유용한 사례를 제시한다고 할 수 있다.

이 책의 저자들은 최근의 전 지구적 경제위기가 역설적으로 유럽과 아시아 태평양 국가들의 사회복지 확대와 재편에 대체로 긍정적인 영향을 미쳤다고 평가한다. 저성장, 소득의 양극화, 저임금 불안정 노동시장의 확대, 전통적 가족 모델의 약화, 저출산/노령화 등의 구조적 요인들에 의해 다양한 취약계층(청년, 여성, 젊은 가족, 편부모 가족, 근로 빈곤층, 빈곤 노인층 등)이 양산되고 또한 사회복지의 사각지대도 넓어지는 상황에서, 대규모 경제위기는 고용/임금 지원, 사각지대 해소, 복지특권 해소와 형평성/보편성의 강화 등의 사회적 요구를 확산하였다. 이러한 요구에 대응하기 위하여, 기여와 혜택의 비례성에 기초한 전통적 공적 보험을 넘어서는 조세 기반의 공적 서비스나 부조 정책의 확대 필요성도 강조되었다. 물론, 사회적 수요가 현실의 정책 변화로 귀결되기 위해서는 정당과 선거 정치의 매개 역할이 중요하게 작용하였다. 주요 정당의 정책 선호가 어떻게 형성되고 선거 경쟁과 연합의 과정이 어떻게 진행되는가에 따라 사회복지의 팽창, 개혁, 정체 사이의 다양한 결과가 만들어졌다.

이 책의 저자들은 이러한 공통의 접근방식에 기초하여 국가별 다양한 경험사례를 추적한다. 분석의 주요 시기(2010년 전후의 경제위기 혹은 2020년 전후의 코로나 위기)와 주요 설명대상(전반적인 사회정책의 추이, 특정 사회정책 사례, 거시경제 관리정책과의 연계 등)은 저자의 관심에 따라 상이하게 제시될 것이다. 또한, 인과분석의 초점—즉, 정책 변화의 인과요인 규명에 중심을 둘 것인지 변화된 정책의 세부내용 규명에 중심을 둘 것인지—도 저술 의도에 따라 다양하게 설정될 것이다. 하지만, 모든 저자들은 '경제위기의 충격이 사회경제 구조적 조건과 정당선거 정치과정과의 상호작용하에 어떠한 정책적 결과를 산출하는가'라는 일관된 문제의식하에 국가별 상황을 추적할 것이다. 이를 통하여 발견된 새로운 내용은 최근의 복지개혁이 기존 체제 내의 점진적 적응의 과정인지 혹은 단절적 변화와 대안체제 형성의 과정인지에 대한 중요한 시사점을 제공할 것이다.

챕터별 주요 내용은 다음과 같다.

손영우의 글은 2000년 이후 20여 년간 프랑스 사회정책의 거시적 변화를 선거·정당 정치의 동학 속에서 고찰한다. 특히 2008-12년 유럽 경제위기, 그리고 2013-15년 포스트 경제위기 시기를 거쳐 오늘날 코로나19 감염병 확산에 따른 경제·사회적 위기까지 사회정책의 변화 흐름을 추적한다. 또한 사회정책 모델의 변화를 경제체계에 발생한 위기를 극복하기 위한 정치적 행위들의 축적된 결과라고 가정하여 경제적 변동에 반응하는 정당 체계와 정당 정책들의 거시적 변화를 통해 고찰한다. 손영우에 따르면 프랑스 사회정책은 지난 90년대 이후 중도좌우 세력의 누적적 정책결정의 산물이다. 첫째, 프랑스의 사회정책은 가입자만을 대상으로 하는 '보수주의적' 노·사 자율적 운영 체계에서 정부주도의 보편주의적 개입이 결합하는 혼합체계로 발전해왔다. 둘째, 정부 개입의 영역이 확장되지만, 그 개입 방식은 사회적 대화의 제도화와 이해관계자들의 참여 활성화를 통해 참여민주주의를 최대한 구현하는 방식으로 진행됐다. 이를 통해 프랑스식 제도는 '국가 개입주의'와 '협약의 자유'가 상호 유기적으로 결합하는 특징을 보여준다. 프랑스 사회정책의 변화과정과 특징은 우리에게 국가의 주도와 이해관계자들 간의 협의를 구성하는 거버넌스 사례, 촘촘하고 현장밀착형 사회보장 제도,

사회적 대화 친화적 제도의 마련이라는 측면에서 중요한 시사점을 제공할 것으로 기대된다.

손정욱은 경제위기 이후 네덜란드의 복지정치 변화과정에 주목한다. 최근 선진 민주주의 국가에서 극우 정당의 득표율이 급증하고 있지만 정책 결정 과정에서 보이는 극우 정당의 영향력은 국가마다 다양하게 나타나고 있다. 선거 이후 내각에의 참여 여부는 또다른 정당 정치의 산물이기 때문이다. 극우 정당의 득표율이 높아짐에도 불구하고 왜 어떤 나라에서는 극우 정당이 연립정부에 참여하는 반면, 어떤 나라에서는 극우 정당의 연립정부 참여 기회가 낮은가? 손정욱은 정치제도와 정당 리더십 변수에 주목하여 비례성이 높은 선거제도를 기반으로 다양한 정당들이 존재하는 상황에서 보수정당의 리더십이 민주주의 가치에 대한 문지기 역할을 수행하려는 의지가 강력할수록 극우 정당의 연립정부 참여는 어려울 것이라고 주장한다. 이러한 주장을 뒷받침하기 위해 본 연구는 2008년 경제위기 이후 네덜란드에서 치러진 세 번의 선거를 둘러싼 정당 정치의 변화과정을 추적한다.

장선화의 글은 코로나 19 팬데믹 상황에서 스웨덴 정부의 정책적 대응과 그 결과에 대한 의문에서 출발한다. 스웨덴은 코로나19 팬데믹 초기에 대부분의 선진 산업 민주주의 국가들이 채택한 봉쇄(lock-down) 전략을 선택하지 않았다. 결과적으로 스웨덴에서는 코로나19 팬데믹 1~2차 대유행 시기에 인접한 북유럽 국가들에 비해 확진자 수와 사망자 수가 급증했다. 특히 고령 사망자 중 절반 이상이 노인 장기 요양시설에서 발생한 집단감염에서 비롯되었다는 사실은 '성숙한 복지국가' 스웨덴의 이미지와 부합되지 않는 것이었다. 스웨덴 정부는 왜 봉쇄 없는 거리두기 전략을 채택, 유지했을까? 스웨덴에서 노인 사망률이 상대적으로 높았던 이유는 무엇일까? 스웨덴에서 노인 피해가 유독 컸던 데에는 노인 보건의료와 돌봄 케어의 주체인 지방정부와 중앙정부의 신속한 대응이 취해지지 않았던 점과 돌봄 인력들의 중도 이탈 등이 커다란 영향을 미쳤다. 이 글은 스웨덴의 코로나19 위기를 계기로 부상한 노인 보건의료 및 돌봄 체제 문제를 1990년대 이후 스웨덴 복지 거버넌스와 전달체계의 변화와 복지개혁에 대한 정치적 합의를 통해 설명하고 있다. 이를 통해 선진 산업 민주국가들에서 확산한 분권적 거버넌스와 복지개혁, 준 민영화의 결과에 대한 다차원직인 비교연구의 가능성과 위기 거버넌스 틀의 구축이 필요하다는 함의를 제시하였다.

홍이진에 따르면 이탈리아 복지국가는 보편주의적인 의료체계를 유지하고 있지만, 사회지출의 비중이 연금에 지나치게 편중되어 있고, 상대적으로 공공부조 제도가 미비하다는 불균형한 특징들을 갖고 있다. 1990년대부터 최근에 이르기까지, 이탈리아 정치인들은 유럽연합 가입조건인 신자유주의 패러다임과 내핍(austerity) 정책에 몰두하여 임금상승, 소득 불평등, 저출산 등 사회적 이슈들을 해결하는 데에 있어 이데올로기적 편향을 노출하였다. 하지만, 신자유주의 패러다임과 내핍(austerity) 정책에 국한되었던 유럽연합의 기존 정책은 코로나 위기로 인해 경제적인 어려움을 겪고 있는 회원국 모두에게 차세대 복구기금(Next Generation Recovery Fund)

을 지불하는 방식으로 전환되었다. 다시 말해, 유럽차원에서 보다 재분배적이고 관대한 케인스주의적인 정책이 펼쳐지고 있는 셈이다. 특히 이탈리아에 할당된 재정적인 지원과 대출의 규모는 유럽연합 국가들 중에 가장 크다고 할 수 있다. 홍이진은 이러한 계기를 통해 이탈리아 복지정치가 새로운 개혁의 경로로 전환하고 있는지(path shift)를 탐구한다. 아직 최종적 평가를 내리기는 어렵지만, 그 징후는 그다지 고무적이지 않다고 평가한다. 코로나 시기, 이탈리아 정부의 보다 적극적인 정책 시행에도 불구하고, 여전히 사회정책의 문제점들이 해결되지 않은 채 상당히 남아 있기 때문이다. 유럽연합의 패러다임 전환은 이탈리아 복지국가에 좋은 자극과 변화의 기회를 제공하고 있지만, 이를 성공적인 복지개혁으로 귀결시키기 위해서는 유럽의 재정지원금을 어떻게 활용하고 기존 사회정책의 미비점을 어떻게 보완할 것인지에 대한 정당과 시민사회 구성원 간의 대토론과 합의가 이루어져야 한다고 결론짓는다.

은민수는 1980년대와 2008년 두 차례의 커다란 경제위기에 직면한 호주와 뉴질랜드가 전통적인 임금소득자 복지국가 모델로부터 이탈하는 과정에서 나타나는 공통점과 차이점을 확인하고자 하였다. 연구결과 양국의 사회복지 정책적 위기대응 전략의 공통점은 경제위기 이후 법정 최저임금(award wage)의 폐지, 근로연계복지(workfare)로의 전환, 가족 중심의 복지 강화였으며, 차이점은 호주는 추가적 지출과 조세지출, 케인지안적 경기부양을 선택한 반면에 뉴질랜드는 감세, 소극적인 경기부양책을 선택했다는 점이다. 이러한 차이점이 발생한 이유에 대해 은민수는 호주의 경우 합의적이고 실용적인 접근법, 연방제와 양원제로 인한 급진적 개혁의 억제, 노조와 노동당의 파트너십, 가부장주의적 온정주의에 기초한 가족주의 등이 복지모델 재설계에 커다란 영향을 미쳤던 반면, 뉴질랜드의 경우 노동당과 노조 간의 미약한 연계, 국민당과 노동당의 제로섬 정치, 상대적으로 강한 자유주의적 전통 등이 영향을 미쳤기 때문이라고 분석한다. 그러함에도 불구하고 1980년대 뉴질랜드 노동당의 예외적인 사례를 제외하면, 좌파 정권들은 대체로 팽창적 대응들을 선택한 반면 보수당 정권들은 축소지향의 대응을 선택하는 경향이 있었다. 호주와 뉴질랜드의 사례는 작은 복지국가에서 정파적 이데올로기와 정당정치가 중요한 역할을 수행할 수 있음을 보여준다.

김영필은 일본의 경제위기 이후 사회정책의 변화를 분석한다. 제2차 세계대전의 패전국인 일본은 한국전쟁의 특수를 발판삼아 급속한 경제성장을 이룩하였고, 이러한 경제성장을 바탕으로 사회정책의 근간이 되는 제도와 법률들을 빠르게 정비하여 복지국가의 틀을 완성했다. 그러나 반석 위에 올려진 듯 보였던 일본의 사회정책도 대규모 경제위기가 발생할 때에는 감축의 압력에서 벗어날 수 없었다. 전후 두 번의 오일쇼크(1973년, 1979년), 1998년의 금융위기, 2008년의 리먼 사태, 2000년대 초의 고이즈미 구조개혁, 2011년의 동일본대지진 등을 비롯한 대내외 경제위기는 일본의 사회정책을 지속적인 축소와 후퇴의 방향으로 이끌었다. 이러한 복지감축은 경제위기를 극복하는 방안의 일환으로 설계되었으며, 그 구체적인 정책 목표는 국가재정의 안정성 회복이었다. 일본에서 이러한 사회정책의 축소가 큰 저항 없이 이루어질 수 있었던 배경에는 다음과 같은 일본적 특성이 있다. 첫째, 다른 민주주의 국가에서는 예를 찾아보기 어려울 정도도 수평적 정권교체의 경험이 적고, 앞으로의 정권교체 가능성도 매우 희박하다는 것이다. 둘째, 저출산·고령화와 인구감소라는 미증유의 사태를 경험하면서 여야를 포함한 모든 정치권, 언론, 일반여론 간에 국가재정 안정성에 관한 광범한 합의가 이루어져 있다는 것이다. 셋째, 사회정책을 강력하게 추진하고 지속 가능하게 할 정치세력의 부재와 약한 시민사회를 들 수 있다. 여기에 일본국민 특유의 남에게 민폐를 끼치지 않는다는 사회저변의 문화가 일본의 사회정책을 지속적으로 감축해온 주요 요인이 되었다.

임유진은 고령화 시대의 소득 보장을 위한 핵심과제라고 할 수 있는 노령소득보장을 중심으로 대만의 연금개혁 사례를 설명하고 있다. 전 세계적으로 인구 고령화의 속도가 매우 빠르게 가속적으로 진행됨에 따라 복지 욕구가 증대하는 상황에서 2008년 글로벌 경제위기로 인한 저성장은 복지를 둘러싼 사회적 합의 도출을 더욱 어렵게 하고 있다. 임유진은 대만 민진당의 차이잉원 정부가 직면했던 사회경제적 위기를 이해하고 위기대응의 정치를 통해 공공 서비스 연금개혁이 성공할 수 있었던 정치 경제적 요인을 분석하고자 하였다. 대만에서 진보적 성향을 가진 민진당의 집권 기간 동안 추진된 공공 기관 연금개혁은 이데올로기를 둘러싼 사회 균열의 역사가 존재하지 않는 국가에서 복지개혁은 누가 집권하느냐와 같은 당파성(partisanship)이 중요한 것이 아니라 선거 경쟁의 국면에서 선거 승리라는 목적을 위해 선택되는 정당의 정책이 보다 중요하다는 것을 보여주었다. 임유진의 글은 인구 고령화로 인해 급격하게 증가한 복지 및 부양 요구에 대한 사회적 합의를 도출해야 하는 과제를 안고 있는 한국에서 노령소득보장 제도의 지속가능성을 위한 연금개혁이라는 현실적인 과제를 풀어내기 위한 효과적이고 신축적인 사회경제적 대응방안을 검토하는 데 도움이 될 것으로 기대된다.

이 책은 2019년 초에 한국복지국가연구회 20주년(2021년)을 앞두고 촛불 혁명 이후 한국 복지국가의 사회정책과 경제위기 이후 선진 복지국가의 사회정책을 주제로 두 권의 단행본을 출간해보자는 연구회 회장단의 제안에서 시작되었다. 한 권은 '촛불 혁명' 이후 현새 한국 사회정책을 진단하고 가능하면 대안까지 미련해 보고, 또 한 권은 경제위기 이후 선진 복지 국가들의 사회정책적 대응을 면밀히 분석해보자는 취지였다. 기획했던 대로 2020년에 <촛불 이후, 한국 복지국가의 길을 묻다>가 한울에서 출간되었고 2021년 한국 세종도서 학술부문에 선정되는 성과를 거두었다. 바쁜 와중에도 집필에 참여해주신 은민수, 양재진, 유종성, 윤홍식, 정세은, 김태일, 강병익, 권순미, 김현경, 김영순, 노정호, 최유석, 최창용 등 13분의 선생님께 다시 한번 깊은 감사의 인사를 드린다. 이 책은 매서운 추위에도 아랑곳 없이 거리로 나와 촛불을 들었던 어린 학생들, 청년들, 직장인, 노인들의 성원에 힘입어 국정을 맡게 된 문재인 정부가 과연 복지를 어느 수준까지 발전시켰고, 왜 더 이상 나아가지 못했는지, 무엇이 문제이며 해법은 무엇인지 등에 초점을 맞추었다. 이번에 출간하게 된 <경제위기 이후 복지정치와 사회정

책>은 2010년 전후 미국과 유럽발 경제위기와 현재의 코로나 경제 위기 상황에서 유럽과 아시아 태평양권역의 복지 국가들이 각국의 정치 경제적 조건에 기초하여 어떠한 대응을 하였고 그 결과 복지 정치와 사회정책에 어떠한 변화를 초래하였는지를 분석하는 데 초점을 두고 있다. 이 책에 실린 대부분의 글은 최근 개최된 한국정 치학회와 사회정책 관련 학회에서 발표되었으며, 연구회 내에서도 수차례 토론과정을 거치고 수정을 거듭하였다. 발표와 토론과정에 참여해주신 많은 정치학자, 사회복지학자들께 감사의 말씀을 올린다. 제한된 지면으로 집필에 참여해주신 선생님들의 고민이 제대로 전달되지 못할 수도 있겠지만 그 고민의 결과들이 어딘가에서 한국 복지국가의 현재와 미래를 기대하고 우려하는 분들과 함께 공유되기를 바라는 마음 간절하다.

2021년 12월

한국복지국가연구회 회장 은민수, 부회장 박성호

목차

01

경제위기 이후 프랑스 사회정책의 변화

손영우(경제사회노동위원회)

1. 서문

조앙-랑베르(Join-Lambert)에 따르면, 사회정책(politiques sociales)이란 연대 원칙을 중심으로 사회를 운영하는 제도이다(Join-Lambert 1997). 사회정책은 모든 사회구성원에게 일정 정도 수준의 사회보장을 제공하기 위해 '계층이나 세대 간의 사회적 연대 메커니즘'을 통해 실현된다. 이는 노동자와 시민들의 삶의 조건을 개선하고 사회 위기와 사회관계의 해체를 피하고자, 정부가 점진적으로 지속해서 실행하는 일련의 조치를 의미하여 정치와 긴밀한 연관을 갖는다.

사회정책은 경제와도 밀접하게 연관된다. 마샬(T.H. Marshall)에게 사회정책이란 경제 체계가 스스로 이루어낼 수 없는 결과를 달성하기 위해 정부가 경제 체계의 메커니즘을 대체, 보완 또는 수정하는 행위를 의미한다(Marshall 1965). 사회정책은 거시적·미시적 경제적 변화에 대응하여 경제 체계에서 발생한 사회적 격차를 일정 정도 개선하고자 하는 목적을 지닌다. 이와 같은 목적으로 인해 사회정책은 개인이나 사회의 복지 개념과도 맞닿아 있다. 사회정책은 흔히 현물 급여를 통해 실현되기도 하지만 다둥이 카드 할인, 세금

공제혜택 등 간접적인 재분배 정책 역시 포함한다.

한편, 사회정책은 인류보편적인 성격을 지닌다. 사회정책은 UN 헌장 전문, 1948년 세계인권선언 제22조[1])에서 제시된 경제적, 사회적, 문화적 권리에 기반을 두고 있다. 이러한 이유로 사회정책은 일할 권리, 진로 및 교육·훈련에 대한 권리, 공정하고 좋은 노동조건, 단결권, 적절한 생활수준에 대한 권리, 건강과 교육에 대한 권리, 자유로운 문화 활동에 대한 영역을 포함한다.

결국, 사회정책은 **경제 체계에서 혹은 그곳에 진입하지 못하여 발생한 빈곤 해소와 사회적 격차 완화를 위해 실행하는 정치행위**이다. 즉, 경제변화에 조응하지만, 이것이 시장 조정방식이나 자연 발생적 대응이 아니라 정당정치적 대응이며 이는 선거라는 시기에 정치적 쟁섬이 되면서 진행되곤 한다. 여기에는 빈곤생활, 일자리, 실업, 직업훈련, 의료, 건강, 교육, 가족, 청년·여성, 조세, 지역 정책이 포함된다. 프랑스에서는 사회정책의 개념이 공공정책(politique publique)이나 사회보장(protection sociale)과 연계되며, 종합적으로는 복지국가(État providence) 개념과도 결합하여 사용된다.

본 글은 2000년 이후 20여 년간 프랑스 사회정책의 거시적 변화를 선거·정당 정치의 동학 속에서 고찰하고자 한다. 특히, 2008-12년 유럽 경제위기, 그리고 2013-15년 포스트 경제위기 시기를 거쳐 오늘날 코로나19 감염병 확산에 따른 경제·사회적 위기까지 사회정책의 변화 흐름을 추상화하여 그 모델의 특징으로 규정하고자 한다. 또한, 사회정책 모델의 변화를 경제 체계에 발생한

---

1) 제22조 모든 사람은 사회의 일원으로서 사회보장을 누릴 권리를 지닌다. 각국의 조직과 자원을 고려하고 국가적 노력과 국제적 협력을 통해 자신의 존엄과 인격의 자유로운 발전에 필요한 경제적, 사회적, 문화적 권리를 실현할 수 있다.

위기를 극복하기 위한 정치적 행위들의 축적된 결과라고 가정하여 경제적 변동에 반응하는 정당 체계와 정당 정책들의 거시적 변화를 통해 고찰하고자 한다. 실제, 2008년 유럽 경제위기 이후 프랑스 사회정책의 변화는 경제위기 그 자체도 있겠지만, 2012년, 2017년 대통령 선거와 총선 결과에 따른 정치적 변화와 긴밀하게 연관되어 진행됐다(Freyssinet 2017; Pernot 2017).

2. 프랑스 사회정책 모델의 변화와 정당 체계

1) 프랑스 사회정책의 역사, 프랑스적 특징

프랑스에서 사회정책은 독일 같은 다른 유럽 국가들에 비해 의료보장제도, 고용보장제도 등에서 상대적으로 늦게 발달했다(Join-Lambert 2010).[2] 일반적으로 1841년, '8세 미만 아동에 대한 노동금지법' 시행이 첫 번째 사회정책의 징후라고 언급된다(Join-Lambert 2010). 이후 산업재해에 관한 법률 제정(1898), 고아 지원(1905), 노령최저수당도입(1905) 등 20세기 초반에 노동정책(초기 대공장에서의 노동자 보호), 사회보장제도 등이 등장했으며, 제2차 세계대전 이후인 1945년 의료보장제도가 도입되고, 1946년 헌법 서문에 사회권 보장을 명시하기도 했다. 특히 1980년대부터 빈곤·배제 퇴치정책, 이민자 통합정책, 도시정책 등의 종합적인 정책이 개발됐다.

자본주의 다양성론에서 프랑스는 조정 시장경제(coordinated market

---

2) 독일에서는 19세기 말에 의료보험(1883년), 연금(1889년)이 도입되고, 20세기 초반에 실업보험 (1927년)이 도입된다.

economy) 국가로 분류된다(Hall and Soskice 2001; Schneider and Paunescu 2012). 또한, 에스핑-앤더센(Esping-Andersen, 1990)의 선진국 복지체계 분류에 따르면 독일 등과 함께 보수주의적 복지체계의 특성을 보인다. 이는 국가가 조세를 재원으로 취약계층에 대한 최저 선별적 복지를 진행하는 영·미의 자유주의적 복지체계나, 국가가 조세 자원을 통해 전국민 전체를 대상으로 복지를 제공하는 북유럽의 보편적 사민주의적 복지체계와 구분된다.

프랑스에서는 20세기까지 직업 세계의 영역에서 노·사가 주도하여 자신들의 복지공급체계를 구성했다. 사회보장제도에 대해 노·사가 필요에 따라 협의하면, 그 내용을 중심으로 국가가 법률을 통해 절차와 방식을 제도화하며, 사회보장기금은 주로 노·사가 관리하고 징부는 이를 감독했다. 한편, 보험가입 능력이 없는 빈곤층에 대해선 국가가 세금을 통해 혜택을 제공했다. 프랑스에서 사회문제에 대해 국가가 강력한 주체로서 행동하는 것은 콜베르 수상3)의 통치전통으로부터 그 기원을 찾는다.

만약, 사회보장제도를 본인이 가입하고 보험료를 납부하여 사회보장혜택을 받는 '사회보험'과 국가가 빈곤층에 제공하는 생활보장과 지원을 의미하는 '사회부조'로 구분할 수 있다면, 프랑스의 사회보장제도는 노·사 중심의 이해당사자들이 설립·주도하는 사회보험제도와 이곳에 가입하기 어렵거나 적용을 받지 못하는 사람들을 위해 국가가 세금을 통해 운영하는 사회부조가 동시에 존재한다.

---

3) 장-밥티스트 콜베르(Jean-Baptiste Colbert, 1619-1683), 루이14세 시기 재무부 장관으로 경제의 활성화를 위해 정치 혹은 국가의 역할을 중시했다. 당시 대표적인 중상주의자로 왕립무역회사 설립 등 공공사업의 증진과 관세 정책을 통해 경제를 부흥하려 했다. 그가 주창한 국가주도 산업육성 정책은 이후 콜베르주의(colbertisme)로 칭해진다.

비스마르크 방식의 사회보험제도와 베버리지 방식의 사회부조제도가 혼합된 방식이라고 할 수 있다.4)

프랑스 사회보험제도는 1945년 전후 설립 때부터 직업단체와 기업에서 자체 기금을 조성하고 정부가 법률로 뒷받침하면서 형성됐다. 일반 노동자를 대상으로 하는 일반제도(Régime général)와 함께, 공무원 및 공공부문(철도, 전기, 가스, 선원, 광부 등)을 대상으로 하는 특별제도(Régime spécial), 농업제도(Régime agricole), 자영업자 제도(Régime non salariés non agricoles)가 별도로 존재한다. 제도별로 별도의 관리기구가 설립됐다. 이와 같은 4개의 기본제도를 보완하기 위해 추가로 의무보충, 선택보충 제도가 별도로 운영된다(Join-Lambert 2010).

그리하여, 네 가지 단계의 사회보장제도가 비교적 두텁게 존재한다.

① 기본사회보장(sécurité sociale de base) : 전국민을 대상으로 하는 기본 사회보장제도로, 건강보험, 노령수당, 가족수당을 위한 노사정 운영기금이 존재한다.

② 의무보충보장(protections complémentaires obligatoires) : **노·사 독립운영체제**(건강, 노령보충연금) 직업에 종사하고 있다면 의무적으로 가입하는 제도이다.

③ 선택보충보장(protectrions complémentaires facultatives) : 개인의 필요로 추가로 가입하는 제도로 상호부조나 민간보험으로 운영된다.

④ 사회부조 및 최소소득(aide sociale et revenus minima) : 사회

---

4) 가령, 우리나라의 경우 실업에 대해 사회보험제도만 있고, 사회부조는 없었다. 다만, 2019년 3월 한국형 실업부조를 도입하기로 한 경제사회노동위원회 합의에 따라 2021년 1월 1일부터 기존의 취업성공패키지 사업을 확대하여, 국민취업지원제도를 시행했다.

적 지원이 필요한 이들에게 제공되는 사회부조로 노령최소급여, 장애인최소급여, 고용연대소득(RSA) 등이 존재한다. 여기에는 중앙정부가 운영하는 사회최소보장제도(Minima sociaux)와 지자체에서 운영하는 다양한 사회복지서비스가 존재한다.

직업에 종사하고 있다면, ①과 ②, 그리고 선택적으로 ③의 제도에 가입하고 있으며, 사회적 지원이 필요한 이들은 ④에 가입된다. ①~③은 기여금을 납부하고 이에 따라 혜택이 제공된다면, ④는 기여금과 무관하게 국고를 통해 운영되며, 소득수준에 따라 다르게 지급된다. 이와 같은 4단계의 사회보장은 전 인구에 적용되어야 하지만, 사각지대가 존재한다. 사회보장 절차의 복잡함으로 신청을 꺼리는 경우, 대상이 사회보장을 등록하거나 신청할 소속이나 주소가 없는 경우, 이민자의 경우로 체류자격이 없는 경우 사각지대가 발생한다고 지적된다(Join-Lambert 2010).

프랑스 사회보장체계는 지속적인 성장 속에서 고용이 충분하고 안정되었던 전후 30년 동안은 비교적 원활히 작동해왔으나 80년대 이래로 여러 차례의 석유파동 등 경제적 위기 상황에 따른 저성장·고실업 환경에서는 '남성 정규직 노동자 중심의 고복지'라는 비판에 직면한다(Join-Lambert 2010).

프랑스의 사회정책은 1990년대 중반이 지나면서 변화에 대한 사회적 요구가 높아진다. 변화 요구의 배경으로 조앙-랑베르는 다음과 같은 네 가지 점을 지적한다(Join-Lambert 2010).

첫째, 실업의 증가이다. 경제 불안정, 금융 위기, 특히 인구 고령화로 인해 재정 확장에 대한 요구가 커졌다. 사회복지 운용에서 적자가 증대함에 따라 사회지출에 대한 압력이 커졌다. 더욱 중요하게 경제시스템의 변화, 새로운 국제 상황, 세계화에 따라 주요한 사회적 격변을 가져왔다. 일부 계층은 성공을 거두었지만 다른 취약계층은 불안정, 실업에 처해 있다. 노동시장 내부자를 중심으로 노·사가 운영했던 프랑스 체제에 대해 개혁의 필요성이 제기됐다.

둘째, 노동시장의 진화이다. 낮은 취업률, 불안정한 고용과 잦은 직장이동으로 인해 기존의 사회보장 제도가 노동시장에 진입하는 단기적이고 불안한 직업군에게 적합한가라는 의문이 제기됐다.

셋째, 이념의 변화이다. 90년대 초반 사회주의권의 몰락과 더불어, 경제위기는 과거의 비판을 다시 불러왔다. 비생산적인 것으로 간주하는 사회지출의 과도한 비용, 부정수급, 사회지원에 따른 도덕적 해이 발생 등에 대한 비판이 다시 제기됐다. 한편에선 신자유주의 물결로부터 영향받은 많은 경제학자는 '노동 의욕 상실', '빈곤의 늪'을 주장했지만, 다른 쪽에선 실업자 또는 수혜자 대다수 사람이 원했던 것이 바로 제대로 된 일자리 찾기였다는 연구 결과를 제기했다. 이와 같은 흐름은 권리/의무, 개인의 책임 개념을 제기하는 정치가와 충분한 예방 조치의 선행을 주장하는 세력 간의 대립으로 이어진다.

넷째, 미디어의 조명이다. 미디어는 경제·사회 변화에 대해 조명하면서, 빈곤에 빠질 것을 두려워하는 중산층, 개인주의의 확산과 더불어 극빈층 지원에 대한 부정적 의견을 키웠고, 다른 유럽국가를 상대로 경쟁력 하락에 대한 불안으로 나타났다.

이와 같은 흐름은 프랑스 정당체계와 조응하여 선거에서 정치적 쟁점이 되고 대립을 불러왔다. 우선 좌우를 막론하고 성장하는 노동시장의 이중화(dualism) 현상에 대해 불안정한 고용 상태에 존재하는 취약계층을 위한 정책은 확대된다. 1990년대 이후 프랑스의 사회체계는 사회보장 범위가 자영업자를 포함하여 국민 전체로 넓어지고, 출생에서부터 보육, 교육, 건강, 실업, 연금, 노동복지까지 전 생애를 포괄하는 방식으로 확장됐다. 또한, 초기 노사가 독립적으로 재원을 부담하고 관리했던 체계에서 정부의 역할이 중심이 되는 체계로 이동했다. 그에 따라 프랑스는 세계에서 가장 높은 공공 사회복지 지출 수준을 보였다(OECD 2021).[5]

21세기에 들어서면서 프랑스 사회보장제도는 기존의 수혜당사자들을 중심으로 하는 사회보험제도를 기본 축으로 하여 적자 상황을 개선하기 위해 재정구조를 튼튼히 하고 효율성을 증대시키는 방향으로 개선하면서도, 사회부조는 사각지대를 해소하는 방향으로 지속해서 확장하여 사회보장제도를 현대화하는 방향에선 좌우가 유사한 모습을 보였다. 하지만 구체적인 정책에 대해선 정부의 성향에 따라 차이를 보이고 갈등의 대상이 되기도 했다. 특히, 중도 우파정당은 공급 측면에서 구직활동을 강화하는 정책에 무게를 두는 반면, 중도 좌파정당은 수요측면에서 노동자의 구매력을 유지 상승하는 데 초점을 맞추는 차이를 보이면서 선거 때마다 주요 쟁점을 부상하고 정부마다 다른 정책을 제시하곤 했다.

---

[5] 2019년 전체 GDP의 31%를 공공사회복지를 위해 지출하여 핀란드(29.1%), 벨기에(28.9%), 덴마크(28.3%)를 제치고 OECD 국가 중 1위를 기록했다(OECD 2021).

2) 프랑스 정당질서와 사회정책의 변화

표 1 역대 총선 결과에 따른 집권정당의 성향 변화

회차	일시	집권정당 및 성향			초기 총리
		좌	중	우	
7대	1981.7.2.	PS			Pierre Mauroy
8대	1986.4.2.			RPR	Jacques Chirac
9대	1988.6.23	PS			Michel Rocard
10대	1993.4.2.			RPR	Édouard Balladur
11대	1997.6.12.	PS			Lionel Jospin
12대	2002.6.19			UMP	Jean-Pierre Raffarin
13대	2007.6.20.			UMP	François Fillon
14대	2012.6.20.	PS			Jean-Marc Ayrault
15대	2017.6.21.		LREM		Édouard Philippe
16대	2022.6.21.		?		?

PS 사회당, RPR 공화국연합, UMP 대중운동연합, LREM 전진공화국

프랑스 제5공화국의 정당체계는 1962년부터 도입된 결선투표제도와 함께 사회당과 드골주의 성향의 보수당이 좌우에서 기축정당의 역할을 하면서 좌·우 진영의 연합을 주도했다. 소위 '양극적 다당체계(bipolar parties system)'로 일컬어지는 질서 속에서 1981년 7월 이래 치러진 9번의 총선에서 단 1차례의 예외를[6] 제외하고 모든 선거에서 정권교체가 이루어졌다. 2007년 13대 선거 한 차례를 제외하고 선거마다 정권이 좌에서 우로, 우에서 좌로 반복적으로 교체됐다.

---

[6] 2007년 6월 니콜라 사르코지(Nicolas Sarkozy) 대통령 당선 직후 치러진 총선에서 대중운동연합(Union pour un mouvement populaire, UMP)이 다수 정당을 획득하여 예외를 만들어 냈다. 이에 대해선 후술한다.

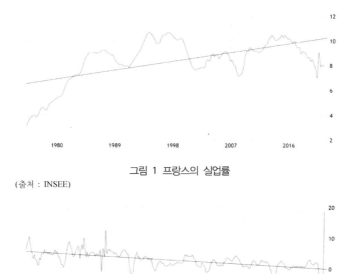

그림 1 프랑스의 실업률

(출처 : INSEE)

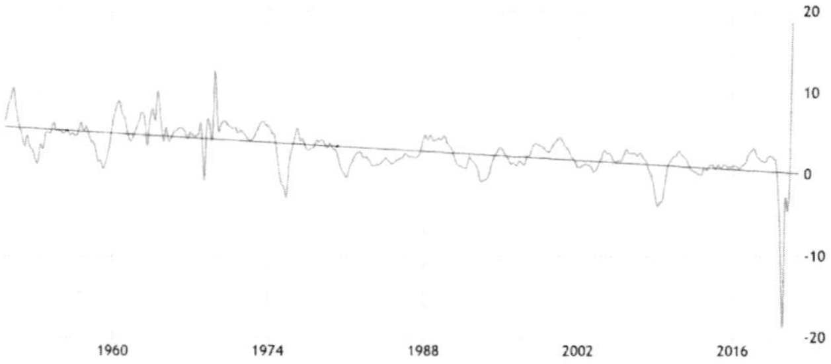

그림 2 프랑스의 성장률

(출처 : INSEE)

특히 80대 초반 프랑스는 지속적인 성장의 기간을 마치고 경제 위기가 주기적으로 도래하는 시기에 돌입하면서 그 해법을 놓고 좌·우 정당이 정책으로 격돌한다. 이에 따라 경제정책과 사회정책은 변화했고, 변화의 크기는 시기마다 달랐지만, 매번 이념에 따른 새로운 정책이 도입되며 정책은 갈 지(之)의 행보를 거듭했다. 정책은 혼재됐으며 제도는 복잡해졌다.

하지만 경제적 결과는 좋지 않았다. 좌·우 집권의 변동 속에 경제 상황은 쉽게 호전되지 않았다. 경제성장률은 하향 추세를 보였고, 실업률은 상승 추세를 보였다.

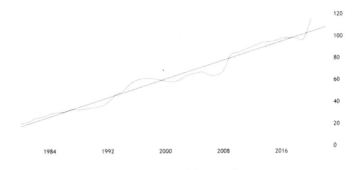

그림 3 GDP 대비 공공부채
(dette publique au PIB, 출처 : INSEE)

특히, 실업문제의 해법은 정권의 성격에 따라 달랐다. 좌파의 양질의 일자리 창출 정책(수요 중심, 35시간제와 일자리 나누기)과 우파의 근로 연령층의 취업 촉진(공급 중심, CPE 청년정책7)) 사이에서 방황했다. 5년이라는 짧은 집권기 동안의 단기간 처방으로 실효를 얻기 힘들었다. 선거에서 사회정책은 합리적 평가보다는 정치적 공격의 대상이 되었다. 그러한 가운데 사회보장제도의 만성적 적자로 인해 공공부채는 높아져만 갔다.

지속성 없는 좌·우 정부의 정책이 성과를 거두지 못하자 일부 유권자들은 좌우정당체계에서 이탈하기 시작했다. 80년대 이래로 극우정당은 지속해서 성장했고, 극좌정당은 난립했다. 극우정당의 성장은 중도좌파 유권자에게, 극좌정당의 난립은 중도우파 유권자

---

7) CPE : contrat première embauche. 2006년 1월 정부가 의회에 제출한 정책으로 26세 미만의 청년을 대상으로 체결 후 2년 동안 고용주는 노동자를 임의대로 해고할 수 있도록 하는 계약이다. 노동시장의 유연화 정책을 통해 청년 고용을 증진하고자 했던 정책으로 청년단체의 반대로 도입 후 철회됐다. 이에 대한 구체적인 내용은 박제성 2006을 참조.

들에게 새로운 모색을 압박했다.

지난 35년 동안 중도좌우 간의 '널뛰기 정치'에 피로감을 느낀 중도 성향의 유권자들은 극우와 극좌의 위협에 맞서는 안정적인 중도정당에 대한 욕구가 높아졌다. 결국, 극우와 극좌의 성장에 맞서 안정적으로 공화국 이념을 구현할 정당, 그리고 좌우를 막론하고 중장기적이고 안정적인 정책을 구현할 주체를 갈망했다. 이와 같은 상황에서 마크롱 대통령과 '전진공화국(La République en marche, LREM)'은 강력한 통합의 실용적 중도를 표방하며, 제도의 효과성 제고, 제도 통합과 간소화를 정책으로 제안한다. 정책은 제도의 효과성 제고, 제도의 통합과 간소화였다. 정부의 각종 위원회를 통폐합하여 간결화하고, 사회보장제도와 절차도 간소화를 공약했다. 2017년 대선과 총선에서 지금까지 좌우 교체에 따른 잦은 변화에 대한 피로, 제도적 복잡함의 간소화 요구 등을 중심으로 공화국 이념을 지닌 중도 성향 유권자들의 의견을 수렴하여 만들어진 '전진공화국'의 눈부신 등장을 볼 수 있다.

강력한 정당에 대한 요구와 시험이 처음은 아니다. 앞서 언급한 2007년 6월 니콜라 사르코지(Nicolas Sarkozy) 대통령 당선직후 치러진 총선에서 우파정당이 다시 다수 의석을 차지하면서 단 한차례의 예외를 만들어 낸 대중운동연합(Union pour un mouvement populaire, UMP)의 사례는 중도 우파를 중심으로 우파와 중도를 통합하여 설립한 강력한 중도 우파 통합 정당의 시험 결과라 할 수 있다.

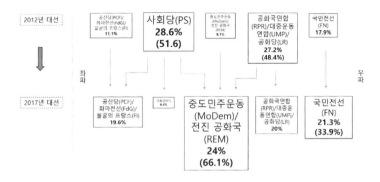

그림 4 프랑스 대선 시기 주요 정당 득표율의 변화
(출처: 프랑스 내무부 선거결과 참조 저자 작성)

UMP는 2002년 4월 대선 1차 선거이후 극우 장-마리 르펜 (Jean-Marie Le Pen)이 최초로 진출한 결선투표를 앞두고 자크 시라크(Jacque Chirac)는 흩어진 우파진영과 일부 중도세력(UDF)을 하나로 모아 대선승리연합(Union pour la majorité présidentielle, UMP)을 창설했다. 세력 통합을 통해, 대선결선투표에서 시라크 후보는 82.2%라는 경이로운 득표율로 당선된다. 곧이어 2002년 6월 총선에서 대중운동연합으로 개칭한 UMP는 전체 577 선거구에서 398석을 차지하여 단독으로 과반을 훌쩍 넘기면서 강력하고도 안정적인 정치세력으로 부상한다. UMP는 2007년 대선과 총선을 승리로 이끌면서 21세기 우파의 전성시대를 만들었다. 해당 정당은 2012년 대선패배 이후 내부 갈등을 겪다가, 2014년 일부 중도 세력(le Parti radical de Jean-Louis Borloo)이 민주독립연합(Union des démocrates et indépendants, UDI)를 창설하며 이탈하고 니콜라 사르코지가 당 대표가 되면서 2015년 공화당(Les Républicains)으로 개칭하면서 사라진다.

2017년에는 우파가 아니라 사회당 정부에서 장관으로 활동하던 마크롱이 탈당하여 중도와 중도좌우 세력을 규합하여 강력한 중도 정당을 설립했다. 단지 과거 세력의 이합집산에 따른 물리적 결합이 아닌, 새로운 신진세대 주도로 새로운 소통방식으로 조직, 정책, 선거운동을 진행했던 것도 매우 흥미로운 연구 대상이다(Reille-Soult 2016; Maillard 2017). 2017년 선거를 진행하면서 형성된 극좌-중도-극우의 정당 질서와 사회정책 간의 대립은 제법 선명했다. 정책적 대안으로 이민 근절과 반세계주의(극우), 신자유주의 반대와 노동권 적극 보장(극좌), 그리고 불필요한 재정 절감을 통한 성장 투자(중도)라는 대안이 서로 경쟁하여, 중도가 지지를 얻었다고 볼 수 있다. 특히, 사회정책 영역에서 중도정당은 복잡한 사회보장제도의 통합 및 간소화(현대화), 직능별 레짐에서 보편적 제계로 선환(자영업 포함, 레짐 간 이동 가능성), 효율성 강화와 봉급생활자 우대 사회보장보험료 정책을 그 핵심적인 슬로건으로 제기했다.

　하지만 이와 같은 결과가 그동안 프랑스 정치체계를 구성해온 양극적 다당체계(bipolar parties system)를 대체하는 자유주의적 중도 신당 주도의 3극 정당체계(third polar parties system)가 시작했다(윤기석 2017, 280)고 볼 수 있을지는 2022년 선거 결과에 달려있다.

3. 경제위기 이후 발달한 사회정책들

1) 저임금노동자 지원과 실업자 노동장려 정책, 고용연대급여(RSA)

프랑스에서 2008년 경제위기 이후 2009년 우파 피용(François Fillon) 정부는 고용연대급여(Revenu de solidarité active, RSA) 제도를 도입했다. 이는 기존 사회부조 성격의 최소적응소득(Revenu minimum d'insertion, RMI)을 대체하면서 새로이 만들어졌다. 고용연대급여는 최저수준의 생계 지원을 목적으로 하던 RMI와는 달리, 가계의 초기 재원을 '보장소득' 수준에 도달하도록 보충하고 수혜자들의 근로 장려를 목적으로, 즉 저임금노동자 지원과 실업자 노동장려 정책을 목적으로 하는 수당이다. 일하고 있더라도 보장소득 수준의 미달이면 지급되며 노동활동에 대한 유인책을 제공한다. 급여 대상은 다음과 같다(CAF 2021).

- 25세 이상. 임신 중이거나 아이가 있으면 나이 조건 상관없이 대상
- 18~25세 경우, 지난 3년간 2년 이상 종일 경제활동을 수행했을 경우 지급 대상
- 프랑스 거주자
- 프랑스인이거나 유럽 시민 혹은 5년 이상 프랑스 정기거주자
- 지난 3개월 동안의 가계 수입이 RSA 기준금액을 넘지 않은 경우
- 다른 사회적 혜택(실업급여, 퇴직급여 등)이 가능한 경우, 우선

하여 권리를 주장해야 함

- 육아 휴직 또한 안식년의 경우, 혹은 대학생(매달 500유로 이
  상의 소득이 없는)의 경우 대상 제외

보장소득은 다음과 같이 계산된다. 기본급여가 존재하고 경제활
동 여부에 따라 활동가산급여가 추가된다. 보장소득은 가구구성과
부양자녀 수에 따라 기준금액이 정해진다. 가계의 초기 소득재원이
기준금액에 미달할 경우, 그 차액을 보존해주는데 이를 '**RSA 기본
급여(RSA socle)**'라 한다.

표 2 RSA의 기준총액(Montant forfaitaire)

아이 혹은 부양가족 수	독신	커플
0	565.34€	848.01€
1	848.01€	1017.61€
2	1017.61€	1187.21€
이후 1인 증가 당	226.14€	226.14€

(2021년 4월 1일 기준, 출처 : CAF 2021)

RSA 기본급여는 기준총액 - (기타 가계 소득 + 주택공제)로 이
루어진다. 주택공제는 주택지원을 받거나 주거비용이 없으면 RSA
는 1인은 67.84유로, 2인 135.68유로, 3인 이상은 167.91유로 삭감
하여 지급한다(2021년 4월 1일 기준). 가령, 아이 1명이 있는 커플
이 주택지원을 받고 월 500유로의 수입을 얻고 있다면, 해당 가계
는 1017.61유로 - (500유로+167.91유로) = 349.70유로를 지급 받
게 되며, 해당 상황이 3개월 이상 지속한다면 경제활동추가수당
(PA) 수급권을 자동 조사하게 된다. 상황은 3개월마다 재조사하여

지급액을 조정하게 된다(CAF 2021).

RSA는 임시 활동소득을 보충하기도 하는데 이때 활동소득의 62% 수준을 보충하며, 이를 '**RSA 활동가산급여(RSA activité)**'라 부른다. 가령, 우리나라의 경우 실업수당을 받는 실업자가 임시 활동으로 1만 원의 소득이 발생하여 보험공단에 신고하면 실업수당 총액에서 1만원을 차감하고 지급한다 이때 실업자는 기준금액 미달의 소득을 갖는 경제활동을 수행할 동기가 사라진다. 하지만 프랑스의 RSA의 경우, 1만 원의 수입이 발생하면 이에 대한 62%에 해당하는 6천2백 원을 급여로 지급하여 결국 가처분 소득이 활동소득에 비례하여 62% 상승한다. 앞의 사례처럼 500유로의 소득이 있는 경우, 500 x 62% = 310유로에 해당하는 수당이 추가로 지급된다. 수당 수급 상황에서도 활동수입이 발생한다면 경제활동을 장려하기 위해, 이처럼 가계 소득 정도에 따라 그리고 활동소득의 존재 여부에 따라, 가계는 하나 혹은 두 가지 모두를 받게 된다 (INSEE 2021).

RMI에서 RSA로의 전환을 통한 변화는 핵심적으로 두 가지이다. 첫째는 수혜자 중 저소득이라도 경제활동을 했다면 그에 비례하여 소득이 증가한다는 것이고, 둘째는 대상이 기존에 25세 이상에서 2년 이상 근로했다면 18세 이상으로 수급 대상이 확대됐다는 것이다. 2009년 전환을 위해 가족수당기금(Caisse d'allocations familiales, CAF)에 15억 유로(한화 약 2조 원)의 추가재원이 투입됐고, 약 200만 가구 500만 명이 추가로 혜택을 보게 됐다(INSEE 2021).

RSA는 국민 모두에게 조건 없이 제공되는 소득이 아니므로 기본소득의 개념에 정확히 맞는 것은 아니지만, 기본소득제도로 전환

하는 마지막 단계의 사회복지제도로 간주하기도 한다(최인숙 2019, 146).[8]

이미 1986년 프랑스 경제학자 브레송(Yoland Bresson)과 벨기에 철학자 파리즈(Philippe van Parijs)는 유럽에 기본소득정책을 전파하기 위해 유럽기본소득 네트워크(Basic Income European Network, BIEN)를 창설하여, 1989년 신설된 최소통합소득(RMI) 제도에 영향을 미치기도 했다.

RMI는 창설 초기 급여의 수준이 관건이었는데, 근로활동 장려를 위해 최저소득보다 낮게 규정했으며, 구직활동의 의무를 부여했다. 하지만 RMI는 약간의 소득이 있을 시 그만큼 감소하여 지급했기 때문에 수혜자가 임시노동이나 시간제 노동을 수행할 유인 동기를 없앴다. 이와 같은 문제점을 극복하기 위해 2009년 우파 피용(François Fillon) 정부는 '더 많이 벌기 위해 더 많이 일하자(travailler plus pour gagner plus)'라는 정책원칙 하에 개혁적 성향의 마르탕 이르쉬(Martin Hirsch)를 책임자로 하여 RSA를 도입한다. 2009년 6월부터 RSA는 RMI, 장기실업지원수당, 편부모수당(allocation parent isolé, API) 등 기존의 다양한 사회부조를 통합하면서 시행된다. 이처럼 '노동시장진입 촉진'과 '제도의 간소화'라는 두 가지 슬로건으로 추진된다.

한편, 프랑스에서 우리나라의 조기재취업수당과 유사한 취업추가수당(prime pour l'emploi, PPE)이 존재했다. 이는 2001년 사회당

---

8) 기본소득에 대해 개념 정의는 다양하지만, 일반적으로 "양도 불가하고 무조건적이며 다른 소득과 병행할 수 있는 권리로 정치공동체가 모든 구성원에게 평생 무조건으로 지급한다." 또한 "소득에 대한 통제나 대가 요구가 없으며, 그 액수와 재원은 민주적으로 조정한다."(MFRB 2021) 기본소득이 다른 공공서비스의 낭비를 유발해서도 안 되지만 그렇다고 연금, 건강, 실업 등 사회보장 제도의 근간을 무시해서도 안 된다.

리오넬 조스팽 정부부터 직업활동 유도와 저소득 노동자의 '구매력 제고'를 위해 시행됐다. PPE는 매달 지급되는 수당이 아니라 연 단위로 소득세 감면이나 현금으로 지급됐다. 평균 432유로로 한화 60만 원 수준이다.

RSA가 도입된 이후 취업추가수당 분의 액수를 RSA에서 제외하고 지급하다가, 사회당 장-마크 애로 정부는 2016년 1월부터 RSA 활동가산급여와 취업추가수당(PPE)을 통합하여 **경제활동추가수당(prime d'activité, PA)**으로 간소화했다(Mes-allocs 2021). 향후 2023년도부터는 주택지원수당(APL), 장애인수당, 노인수당을 통합하여 **경제활동보편소득(Revenu universel d'activité, RUA)**으로 지급될 계획이다(MSS 2020).[9]

고용연대급여(RSA), 경제활동추가수당(PA), 그리고 경제활동보편소득(RUA)로 이어지는 개혁의 기본 정신은 우선 다른 나라의 사회부조와는 달리, 노동(사회보장 기여)을 하고 있지만 저소득으로 인해 구매력이 취약한 노동자(working poor)에게 지급되는 소득 보충 성격의 사회부조라 할 수 있다. 이의 목적은 제도를 간소화하여 사각지대를 줄이면서도, 실업 상태보다는 저소득 근로라도 근로를 장려하는 데 있다(MSS 2020).

여전히 기본소득 주창자들의 비판이 존재한다. RSA는 소득조사 및 자산조사를 통해 요건을 갖춘 자에 한정하여 지급한다. 지급은 개인이 아닌 가구를 단위 기준으로 지급한다. 또한, 기존 RMI 제도에서 적용되지 않던 18~25세의 청년들에게도 자격을 부여한 사

---

9) 2019년 6월부터 정부는 공론화 방식의 협의를 진행하고 있다. 이에 대한 논의는 '경제활동보편수당을 향하여' 누리집에서 찾아 볼 수 있다(www.consultation-rua.gouv.fr/).

실은 청년층의 실업 문제를 임시직이나 시간제 근로 등 불안정 고용의 확산을 방관 심지어 촉진하는 정책으로 극복하려 한다는 비판도 고민해 필요가 있다.

2) 사회보험기여금 부과 대상 확대, 일반사회보장부담금제도

사회정책의 확대는 재원의 변화를 동반했다. 사회보험 기여금은 일반적으로 경제활동에 따른 임금에 대해 부과됐지만, 확장된 사회보장제도의 재원을 조달하고 사회 부채를 줄이기 위해 1991년부터 임금뿐만 아니라 연금 및 수당, 재산소득 및 이자소득에 대해서도 부과하기 시작하여 부과율을 점진적으로 높이고 있다.

프랑스에서 사회보장제도의 재원조달은 노·사의 보험료, 특화된 목적세로서 사회보장세, 그리고 기타 국가보조금으로 구성된다.

① 보험료 : 노·사가 부담하며, 보험료 비율은 보험별로 노·사가 다르다(URSSAF 2021).

② 사회보장세 : 일반사회보장부담금(contribution sociale généralisée, CSG)으로 노동자가 임금의 9.20% 혹은 기타수입의 6.80%를 낸다. 그 외 스톡옵션부담금, 성공보수부담금 등 기타 조세가 존재한다.

③ 국가보조금 및 기관전입금

표 3 일반제도의 부문별 보험료율(www.urssaf.fr, 2021.1.1. 기준)

구분	사용자	노동자	총계	비고
건강보험	7.30%	0	7.30%	
노령연금	8.55%	6.90%	15.45%	상한선 이하
	1.90%	0.40%	2.3%	상한선 이상
가족수당	3.45%	0	5.25%	
산재보험	2.38%	0	2.38%	
CSG	0	9.20%	9.20%	세금 대상[10]
	0	6.80%	6.80%	세금 미대상
	0	3.8-8.3%	3.8-8.3%	노령연금
	0	0.50%	0.50%	사회부채상환
실업보험	4.05%	0		
사회적 대화 지원기금	0.016%		0.016%	

　프랑스 사회보장제도의 재원마련은 1990년까지 이해당사자의 보험료에 전적으로 의존했으나, 1990년 12월 사회당 소속 로카르(Michel Rocard) 정부 시절 사회보장재정을 다양화하기 위해 일반사회보장부담금(CSG) 제도를 도입했다. 처음 시행된 1991년 2월에는 소득에 대해 1.1%의 부담금이 적용되던 것이 세율의 점진적인 인상으로 인해 2018년 9.2%까지 비중이 점점 늘어나게 되었다. 이는 사회기여금처럼 활동소득에만 부과되는 것이 아니라 조세와 유사하게 모든 소득에 부과된다.[11] CSG는 기본적으로 경제활동소득,

---

10) 2020년 세전임금이 164 544유로 이하일 경우, 임금의 98.25%에 대해 계산하고 초과할 경우 100%에 대해 과세한다(Bertieux 2021).

11) 유럽연합 법원에서는 일종의 사회분담금으로 간주하여 프랑스 사회보장제도에 가입하지 않은 유럽연합 노동자에게 부과할 수 없다고 판결한 사례가 있다(Cour de justice de l'Union européenne, « communique de presse no 22/15 – Arrêt dans l'affaire C-623/13 – Ministre de l'Économie et des Finances/Gérard de Ruyter – Les revenus du patrimoine des résidents français

비활동소득(연금 및 수당)에 부과되고, 부동산 등 임대 소득 및 금융 등 투자소득에 대해서도 부과된다.

표 4 CSG 부과률의 변화(단위 : %)

대상	1991	1993	1997	1998	2005	2018	2019
경제활동소득				7.5	7.5	9.2	9.2
노령연금				6.2	6.6	8.3	8.3
실업수당	1.1	2.4	3.4	6.2	6.2	6.2	6.2
재산소득 및 이자소득				7.5	8.2	9.9	9.2

(출처 : www.urssaf.fr)

프랑스 사회보장제도의 재원조달은 1990년까지 이해당사자의 보험료에 의존하여 운영되어오던 것이 1991년 CSG의 시행과 확대로 조세 형태에 의한 재원조달 비중이 높아지고 있다. 초기에는 사회보험을 위해 도입됐지만, 2018년부터 고용보험 기여금도 포함하게 됐다. 특히, 노동계약을 맺고 있던 노동자에게만 적용되던 고용보험을 자영업자, 자발적 이직자에게까지 확장될 수 있도록 하는 물적 토대로 작용한다.

---

qui travaillent dans un autre État membre ne peuvent pas être soumis aux contributions sociales françaises »).

표 5 보험료와 조세의 비중 변화(단위 : %),

	1980년	1985년	1990년	1995년	2000년	2005년	2010년	2015년
보험료	97.9	97.1	96.3	89.8	73.5	75.6	69.5	57.1
조세	2.1	2.9	3.7	10.2	26.5	24.4	30.5	42.9
총계	100	100	100	100	100	100	100	100

(출처 : Rapport sur les prélèvements obligatoires et leur evolution)

3) 고용보험의 확장 : 특수고용직 노동자, 자영업자, 자 발적 이직자에 대한 적용

오늘날 고용형태가 다양화되면서 기존의 노동자와 자영업자 사 이에 준종속 노동자와 종속적 자영업자가 나타나고, 이들의 규모가 증가하면서 노동조건 및 고용보장 문제가 주요한 사회적 의제로 대 두되고 있다. 기존의 임금노동자를 대상으로 하는 법 제도에서는 원칙상 종속적 자영업자는 노동자가 아니라는 근거로, 준종속 노동 자는 종속성이 약하다는 이유로 고용보험 적용이 제외되는 경우도 있다. 또한, 짧은 계약 기간을 재갱신하는 경우, 이직자의 자발성 여부가 모호해지고 있으며 자발성 여부가 고용보험 수혜를 가늠하 는 기준이 되기 어려워 노사 상호 간 합의에 따른 계약 종료도 인 정해야 한다는 주장도 있다.

프랑스에서 자영업자는 임금노동자와는 별도의 사회보장제도 (Régime social des indépendants, RSI)를 운영하고 있었다. 2018년 에 자영업자의 사회보장제도를 임금노동자의 사회보장제도와 통합 하는 개혁을 단행하여 2020년까지 점진적으로 진행됐다. 특히 2018년 개혁을 통해 자영업자에게도 고용보험이 적용됐다. 프랑스 에서는 위에서 본 바대로 고용보험제도는 노·사가 단체교섭을 통해 운영되어온 제도인데, 자영업자에게도 적용되면서 공적인 성격이 강해졌다.

고용보험에 자영업자를 포함할 때 가장 어려움은 그들의 분담금 산정을 위한 소득파악이다. 프랑스에서는 이 문제를 해결하기 위해 2018년 고용보험에서 사용자 분담금을 제외한 모든 분담금을 폐지하고, 모든 수입에 비례하여 책정되는 일반사회기여금(CSG)의 일부 인상을 통해 충당하기로 했다.

결국, 프랑스는 종속성, 노동자성과 무관하게 근로를 하고 있다면 고용보장을 제공하는 등 높은 사회적 보호를 받는 것을 특징으로 하고, 이의 대상 역시 점점 확대되고 있다.

4) 부분활동정책(부분실업정책)

부분활동(activité partielle)정책은 특정 기업이 일시적인 경제적 어려움이 닥쳤을 때 고용하고 있는 노동자의 노동시간을 법적노동시간 이하로 줄이고, 기업은 해당 노동자에게 노동시간 삭감에 따른 보상을 요청할 수 있는 정책이다.[12] 노동시간 삭감으로 인해 임금이 줄어든 노동자는 고용주로부터 삭감분의 일부를 보상받고, 고용주는 보상금에 대해 국가와 전국상공업고용기금연합(UNEDIC)에서 공동 부담하는 부분활동 수당을 받는다(Service-Public 2021).

부분활동정책은 정규직 노동자뿐만 아니라 계약직, 시간제, 미션계약, 가내 수공업자에게도 적용된다. 이 제도는 1968년 처음 도입됐지만, 2013년부터 세전 급여의 70%를 지급하는 것으로 확대됐다.

---

12) 해당 제도는 노동법 L5122-1에서 L5122-5에 규정되어 있다.

일반적으로는 삭감된 시간 당 세전 임금의 60%(세후 72%에 해당)에 해당하는 금액에 대해 보상한다. 보상금액은 세후 8.11€ 이하로 내려갈 수 없으며, 최대 세후 27.68€까지 지급할 수 있다. 고용주는 평소 월급날에 보상금을 지급하여, 급여명세서에 보상시간과 보상적용률, 보상총액을 명시한다.

보상시간은 일반적으로 법정노동시간과 실제 노동시간 간의 차이에 해당하는 시간을 계산한다. 법정노동시간 이하의 노동시간이면, 계약 노동시간과 실제 노동시간과의 차이에 해당하는 시간에 대해 보상한다. 법정노동시간 이내의 삭감 시간에 대해서만 보상한다. 호텔, 카페, 레스토랑 업종과 같이 코로나19 감염 확산 이전에 단체협약을 통해 39시간으로 노동시간이 규정된 경우, 39시간을 기준으로 보상시간을 정한다.

부분실업정책이 2008-09년 경제불황 당시 기업에 인적자원을 보존하면서도 노동비용을 절감할 수 있도록 했다고 긍정적인 평가도 있지만, 기업의 인건비만 일시적으로 절감시켰을 뿐, 결국, 고용은 사라졌다고 정책의 변질 효과에 대해 지적하기도 했다(Nevoux 2018).

특히, 최근 코로나19 감염 확산에 대한 대책으로 부분활동정책을 활용했다. 매출액 하락과 연결된 업종이나 코로나19 감염 여파로 활동이 제한된 기업에 대해선 삭감된 시간 당 세전 임금의 70%(세후 84%)까지 보상할 수 있으며, 이때에는 8.11€ 이하로 지급할 수 없으며 삭감된 시간 당 최대 32.29€를 지급할 수 있도록 했다. 프랑스 통계청에 따르면 봉쇄령이 내려졌던 2020년 4월에는 840만명의 노동자(민간 부분의 41%)가 부분활동 수당을 받기도 했다

(DARES 2021).

우리나라에도 유사하게 '고용유지지원금제도'가 존재한다. 이는 경영난에 처한 기업들이 유급휴업·휴직을 통해 고용을 유지하면 정부가 고용보험기금으로 휴업수당(평균임금의 70%)을 일부 지원하는 제도다. 부분 활동 정책은 노동시간을 줄여 임금의 일부를 국가와 실업기금에서 보전하는 제도라면, 우리나라의 제도는 해고 대신 휴직했을 때 수당을 제공하는 제도라 할 수 있다. 프랑스의 제도는 노동자가 노동을 연속할 수 있지만, 우리의 제도는 노동의 단절이 있는 제도이다. 이와 같은 유연성의 근원은 앞서봤듯이 일부 노동을 유지한 상황에서 보험금 지급이라는 RSA 같은 제도가 실행되어 소득의 파악이 구체적이고, 부분노동에 따른 수당 지급에 대한 사회석 공감대가 존재하기 때문에 가능한 세도이다. 이와 같은 부분활동제도는 프랑스뿐만 아니라 오스트리아, 벨기에, 네덜란드에서도 진행되고 있다(DARES 2021).

5) 노사관계의 변화

노동 개혁은 노사관계의 안정화를 밑바탕으로 하지 않고는 도입하기도 유지하기도 어렵다. 프랑스는 복지국가 유형의 측면에서는 '대륙모델(continental model)'이나 '조정된 자본주의(coordinated capitalism)'로 분류됐지만, 노사관계 측면에서는 대륙모델보다는 '남유럽 모델'에 더욱 가깝다는 평가를 받아왔다(Freyssinet 2017). 기존의 프랑스를 보편적 복지 모델로 전환하기 위해선, 지속 가능한 발전이 가능케 하기 위해선 갈등적인 노사관계의 안정화가 필수적인 전제이다.

2000년대 이후 프랑스 정부는 좌우를 막론하고 지속해서 노사관계의 안정화와 제도화를 추진했다.[13] 이를 위해 우선은 정부 정책 형성에 있어 사회적 대화를 강조하고 이를 제도화했다. 1990년대 말 사회당 정부에서 35시간제도 도입 시 일자리 창출 효과의 극대화를 위해 정부는 사회적 대화의 중요성을 강조했고, 2008년 1월 보수 성향의 정부는 노동법 개정을 통해, 제1조에 "정부가 진행 중인 집단적 개인적 노동관계, 고용, 직업훈련에 관한 모든 개정 계획은 노·사 단체와 사전 협의의 대상이다"라고 명시했다. 그때부터 정부는 노동 사안에 관한 법률 개정 시 의회 논의 이전에 노사 간의 사전 협의를 반드시 거칠 것을 의무화했다. 사회적 대화가 민주주의 입법과정에서 하나의 과정으로 제도화됐다고 할 수 있다.

둘째, 합의의 정통성을 보장하기 위해 노사단체의 대표성 제도를 보완했다. 낮은 노·사의 대표성 문제를 개선하기 위해 2008년엔 노사협의회 선거 결과를 핵심기준으로 하는 노조 대표성 제도를 개혁하고, 2014년엔 단체 가입 기업 수와 단체 가입 기업이 고용한 노동자 수를 주요 기준으로 하여 사용자 단체 대표성 제도를 정비했다.[14] 그리하여 사회적 대화 과정에서 제도로 인해 발생하는 분쟁을 최소화했다.

셋째, 사회정상회담(social summits)과 사회대토론회(social conferences)를 통해 주요한 사회정책의 도입 시 혹은 정부 사회정책의 의제 형성과 로드맵 구성 시 사회적 대화의 비중을 높였다(손영우 2015).

---

13) 2012년 사회당 정부의 등장과 더불어 전반적인 프랑스 사회적 대화 구조의 변화에 대해선 손영우 2015를 참조.
14) 프랑스 노사 대표성 제도 정비에 관한 구체적인 내용은 손영우 2018, 135-160을 참조.

넷째, 사회적 대화 지원 기금과 노조활동가 경력 인정을 통해 사회적 대화에 대한 물적 마련과 진흥정책을 적극적으로 마련하였다.

4. 프랑스 사회정책 모델은 어디로 가는가?

프랑스에서 사회정책의 변화는 경기의 변화보다는 오히려 정치적 변화와 긴밀하게 연결된다(Freyssinet 2017; Pernot 2017). 사회정책에서 정부의 위치가 점점 넓어지면서 변화의 직접적인 추동력은 경제위기라기보다는 경제적 변화의 토대 위에서 정부를 구성하는 정치세력 간에, 유권자의 지지를 얻기 위한 쟁투가 사회정책의 변화를 주도했다. 70~80년대 석유파동보다는 미테랑의 등장이, 2008-12년 경제위기보다는 2012년 올랑드, 2017년 마크롱의 집권이 주요한 동력이었다고 할 수 있다.

프랑스 정부의 정치적 성향은 지난 1981년 이래로 1차례 예외를 제외하고 매번 정권이 좌우를 번갈아 가며 변화했다. 특히, 실업 정책의 경우 좌파의 수요정책, 우파의 공급정책으로 인해 지그재그 행보를 거듭했다. 2017년 선거 결과에 대해 다수 공화국 이념의 중도 유권자들이 오랫동안의 좌우간 변화에 따른 피로감으로 인해 안정감 있는 중도세력을 원했다고 볼 수 있다.

동시에 프랑스 사회정책에는 중도좌우 세력이 지난 90년대 이후 지속해서 추진했던 몇 가지 경향이 존재한다. 그것은 첫째, 프랑스의 사회정책 체제는 에스핑-앤더센의 개념으로 '보수주의적' 노·사 자율적 운영 체계에서 21세기에 들어서면서 정부주도의 보편적 체계가 결합하여 가는 모습을 보인다. 사회정책 영역에 정부 개입이 지속해서 확장하고 보편적이고 공공적 성격을 확대했다. 과거 노·사에 맡겨져 있던 실업보험이 자영업 종사자에게 확장하면서 정부의 개입이 확장되고, 수혜당사자들의 기여금을 통해 운영되던 사회보장제도들에 조세적 성격이 짙은 일반사회보장부담금(CSG)의 비중이 높아졌다. 그리하여 직능별 레짐을 골간으로 하면서도 동시에 보편적 체계도 강화되는 경향을 보인다. 둘째, 정부 개입의 영역이 확장되지만, 그 개입 방식은 이해관계자들의 참여 활성화를 통해 참여민주주의를 최대한 구현하는 방식으로 진행됐다. 이를 위해 사회적 대화를 강조하고 제도화했으며, 이를 실질적으로 구현하기 위한 물적 토대를 형성하였다.

결국, 과거 대립적인 노사로 인해, 정부가 일방적으로 추진하거나 노사에게 맡겨져 있던 영역이 정부의 영역이 지속해서 확장되면서 국가가 주도하는 노·사와의 협의가 중시되는 경향으로 프랑스식 모델의 형성되어 가고 있다고 할 수 있다. 프랑스식 제도는 국가가 주도하여 협약을 장려하는 **협약의 자유 및 국가 개입주의가 결합**하는 특징을 보인다.

프랑스 사회정책의 변화 과정과 특징은 우리에게 몇 가지 시사하는 바가 있다. 첫째, 국가의 주도와 이해관계자들 간의 협의를 구성하는 거버넌스 사례이다. 국가의 역할이 지속해서 확장됐지만, 국가가 노·사의 자율성을 최대한 보장하고 존중하면서 방향을 이끌어가는 거버넌스의 모습은 지난 독재권력이 시혜적 차원에서 진행했던 사회정책을 민간의 자발성과 요구에 근거하여 확장해가고 있는 우리 사회에 하나의 동기를 제공할 수 있다.

둘째, 촘촘하고 현장밀착형 사회보장 제도이다. 최근에 고용보험제도의 변화에서 보여준 프랑스의 사례는 우리나라 제도의 경직성을 비춰준다. RSA 활동가산급여, 부분실업 정책에서 나타나는 일하는 사람의 활동 의지와 사회수당을 결합하고자 하는 노력이 바로 그것이다. 부분실업정책에서 고용을 유지하면서도 실업급여 혜택을 받고, RSA 활동가산급여에서는 실업급여를 받으면서도 노동을 진행할 수 있는 제도를 만들었다. 물론 이와 같은 제도가 불안정 노동을 양산한다는 비판도 존재하는 것이 현실이지만, 근로와 복지를 결합하고자 하는 노력의 산물로서 하나의 사례가 될 수 있다.

셋째, 사회적 대화 친화적 제도이다. 지난 시절 갈등적인 노사관계로 인해 활성화되지 못했던 사회적 대화를 정부에서 나서서 노·사와 함께 대표성 부여와 교섭 제도를 정비하고, 사회적 대화 활동가를 지원하며, 교섭을 석극석으로 상려하여 만들어 낸 사회석 대화의 발전은 앞서 지적했던 거버넌스가 형성될 수 있는 토대를 제공한다고 할 수 있다.

프랑스 모델은 여전히 진행형이라고 할 수 있다. 과거 좌우 정권 교체에 따라 새로이 형성된 복잡하고 중첩적인 사회보장제도를 강력한 중도정부 주도로 통합하고 간소화하는 과정에 있다. 그것은 무엇보다 사회정책을 구현할 정치세력의 안정성을 어떻게 형성하고 유지할 것인가라는 문제와 결부되어 있다고 할 수 있다. 2017년 선거 결과는 이에 관한 하나의 사례를 보여주었으며, 그 사례의 지속 가능성은 오는 2022년 선거를 통해 다시 검증될 전망이다.

참고 문헌

박제성 2006. "프랑스 최초고용계약(CPE)의 짧은 생애에 대한 관찰 기록". 『국제노동브리프』 3(1), 39-47.

박제성·홍기원·조용만·손영우 2016 『프랑스 노동법 개정 과정에 대한 분석과 시사점』. 한국노동연구원.

박제성·양승엽·신수정 2018. 『외국의 자영업자 사회법제 연구: 프랑스, 스페인, 이탈리아』. 한국노동연구원.

손영우 2015. "프랑스 사회적 대화 구조의 변화 : 노조대표성 개혁과 사회대토론회". 『한국정치학회보』 49(1), 23-48.

손영우 2018. 『사회적 대화 : 노동은 어떻게 프랑스 사회를 운영하는 주체가 됐나』. 이매진.

최인숙 2019. "기본소득제 실현가능성: 프랑스 사례". 『통합유럽연구』 10(1), 143-175

Bernard Gomel & Dominique Méda, « Le RSA : un dispositif inadapté », La Vie des idées, 11 mars 2014. ISSN : 2105-3030. URL : https://laviedesidees.fr/Le-RSA-un-dispositif-inadapte.html (2021.9.20. 열람)

Bertieux, Wilhelm 2021. "Les taux de CSG en 2021". https://www.tacotax.fr/guides/impot-sur-le-revenu/csg-crds-definition-calcul/taux-csg (2021.8.30. 열람).

CAF 2021. "Le revenu de solidarité active (Rsa)". https://www.caf.fr/allocataires/droits-et-prestations/s-informer-sur-les-aides/solidarite-et-insertion/le-revenu-de-solidarite-active-rsa (2021.8.30. 열람)

DARES 2021. "Le chômage partiel". https://dares.travail-emploi.gouv.fr/donnees/le-chomage-partiel (2021.9.18. 열람)

DREES 2020. *La protection sociale en France et en Europe en 2018*. DREES.

Esping-Andersen, Gosta 1990. *The Three Worlds of Welfare Capitalism*. Princeton University Press.

Freyssinet, Jacques 2017. "Social dialogue in the shadow of the State in France". in Igor Guardiancich and Oscar Molina(eds.) 2017 *Talking through the crisis: Social dialogue and industrial relations trends in selected EU countries.* ILO.

Hall, Peter A, Soskice, David 2001. *Varieties of Capitalism: The Institutional Foundations of Comparative Advantage.* Oxford University Press.

INSEE 2021. "Revenu de solidarité active / RSA". https://www.insee.fr/fr/metadonnees/definition/c1718 (2021.8.30. 열람).

Jany-Catrice, Florence and Michel Lallement 2015. "Conversion through inequality : the transformation of the French social model". Steffen Lehndorff(ed.) 2015. *Divisive integration. The triumph of failed ideas in Europe – revisited.* ETUI.

Join-Lambert, Marie-Thérèse 2010. "L'évolution des politiques sociales en France". Projet Innovation.

Join-Lambert, Marie-Thérèse(dir.) 1997. *Politiques sociales.* 2ème édition. Presses de Sciences PO et Dalloz.

Maillard, Sébastien 2017. "En Marche ! est-il un mouvement ou un parti ?". La Croix. 06. avr. 2017. https://www.la-croix.com/France/Politique/En-Marche-mouvement-parti-2017-04-06-1200837564 (2021.12.12. 열람)

Marshall, Thomas Humphrey 1965. *Social Policy in the Twentieth Century,* Hutchinson.

Mes-allocs 2021. "La Prime d'activité : plafonds 2021". https://www.mes-allocs.fr/guides/prime-d-activite/prime-dactivite-plafonds-2021/ (2021.8.30. 열람)

MFRB(Mouvement français pour un revenu de base) 2021. "Le revenu de base, de A à Z." https://www.revenudebase.info/decouvrir/ (2021.8.29. 열람)

Montvalon, Jean-Baptiste de 2002. "Les partisans de Jacques Chirac annoncent la création de l'Union pour la majorité présidentielle (UMP)" Le Monde. https://www.lemonde.fr/archives/article/2002/04/25/les-partisans-de-jacques-chirac-annoncent-la-creation-de-l-union-pour-la-majorite-presidentielle-ump_4238383_1819218.html (2021.12.11. 열람)

MSS(Ministère des solidarités et de la santé) 2020. "Vers un revenu universel d'activité". https://solidarites-sante.gouv.fr/affaires-sociales/lutte-contrel-exclusion/lutte-pauvrete-gouv-fr/la-mise-en-oeuvre/renforcer-l-acces-aux-droits/revenu-universel-d-activite-la-concertation/article/vers-un-revenu-u niversel-d-activite (2021.12.12. 열람)

Nevoux, Sandra 2018. "L'activité partielle, une politique de sauvegarde de l'emploi efficace?" sur blocnotesdeleco.banque-france.fr, Banque de France, 4 mai 2018(2021.9.18. 열람).

OECD 2021. "Social Expenditure Database (SOCX)". https://www.oecd.org/social/expenditure.htm (2021.11.28. 열람)

Pernot, Jean-Marie 2017. "France's trade unions in the aftermath of the crisis". Steffen Lehndorff, Heiner Dribbusch and Thorsten Schulten(eds.) 2017. *Rough water : European trade unions in a time of crises*. ETUI.

Reille-Soult, Véronique 2016. "Emmanuel Macron, radiographie d'un phénomène sur les réseaux sociaux". l'Opinion. 08 sep. 2016. https://www.lopinion.fr/politique/emmanuel-macron-radiographie-dun-p henomene-sur-les-reseaux-sociaux (2021.12.12. 열람)

Schneider, M.R. and M. Paunescu 2012. "Changing varieties of capitalism and revealed comparative advantages from 1990 to 2005: A test of the Hall and Soskice claims". *Socio-Economic Review*, 10(4), 731-753.

Service-Public 2021. "Rémunération d'un salarié en chômage partiel (activité partielle)". https://www.service-public.fr/particuliers/vosdroits/F13898#: ~:text=En%20cas%20d'activit%C3%A9%20partielle,'%C3%89tat%20 et%20l'Un%C3%A9dic (2021.9.18. 열람).

URSSAF 2021. "Taux de cotisations". https://www.urssaf.fr/portail/home/taux-et-baremes/taux-de-cotisations/les-employeurs/les-taux-de-cotisations -de-droit.html (2021.8.31. 열람).

02

경제위기 이후 극우 정당의 부상과
사회복지정치의 동학:
네덜란드 사례

손정욱(서울대학교 국제문제연구소 연구위원)

1. 서론*

전통적으로 사회정책을 다룬 많은 연구들은 좌파정당의 역할에 주목해왔다. 정책 결정 과정에서 노동자의 목소리를 대변하는 좌파 정당의 역할에 따라 사회정책의 규모와 성격이 달라진다는 것이 다.[1] 하지만 실제로 전후 오랜 기간 유럽 복지정치는 좌파정당, 우 파정당, 그리고 중도정당 간의 연합을 통해 진행되어 왔다. 그런 면 에서 복지정치의 동학을 정확하게 이해하기 위해서는 분석 대상을 좌파정당에 국한하기보다는 정당정치 전반의 변화를 포괄적으로 추 적하는 것이 필요하다.[2]

---

* 이 논문은「유럽연구」39권4호(2021)에 실린 저자의 논문을 수정보완한 것입니다.

1) Peter Hall and David Soskice (eds.), *Varieties of Capitalism: Institutional Foundations of Comparative Advantage* (Oxford: Oxford University Press, 2001); Walter Korpi, "Power Resources and Employer-Centered Approaches in Explanations of Welfare States and Varieties of Capitalism. Protagonists, Consenters, and Antagonists," *World Politics*, Vol. 58, No. 2 (2006), pp. 167-206; David Rueda, "Insider-Outsider Politics in Industrialized Democracies: The Challenge to Social Democratic Parties." *The American Political Science Review* Vol. 99, No. 1 (2005), pp. 61-74.

2) Hans Daalder, "In Search of the Center of European Party Systems," *American Political Science Review*, Vol. 78, No. 1 (1984), pp. 92-109.

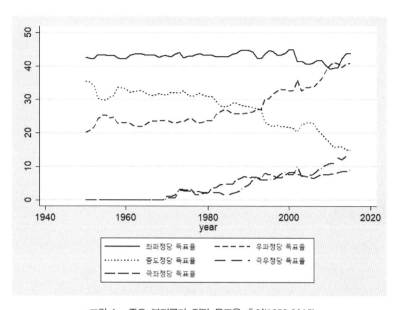

<그림 1> 주요 복지국가 정당 득표율 추이(1950-2015)

출처: Bormann and Golder(2013); Swank (2018) (재인용: 손정욱, 이호준 2020)

<그림 1>은 1950년부터 2015년까지 주요 복지국가 11개국(오스트리아, 벨기에, 덴마크, 핀란드, 프랑스, 독일, 이탈리아, 네덜란드, 노르웨이, 뉴질랜드, 스웨덴)의 평균 정당 득표율 변화를 보여준다. <그림 1>에서 보는 바와 같이, 유럽의 선진 복지 국가들의 경우, 적어도 2000년까지는 좌파정당, 우파정당, 중도정당의 구도가 유지되어 왔다. 하지만 2000년대 이후부터 중도정당이 급격히 쇠퇴하고 그 자리를 보수정당과 극우 정당이 대체하고 있다.[3] 다시 말해서 최근 복지국가 정당정치는 좌파정당, 우파정당, 그리고 극우 정당의 삼극 체제로 재편되고 있는 것이다.[4] 이런 경향은 특히 2008년

---

3) 손정욱·이호준, "선거제도와 정부 당파성: 비례대표제는 여전히 중도 좌파 정부에게 유리한가?."『한국정치학회보』제54집 제2호 (2020), pp. 59-83.

금융위기를 겪으면서 더욱 강화되는 추세다. 실제로 최근 극우정당 부상 및 쇠퇴의 원인에 대한 연구들이 많이 등장하고 있다.[5) 그만큼 선진 민주주의 국가들에서 극우 정당의 부상은 더 이상 낯선 현상이 아니다.

하지만 극우 정당의 영향력은 국가마다 다양하다. 특정 극우 정당이 국민으로부터 많은 지지를 얻더라도 선거 이후 내각에 참여하는 것은 또 다른 차원의 정치적 게임의 결과물이다. 설령 극우 정당의 득표율이 높다 하더라도 곧바로 정책의 변화로 연결되지는 않으리란 것이다. 그렇다면 선진 복지국가에서 극우 정당의 부상은 사회정책에 어떤 영향을 미쳤는가? 그리고 극우 정당의 득표율이 높아짐에도 불구하고 왜 어떤 나라에서는 극우 정당이 연립정부에 참여하는 반면, 어떤 나라에서는 극우 정당의 연립정부 참여 기회가 낮은가?

본 연구는 네덜란드 사례에 주목한다. 네덜란드는 선진 복지 국가들 중 비례성이 가장 높은 선거제도를 도입해 유권자의 정치적 선호 변화가 의석에 가장 잘 반영되는 국가 중 하나이다. 그만큼 극우 정당에 대한 유권자의 지지가 의석으로 정확하게 반영된다.

---

4) Daniel Oesch and Line Rennwald, "Electoral competition in Europe's new tripolar political space: Class voting for the left, centre-right and radical right." *European Journal of Political Research* Vol. 57, No. 4 (2018), pp. 783-807.

5) 강명세, 『불평등 민주주의와 포퓰리즘』 (서울: 바오출판사, 2019); Martin Halla, Alexander Wagner and Josef Zweimuller, "Immigration and voting for the Extreme Right." *Journal of European Economic Association* Vol. 15, No. 6 (2017), pp. 1341-1385; Hanspeter Kriesi and Julia Schulte-Cloos, "Support for radical parties in Western Europe: Structural conflicts and political dynamics." *Electoral Studies* Vol. 65 (2020), pp. 102-138;

2008년 금융위기 이후 네덜란드의 대표적인 극우 정당인 자유당(PVV)은 줄곧 10 퍼센트 이상의 높은 지지율을 얻으며 원내 유력 정당으로 자리 잡아 왔다. 하지만 원내에서의 영향력에 비해 네덜란드 극우 정당은 좀처럼 내각의 핵심 구성원으로 참여하지 못했다. 금융위기 이후 네덜란드 극우 정당인 자유당은 왜 높은 지지율에도 불구하고 정책 결정 과정에서 그 역할이 제한적이었을까? 본 연구가 주목한 변수는 선거제도와 정당 리더십이다. 비례성이 높은 선거제도를 기반으로 원내에 다양한 정당들이 존재하는 상황에서 보수정당의 리더십이 민주적 가치를 지키려는 의지가 강력할수록 극우 정당의 연립정부 참여는 어려울 것이다.

서론에 이은 제2질에서는 금융위기 이후 네덜린드 정당정치의 동학을 간략히 설명한다. 제3절에서는 금융위기 이후 치러진 세 번의 선거와 내각 구성 과정을 면밀하게 추적하면서 극우 정당을 둘러싼 네덜란드 정당정치와 복지정책의 동학을 살펴본다. 제4절은 결론이다.

2. 금융위기 이후 네덜란드 정당정치의 동학

전후 네덜란드는 가톨릭 문화가 사회 전반에 뿌리 깊게 녹아 있었고 이런 특징은 복지정책과 정당정치 영역에도 그대로 반영됐다. 대표적인 기민주의 복지국가인 네덜란드는 사회적 가톨릭주의(social Catholicism)와 그 보충성의 원칙(subsidiarity principle)으로부터 큰 영향을 받았다.6) 이 모델은 정부의 적극적 개입을 통해 개인의 노동시장 참여를 강조했던 사민주의와 달리 가톨릭 전통을 기반으로 한 가족주의(familialism), 즉 남성이 주생계 원인 가족을 기본 단위로 간주했다.[7] 이는 상당수의 여성들이 노동시장에 편입하기보다는 가사노동에 집중했음을 의미한다.[8] 네덜란드 복지체제는 남성 가장의 정규직 일자리를 강력하게 보호함으로써 가계의 생계를 유지하는 가족주의(familialism)를 기반으로 해왔다. 즉 남성 가장에게 높은 수준의 급여를 지급하고, 여기에 관대한 연금 급여를 연계시킴으로써 은퇴 후에도 최소한의 삶의 질을 유지할 수 있도록 했다. 실업 문제 역시 가족주의로 풀어왔다. 예컨대, 청년실업 문제는 가족 부양을 통해 지원 받도록 하거나, 노령(55-64세) 남성의 경우는 조기 퇴직이나 실업보험 등을 통해 노동공급을 감소시킴으로써 실업률을 관리했다.

하지만 제조업 기반이 무너지고 탈산업화 시대로 접어들면서 이른바 '일자리 없는 복지국가(welfare states without work)'로 전락해버렸다. 네덜란드는 바세나르 협약을 통해 가사노동에 묶여있던 여성들에게 시간제 일자리를 제공하고 이후 유연 안정성(flexicurity) 법안을 통해 시간제 일자리에 안정성을 보완해줌으로써 복지국가의 위기를 극복했다.[9]

---

6) Kees van Kersbergen, *Social Capitalism: A Study of Christian Democracy and the Welfare State* (London and New York: Routledge, 1995).

7) Esping-Andersen, *Social Foundations of Postindustrial Economies* (Oxford: Oxford University Press, 1999), pp. 83-84.

8) Jane Lewis, "Gender and the Development of Welfare Regimes," *Journal of European Social Policy* 2-2 (1992), pp. 159-173.

9) 손정욱, "전환기 기민주의 복지국가 고용정책 변화와 정당정치: 네덜란드 사례를 중심으로" 『국제정치논총』 제59집 제2호 (2019), pp. 125-160; Jung Wook Son, "Welfare States *with* Work: Government Partisanship and Policy Responsiveness in the Netherlands," *Politics and Policy*, Vol. 48, No. 3 (2020), pp. 525-549.

정당정치 영역에서도 기민주의적 전통이 강하게 작동했다. 1960
년대까지 네덜란드 정당 체제에서는 가톨릭인민당(KVP), 반혁명당
(ARP), 기독교역사연맹(CHU) 등의 가톨릭 정당들이 전체 의석의
과반수를 차지해왔다. 사회가 점차 세속화되면서 가톨릭 정당들의
지지율도 감소했지만 1977년 기민당으로 단일화한 이후 2000년대
까지 종교 정당들은 네덜란드 정당에서 핵심적인 역할을 맡아왔다.
정치지형에서 네덜란드 기민당은 중도정당에 위치하면서 때로는 우
파정당들과 때로는 좌파정당들과 연립정부를 구성하면서 오랜 기간
내각을 주도해왔다.

한편, 네덜란드 노동당(PvdA)은 전후부터 줄곧 기민당과 함께
네덜란드 정낭정치를 이끌어왔다. 특히 1970년대 말부터는 기민당
과 유사한 의석을 확보하면서 영향력을 확대했고, 심지어 1990년대
중반에는 기민당보다 높은 득표율을 얻으며 보수정당인 자민당
(VVD), 그리고 중도정당인 민주66(D66)과 함께 내각을 구성하기
도 했다. 2000년대 초반까지 네덜란드 정당정치의 특징을 요약하자
면 중도정당인 기민당이 국정 전반을 주도하면서 좌파정당인 노동
당이 강력한 야당으로 존재하는 다당제 정당체제라고 할 수 있다.

하지만 2008년 금융위기 이후 네덜란드 정치지형은 크게 변하기
시작한다. <표 1>은 1946년부터 2021년까지 네덜란드의 정당별 득
표율이다. 금융위기 이후 치러진 첫 번째 선거인 2010년 총선에서
네덜란드 기민당의 득표율은 13.6 퍼센트를 기록하며 기존의 절반
수준으로 급락했으며 2021년까지 네 번의 총선에서 좀처럼 회복할

기미를 보이지 않고 있다. 오히려 득표율이 점차 감소해 한 자릿수 득표율에 그치며 정당의 존립 자체를 걱정해야 하는 수준이다.

<표 1> 네덜란드 정당별 득표율(1946-2021)

구분	KVP	ARP	CHU	CU	PvdA	D66	VVD	CPN	PSP	PPR	PVV
	CDA(1977-)							GL(1989-)			
1946	30.8	12.9	7.8		28.3			10.6			
1948	31.0	13.2	9.2		25.6		8.0	7.7			
1952	28.7	11.3	8.9		29.0		8.8	6.2			
1956	31.7	9.9	8.4		32.7		8.8	4.8			
1959	31.6	9.4	8.1		30.4		12.2	2.4			
1963	31.9	8.7	8.6		28.0		10.3	2.8	3.0		
1967	26.5	9.9	8.1		23.6	4.5	10.7	3.6	2.9		
1971	21.8	8.6	6.3		24.6	6.8	10.3	3.9	1.4	1.8	
1972	17.7	8.8	4.8		27.3	4.2	14.5	4.5	1.5	4.8	
1977		31.9			33.8	5.4	18.0	1.7	0.9	1.7	
1981		30.8			28.3	11.1	17.3	2.0	2.1	2.0	
1982		29.4			30.4	4.3	23.1	1.8	2.3	1.7	
1986		34.6			33.3	6.1	17.4	0.6	1.2	1.3	
1989		35.3			31.9	7.9	14.6		4.1		
1994		22.2			24.0	15.5	20.0		3.5		
1998		18.4			29.0	9.0	24.7		7.3		
2002		28.0		2.5	15.1	5.1	15.4	5.9 (SP)		7.0	17.0 (LPF)
2003		28.6		2.1	27.3	4.1	17.9	6.3 (SP)		5.1	5.7 (LPF)
2006		26.5		4.0	21.2	2.0	14.7	16.6 (SP)		4.6	5.9
2010		13.6		3.2	19.6	6.9	20.5	9.8 (SP)		6.7	15.4
2012		8.5		3.1	24.8	8.0	26.6	9.7 (SP)		2.3	10.1
2017		12.4		3.4	5.7	12.2	21.3	9.1 (SP)		9.1	13.1

구분	KVP ARP CHU CDA(1977-)		CU	PvdA	D66	VVD	CPN PSP PPR GL(1989-)		PVV
2021	9.5		3.4	5.7	15.0	21.9	6.0 (SP)	5.2	10.8

주: 정당 이름은 다음과 같다. KVP(가톨릭인민당), ARP(반혁명당), CHU(기독교역사연맹), CDA(기독교민주당), CU(기독교연맹), PvdA(노동당), D66(자유민주주의 66), VVD(자유민주주의당), CPN(네덜란드공산당), PSP(평화사회당), PPR(급진당), GrL(녹색좌파당), SP(사회당), LPF(뻠포르뚜완당), PVV(자유당)

노동당 역시 큰 위기를 겪었다. 금융위기 직후 치러진 두 번의 선거에서는 기민당의 쇠락과 달리 기존의 득표율을 유지하면서 원내 1당이 되었지만, 2017년 선거와 2021년 선거에서는 득표율이 대폭 하락해 5.7 퍼센트에 그쳤다. 이처럼 전후부터 50여 년간 네덜란드 정치에서 가장 강력한 영향력을 행사해왔던 기민당과 노동당은 2010년대에 들어서면서 사실상 군소정당으로 몰락하는 양상을 보인다.

쇠락하는 정당들이 있다는 것은 새롭게 부상하는 정당들이 있다는 말과 같다. 가장 눈에 띄는 특징은 극우 정당의 부상이다. 사실 네덜란드에서 유의미한 득표율을 얻은 극우 정당은 금융위기 이전인 2002년에 처음 등장했다. 반이민 정서를 전면에 내세운 신생 극우 정당인 뻠포르뚜완당(LPF)은 창당 이후 첫 선거에서 무려 17.0 퍼센트의 득표율을 얻어 기민당에 이은 원내 제2정당으로 급부상했다.[10] 신생정당이 이렇게 높은 득표율을 얻은 것은 외국인 이주자들에 대한 네덜란드 내부의 불만이라는 원인도 있었지만, 선거 9

---

10) Pytrik Schafraad, Peer Scheepers, and Fred Wester, "Media Attention to Fortuyn and LPF during the 2002 Elections," in Ruben P. Koning, Paul W.M. Nelissen and Frank J. M. Huysmans, *Meaningful Media: Communication Research on the Social Construction of Reality* (Nijmegen: Tandem Felix, 2009).

일 전 당 대표였던 뻼포르뚜완의 암살이 크게 작용했다. 뻼포르뚜완당은 2002년 선거 이후 내부 갈등 격화로 바로 다음 해 치러진 선거에서 지지율이 5.7 퍼센트로 급락하며 해체됐다. 그렇다고 극우 정당의 영향력이 계속 하락한 것은 아니다. '뻼의 정신(de geest van Pim)'을 이어받은 자유당(PVV)이 등장해 2010년 선거에서 15.4 퍼센트의 높은 득표율을 얻으면서 원내에서 세 번째로 큰 정당으로 성장했으며 이후 치러진 세 번의 선거(2012년, 2017년, 2021년)에서도 모두 10 퍼센트 이상의 득표율을 얻으며 원내 주요 정당의 위치를 유지했다.

또 다른 약진은 중도 보수정당인 자민당의 지지율에서 찾아볼 수 있다. 사실 엄밀히 얘기해서 자민당의 지지율이 약진했다기보다는 기민당과 노동당처럼 기존의 유력정당들의 지지율이 급락하면서 상대적으로 그 영향력이 더욱 커졌다고 볼 수 있다. 과거 자민당은 기민당의 연립정부 파트너로 내각에 자주 참여한 바 있지만, 상대적으로 낮은 득표율 탓에 내각 구성을 주도하기는 힘들었다. 특히 2000년대에 들어와서는 득표율이 크게 떨어지면서 영향력이 더욱 감소하는 추세를 보였다. 하지만 금융위기 이후 안정적으로 20 퍼센트 이상의 득표율을 유지하면서 원내 1당으로서 사실상 네덜란드 정당정치를 주도하고 있는 상황이다.

마지막 약진은 중도정당인 민주66이다. 민주66은 오랜 기간 네덜란드 정당정치에서 한 자릿수의 낮은 득표율을 얻으며 간헐적으로 내각에 참여해왔다. 하지만 금융위기 이후 득표율이 점차 상승해 2017년 선거와 2021년 선거에서 각각 12.2 퍼센트, 15 퍼센트의 득표율을 얻으며 유력정당으로 부상했다. 이처럼 2008년 금융위기 이후 네덜란드 정치지형은 크게 변했다. 전후 오랜 기간 가장 강력한 영향력을 발휘해왔던 기민당과 노동당은 크게 위축되고, 그 공백을 보수정당인 자민당, 중도정당인 민주66, 그리고 극우 정당인 자유당이 채웠다.

하지만 <표 2>에서 보는 바와 같이, 높은 득표율 확보에도 불구하고 극우 정당인 자유당은 번번이 내각 참여에 실패했다. 2010년에는 자유당의 암묵적 합의에 기반을 둔 내각이 탄생한 바 있지만 영향력은 제한적이었고 이후 구성된 두 차례의 내각에서도 자유당은 연립정부에 참여하지 못했다.

왜 네덜란드 정치지형은 금융위기 이후 큰 변화를 겪었을까? 그리고 왜 네덜란드 극우 정당은 높은 득표율에도 불구하고 지속적으로 내각 참여에 실패했을까? 이어지는 장에서는 금융위기 이후 치러진 선거 과정을 면밀하게 추적해 각 선거 국면에서 네덜란드 사회에서 어떤 정책 이슈가 중요하게 다뤄졌는지, 그리고 각 이슈에 대해 주요 정당들은 어떤 태도를 펼쳤는지, 그리고 선거 이후 내각 구성과 관련한 협상 과정에서 어떤 전략적 선택을 했는지를 살펴본다.

<표 2> 네덜란드 내각 구성(1977-2021)

연도	내각 참여 정당	수상 (정당)
1977	CDA-VVD	Dries van Agt (CDA)
1981	CDA-PvdA-D66	Dries van Agt (CDA)
1982	CDA-VVD	Ruud Lubbers (CDA)
1986	CDA-VVD	Ruud Lubbers (CDA)
1989	CDA-PvdA	Ruud Lubbers (CDA)
1994	PvdA-D66-VVD	Wim Kok (PvdA)
1998	PvdA-D66-VVD	Wim Kok (PvdA)
2002	CDA-VVD-LPF	Jan P. Balkenende (CDA)
2003	CDA-VVD-D66	Jan P. Balkenende (CDA)
2007	CDA-CU-PvdA	Jan P. Balkenende (CDA)
2010	VVD-CDA(-PVV)	Mark Rutte (VVD)
2012	VVD-PvdA	Mark Rutte (VVD)
2017	VVD-CDA-D66-CU	Mark Rutte (VVD)

주: CDA(기민당), VVD(자민당), PvdA(노동당), D66(자유민주주의66), LPF(삠포르뚜완당), CU(기독
교연맹)

3. 경제위기 이후 네덜란드 사회정책과 내각 구성의 동학

1) 내각 구성에 대한 설명들

정당이 많은 의석을 차지할수록 내각에 참여할 가능성은 높아진
다. 하지만 단독정부를 구성할 만큼 압도적인 득표율을 확보한 경
우가 아니라면, 단순히 의석률이 높아진다고 해서 연립정부에 참여
할 수 있는 것은 아니다. 권위 있는 비교정치학자인 레이파트
(Arend Lijphart)는 현실 정치에서 정당이 다른 정당(들)과 연합을
고려할 때, 연립정부 하에서 이념적 혹은 정책적으로 얼마나 자신

의 핵심가치를 공유하고 유지할 수 있는지를 비중 있게 고려한다고 주장했다[11]. 예컨대, 좌우 극단에 있는 두 정당이 이념적으로 상충하는 측면이 많을 경우, 두 정당 간 연합 가능성은 높지 않다고 할 수 있다. 반대로, 각 정당이 정책적으로 서로 긴밀하게 협조할 수 있는 상황에서는 연립정부의 성공 가능성이 더 높다고 할 수 있다.

하지만 이러한 설명은 최근 극우 정당의 높은 득표율과 내각 참여율의 괴리를 설명하기 힘들다. 최근 복지국가의 정치지형은 좌파정당, 우파정당, 극우 정당의 삼극 체제로 재편되고 있는 만큼, 우파정당과 극우 정당의 연립이 빈번하게 나타나야 하지만 실제로 극우 정당의 내각 참여율은 높지 않다. 오히려 우파정당은 좌파정당 혹은 중도정당과 연립정부를 구성하는 경우가 빈번하다.

이러한 기존 연구들의 한계를 극복하기 위해 본 연구는 최근 레비츠키(Steven Levitsky)와 지블랫(Daniel Ziblatt)이 제안한 새로운 연합 이론에 주목한다.[12] 이들이 제시한 이론은 한마디로 '민주주의 규범 연합(democracy norm coalitions)'이라고 할 수 있다. 민주주의의 가치를 근본적으로 부정하는 극우 정당이 부상할 경우, 진보정당과 보수정당은 이념적 격차를 넘어서 서로 연합을 구성하리라는 것이다.

---

11) Arend Lijphart, *Patterns of Democracy: Government Forms and Performance in Thirty-Six Countries.* 2nd Edition, (New Haven & London: Yale University Press, 2012), pp. 79-104.

12) Steven Levitsky and Daniel Ziblatt, *How Democracies Die.* (New York: Crown, 2018). (박세연 옮김. 『어떻게 민주주의는 무너지는가』. 서울: 어크로스)

레비츠키와 지블랫은 민주주의를 중시하는 정당들이 서로의 연합을 통해 반민주적 극단주의를 배제함으로써 민주주의를 수호해왔음을 강조하면서 이런 역할을 하는 정당과 리더십을 민주주의의 '문지기'라고 명명했다. 현실 정치에서 정당 지도부는 선거에서 승리하기 위해 자극적이고 극단적인 주장을 하는 정당 혹은 인물과 연합하려는 유혹을 갖게 되는데, 이런 유혹으로부터 단호하게 벗어나는 것이 바로 문지기의 핵심 역할이란 것이다.

특히 전통적으로 강력한 중도정당의 역할을 해왔던 기민당이 빠르게 위축된 반면, 극우 정당과 함께 보수정당의 득표율이 최근 상승하면서 결국 극우 정당의 내각 참여에 있어서 보수정당 리더십의 선택이 더욱 중요해졌다. 상대적으로 좌파정당이 극우 정당과 연립정부를 맺을 가능성이 높지 않은 상황에서, 결국 극우 정당은 보수정당의 연립정부 파트너가 되지 않는 이상 내각에 참여하기가 힘들기 때문이다. 요컨대, 보수정당의 리더십이 문지기 역할을 강조하는 인물들로 구성될수록 극우 정당의 내각 참여는 힘들어질 것이다.

하지만 리더십 변수는, 어쩔 수 없이 사후설명적 한계를 갖기 마련이다. 이를 극복하기 위해 제도적 변수를 함께 살펴봐야 한다. 본 연구가 주목하는 변수는 선거제도에 따른 유효정당의 숫자이다. 유효정당 숫자가 많을수록 각 정당은 연립정부 파트너에 대한 선택지가 많아지고 따라서 극우 정당과 연합하려는 유인도 낮아지리란 것이다. 예를 들면, 정당의 숫자가 진보정당, 보수정당, 극우정당 등세 개에 불과하고 모든 정당이 과반의석을 확보하지 못했을 경우,

보수정당의 선택지는 양자택일, 즉 진보정당 혹은 극우 정당으로 제한될 수밖에 없다. 선택의 폭이 좁아질수록 극우 정당의 내각 참여율은 높아질 수밖에 없다. 예를 들면, 오랜 기간 우파정당인 국민당과 좌파정당인 사민당(SPÖ)의 양당체제를 유지해왔던 오스트리아의 경우, 극우 정당인 자유당(FPÖ)이 등장하면서 극우, 우파, 좌파라는 3당 체제의 형태가 되었고 그만큼 캐스팅 보트를 갖는 자유당의 역할이 강력해졌다. 실제로 오스트리아 자유당은 네덜란드 자유당과 달리 1999년, 2002년, 2017년 세 차례에 걸쳐 연립정부 주요 정당으로 참여한 바 있다.

반면, 유효정당의 수가 6~7개까지 늘어난다면 연립정부를 구성할 수 있는 경우의 수는 대폭 늘어나고, 그만큼 극우 정당의 내각 참여 가능성은 낮아질 것이다. 극우정당 외에도 연립정부에 동참할 다른 정당들이 많기 때문이다. 따라서 선거제도의 비례성이 높을수록 유효정당의 숫자는 늘어날 것이고, 그만큼 극우 정당의 내각 참여 가능성은 더 낮아질 것이라고 기대할 수 있다. 이런 분석 틀을 기반으로 네덜란드 사례에 대한 연구가설을 제시하면 다음과 같다. 즉, 높은 의석점유율에도 불구하고 네덜란드 극우 정당의 내각 참여율이 낮은 것은 비례성이 높은 네덜란드 선거제도라는 구조적 요인과 보수정당 내부에 민주주의 가치를 지키려는 경향이 강한 리더십이 존재하기 때문이다.

2) 2010년 선거 쟁점과 내각 구성

2010년 내각을 해산하고 조기 총선이 치러진 외면적 이유는 아프가니스탄 파병 연장 문제를 둘러싼 기민당과 노동당 간의 갈등이다.[13] 하지만 정작 선거 과정에서 쟁점이 됐던 부분은 2008년 경제 위기 이후 네덜란드에서 진행된 일련의 사회경제정책과 관련된 것이었다. 2008년 가을 네덜란드에서 발생한 은행 위기로 네덜란드 경제 상황이 크게 악화하자 정부는 2009년과 2010년에 걸쳐 대규모 정부 예산을 투입해 공공 일감(public works) 창출 등의 경제 회복 프로젝트를 진행했다.

문제는 네덜란드 정부가 유럽연합의 '안정과 성장에 관한 협약(SGP: the Stability and Growth Pact)' 기준을 맞추기 위해 2011년까지 공공지출 감축을 실시해야 한다는 것이었다.[14] 2009년 3월, 네덜란드 정부는 350억 유로 삭감 계획안을 위한 테스크 포스를 출범시켰다. 테스크 포스의 제안은 크게 두 가지였다. 첫째, 주택 모기지에 대한 세금 감면 폐지, 둘째, 노인연금 지급 시기를 65세에서 67세로 변경. 내각은 주택 모기지 세금 감면 폐지는 거절했지만 같은 해 10월 노인연금 지급 시기 변경안은 받아들였다. 하지만 내각의 결정은 곧바로 노사 이익집단 및 의회의 저항에 부딪혔다.

---

13) 2007년 네덜란드 정부는 아프가니스탄 파병을 2010년까지 연장하기로 결정했다. 하지만 2009년 12월, 미국은 파병을 2010년 이후에도 계속 연장해달라고 요청했고 당시 연립정부를 구성했던 기민당과 노동당은 파병 연장 문제를 두고 격돌했다. 기민당은 미국의 요청을 받아들이려고 했던 반면, 노동당은 2010년 아프가니스탄으로부터 완전한 철수 입장을 고수했다. 2010년 1월 두 정당 간 갈등이 격화된 끝에 노동당은 내각 재신임을 요구했다. 기민당은 거절했고 노동당 소속 장관들은 일괄 사퇴로 응수했다. 기민당은 새로운 내각을 구성하려고 했지만 마땅한 파트너를 구하지 못했고 결국 불가피하게 조기 총선을 치를 수밖에 없는 상황에 직면했다. 이처럼 2010년 조기 총선은 아프가니스탄 파병 문제를 둘러싼 기민당과 노동당의 갈등이 기폭제가 됐다. Paul Lucardie and Gerrit Voerman, "The Netherlands." *European Journal of Political Research Political Data Yearbook* Vol. 50 (2011), pp. 1071-1072.

14) 유럽연합은 회원국들의 재정 안정화와 재정정책의 공조를 위해 1997년 '안정과 성장에 관한 협약(Stability and Growth Pact)'을 통해 재정적자는 GDP 대비 3 퍼센트 이하, 국가부채비율은 60 퍼센트 이하로 유지할 것을 회원국의 의무로 부과하고 있다.

사회경제위원회(SER, Sociaal-Economische Raad)에서 만난 노사는 노인연금 지급 시기를 2년 늦추는 안에 대해 합의에 이르지 못했고, 의회의 과반수 이상은 노인연금 지급 시기 변경에 찬성했음에도 불구하고 몇 가지 예외 조항들을 두고 이견을 좁히지 못했다. 결국 네덜란드 의회와 내각은 재정 감축의 구체적인 대책 대부분을 2010년에 결정하는 것으로 미뤘다.[15]

이런 배경 하에서 2010년 선거에서는 재정 감축의 방안을 놓고 각 정당별 입장이 무엇인지가 가장 큰 관심사였다. 노동당을 비롯한 사민당과 녹색당 등 진보정당들은 모기지 세금 감면의 폭을 줄이는 대신 고소득자의 세금 인상을 주장했지만 기민당, 자민당, 자유당 등은 이러한 주장에 반대했다. 한편 노동당과 녹색당뿐만 아니라 기민당과 자민당, 그리고 민주66 등 대부분의 정당들은 노인연금 지급 시기를 65세에서 67세로 늦추는 것에 찬성한 반면, 자유당과 사민당은 반대했다.

앞서 언급한 바와 같이, 선거결과는 전후 형성된 기민당-노동당 중심의 네덜란드 정치지형을 크게 바꿔놓았다. 연립정부 구성은 가장 많은 의석을 확보한 자민당을 중심으로 진행됐다. 우선 가장 먼저 논의된 방안은 자민당, 기민당, 그리고 자유당으로 구성된 우파연합이었다. 하지만 극우 정당과는 절대 연립정부를 함께할 수 없다는 기민당 내부의 방침에 따라 우파연합은 성공할 수 없었다. 그

---

15) Paul Lucardie and Gerrit Voerman, "The Netherlands." *European Journal of Political Research Political Data Yearbook* Vol. 49 (2010), pp. 1099-1100.

다음으로 나온 제안은 자민당, 노동당, 민주66, 그리고 녹색당 등 좌파, 우파, 중도정당들로 구성된 보라색 내각이었다. 하지만 네 정당은 재정 감축의 구체적 방식을 놓고 합의에 이르지 못해 결국 내각 구성에 실패했다.

이처럼 내각 구성과 관련해서 난항을 거듭하던 중, 자민당은 기민당과 연합해 소수내각(minority cabinet)을 구성하고 소수내각의 한계를 극복하기 위해 극우 정당인 자유당의 암묵적 합의를 보장받는 방식을 제안했다. 이러한 '제3정당이 지지하는 소수내각'은 전후 네덜란드 정치 역사에서 처음 등장한 것이었다. 이 제안에 대해 기민당 내부에서는 격렬한 토론이 벌어졌으며 실제로 기민당 소속 국회의원 두 명은 공개적으로 이러한 방식의 연립정부 구성에 반대함을 명시하기도 했다. 결국 이 문제를 두고 기민당은 전당대회를 열었고 실제로 약 4,000명의 기민당 대의원들 중에 1/3 정도가 자유당의 암묵적 지지에 기반을 둔 내각 참여에 반대했다.[16) 하지만 토론을 거쳐 세 정당은 이민, 안보, 노인복지, 금융정책 등 네 가지 이슈에 대한 합의를 도출했다. 특히 노인연금과 관련해서 극우 정당은 지급 시기를 65세부터 제공해야 한다는 기존의 주장을 철회하기로 했고, 대신 세 정당은 노인복지를 축소하기보다는 더 강화하기로 했다. 또한 이슬람 문제와 관련해서는 세 정당이 다른 목소리를 낼 수 있다는 점을 받아들이기로 합의했다.

2011년 6월 노사정은 노인연금 지급 시기와 은퇴 연령 시기를 2025년까지 점진적으로 67세까지 늦추기로 합의했다. 이 문제와

---

16) Lucardie and Voerman (2011), pp. 1075-1076.

관련해 노동집단 내부에서는 찬반이 극명하게 갈렸다. 노인연금 지급 시기를 늦추는 것에 반대해왔던 자유당으로부터 지지를 끌어낼 수 없었던 자민당-기민당 연립정부는 노동집단과 긴밀하게 연결되어 있는 노동당을 설득해야 했다. 자민당-기민당 정부는 임금이 낮고 연금 액수도 크지 않은 사람들의 경우 큰 손실액 없이 2025년에 연금을 받을 수 있도록 해달라는 노동당의 요구에 합의한 후에서야 비로소 노인연금 개혁안에 대한 노동당의 지지를 얻어낼 수 있었다.

3) 2012년 선거 쟁점과 내각 구성

2012년 초 다수의 경제 전문가들은 네덜란드의 재정적자 규모가 2013년부터 GDP의 3 퍼센트를 초과해 유럽연합의 '안정과 성장에 관한 협약'을 지키지 못할 수 있다고 경고했다. 따라서 연립정부를 구성하고 있던 자민당과 기민당, 그리고 그들을 암묵적으로 지지했던 자유당은 정부재정 규모를 축소하기 위한 구체적인 논의를 진행해야만 했다. 세 정당은 2012년 3월부터 본격적인 협상에 돌입했지만 다양한 사회경제 정책들에 있어서 이견을 좁히지 못했다. 특히 자민당과 기민당은 유럽연합이 제시한 요구조건에 맞춰 정부재정을 보다 긴축적으로 운용해야 한다고 주장했지만, 극우 정당인 자유당은 복지를 축소하는 것에 대해 근본적으로 반대하는 태도를 고수했다.[17]

재정 감축을 놓고 논쟁이 격화된 끝에, 자유당은 4월 21일 더 이

---

17) Simon Otjes and Gerrit Voerman, "The Netherlands." *European Journal of Political Research Political Data Yearbook* Vol. 52 (2013), p. 164.

상 연립정부를 지지할 수 없다고 선포했고 뤼터(Mark Rutte) 총리 역시 자유당과의 간접적 공조를 할 수 없다고 판단해 4월 23일 내각 해산을 결정했다. 하지만 내각 해산과 별개로 네덜란드 정부는 5월 1일까지 유럽연합집행위원회(European Commission)에 재정 감축안을 제출해야 했다. 내각 해산 후에 재무장관은 자민당과 기민당 외에 기독교연맹(CU), 민주66, 녹색당을 설득해 '5당 합의' 즉, 예산 감축안과 증세안(부가가치세 및 환경세 증세)에 합의했다. 한편, 녹색당은 마지막까지 노동당을 합의 과정에 동참시키려고 노력했지만 실패했다. 노동집단과 긴밀하게 연결되어 있던 노동당은 네덜란드 최대 노동조합인 노동조합총연맹(FNV)이 예산 감축안에 강력하게 반대했기 때문에 합의 과정에 동참하는 것이 쉽지 않았다.[18]

2012년 선거의 핵심 쟁점은 단연 '재정 긴축'이었다. 대부분의 정당들은 선거 공약으로 재정적자를 줄이기 위한 긴축 방안을 제시했다. 자민당은 가장 큰 규모인 220억 유로 삭감 계획을 발표했고 자유당은 가장 적은 액수인 110억 유로 삭감 계획을 공약으로 내세웠다. 이른바 유럽연합 위원회에 제출한 '5당 합의' 역시 선거 국면에 들어서자 와해되기 시작했다. 가장 첨예한 이슈가 된 부분은 네덜란드 예산에서 가장 큰 부분을 차지하고 있던 의료보장(health care)과 관련된 것이었다. 다른 선진 복지 국가들과 비교하더라도 네덜란드의 보건의료비 비중은 가장 높은 수준이다. 예컨대, 2013년 기준으로 네덜란드는 GDP의 12.9 퍼센트를 보건의료비로 지출

---

18) Otjes and Voerman (2013), p. 165.

했는데, 이는 서유럽 국가들(평균 9.52 퍼센트)과 비교했을 때 가장 높았다.

특히 쟁점이 된 부분은 의료보장의 방식이었다. 모든 네덜란드 거주민은 의무적으로 주정부의 의료보험을 민간 보험사업자로부터 구매해야 하고 이때 네덜란드의 치료서비스 지출의 약 80 퍼센트 가량이 공공 재원을 통해 조달되어 왔다.[19] 2012년 선거에서는 현재처럼 의료보장의 혜택을 집단으로 제공할 것인지, 아니면 개인 단위로 지불하도록 함으로써 의료비를 개인이 조절하는 방향으로 전환할 것인지가 핵심 쟁점이었다. 자민당은 의료보험으로 처리하기 전에 개인 의료비 비중을 늘리기를 원했고 기민당과 민주66 역시 자민당의 주장에 큰 이견이 없었다. 다만 기민당이나 민주66은 저소득층이나 만성질환자에게는 의료비 삭감을 보상해줘야 한다고 주장했다. 반면, 노동당과 녹색당은 소득에 비례해서 의료비를 지출해야 한다고 주장했으며 사회당은 개인 의료비를 최소화해야 한다고 강조했다. 마지막으로 자유당은 의료보장의 개편 논의 자체를 거부하면서 예산 삭감을 위해서는 관료를 대폭 줄여야 한다고 주장했다.

2012년 선거결과는 2010년과 크게 다르지 않았다. 자민당은 6 퍼센트포인트를 더 얻으면서 제1당의 위치를 보다 공고하게 했고 노동당도 득표율이 상승하면서 제2정당의 위치를 확보했다. 반면, 기민당은 득표율이 처음으로 한 자릿수로 떨어지며 역대 가장 적은

---

19) 한국보건사회연구원, 『네덜란드의 사회보장제도』 (파주: 나남출판사, 2018).

의석에 머물렀고 유럽연합으로부터 탈퇴를 강조했던 자유당도 득표율이 5 퍼센트포인트 가까이 떨어졌다.

2012년 선거에서도 내각 구성은 가장 많은 의석을 차지한 자민당이 주도했다. 자민당의 선택에 따라 내각 구성은 극우 정당을 포함한 중도우파 정부로 구성될 수도 있었고, 아니면 이념적 차이를 넘어서 진보정당과의 연립정부로 구성될 수 있는 상황이었다. 중도우파 정부를 구성할 경우, 자민당은 기민당, 민주66, 그리고 자유당과 연립정부를 구성해야 과반의석을 확보할 수 있었다. 반면에 좌파정당과의 초당적 연립정부를 구성할 경우, 자민당은 원내 제2정당인 노동당을 파트너로 선택할 수 있었다. 이 두 가지 옵션 중 자민당의 선택은 후자였다. 이미 1990년대 중반 우파정당과 좌파정당 간 보라색 정부를 구성한 경험이 있었기 때문에 자유당과 노동당은 상대적으로 큰 거부감 없이 연립정부 구성에 합의할 수 있었다.

하지만 구체적인 긴축 재정의 방식을 놓고 이념적 성향이 다른 두 정당의 이견을 조율하는 것은 쉽지 않았다. 결국 두 정당의 이견을 절충한 형태의 긴축 재정안이 도출됐다. 즉 자민당의 주장을 받아들여 재정적자를 GDP의 3 퍼센트 수준으로 감축하는 노력을 계속한다는 의견에 합의함과 동시에 의료보장과 관련해서는 소득에 비례한 의료비 지출 프리미엄을 제공해야 한다는 노동당의 의견도 합의문에 포함하였다.

4) 2017년 선거 쟁점과 내각 구성

2017년 선거에서는 크게 두 가지 이슈가 부상했다. 하나는 사회경제적 이슈, 또 다른 하나는 인종·문화 이슈였다.[20] 우선 사회경제적 이슈의 경우, 이번에도 의료보장제도가 가장 큰 쟁점이었다. 2008년 경제위기 이후 정부재정을 긴급 투입했던 네덜란드 정부는 이후 재정 긴축안을 마련해야 했고 가장 많은 재정이 투입되고 있던 의료보장의 개혁이 지속적인 관심의 대상이었다. 실제로 2015년 1월 자민당-노동당 정부는 의료보장의 큰 축인 장기요양제도를 개혁했다. 개혁의 방향은 중앙정부가 제공하는 장기요양의 항목을 축소하는 것이었다. 즉, 취약노인과 장애인을 위한 중증 환자에 대해서만 보장해주고 가정방문 치료와 노인에 대한 지원은 지자체가 책임지는 것으로 변경했다.[21]

2017년 선거에서 노동당을 비롯해 사회당, 녹색당, 그리고 자유당은 보험 이용을 허용하기 전에 시민들이 의료비의 일부를 직접 부담하도록 하는 의료비 공제 규정을 폐기할 것을 제안했다. 기민당과 기독교연맹은 의료비 공제 규모를 줄여야 한다고 주장했다. 반면, 자민당과 민주66만이 현재의 의료보장제도를 유지할 것을 주장했다.

두 번째 쟁점은 이민 이슈였다. 네덜란드에서 이민 문제는 오랜

---

20) Simon Otjes and Gerrit Voerman, "The Netherlands: Political development and data for 2017." *European Journal of Political Research Political Data Yearbook* Vol. 57 (2018), pp. 203-204.

21) 한국보건사회연구원 (2018), p. 297.

기간 중요한 쟁점이었지만 2015년 가을, 난민들이 네덜란드로 대거 유입하면서 사회적 관심이 크게 증가했다. 특히 2017년 선거 직전에 발생한 터키와의 외교 갈등으로 인종 문제가 선거의 핵심 쟁점 중 하나로 급부상했다. 2017년 터키는 대통령의 권한을 강화하는 권력 구조 개편을 놓고 헌법 개정을 위한 국민투표를 진행했다. 이 과정에서 터키의 장관들이 네덜란드에 거주하는 터키인들 중 개헌에 찬성하는 인원들을 모아 집회 개최를 준비했었다.

하지만 자민당-노동당 연립정부는 선거 국면에서 터키 정부가 네덜란드에 거주하는 터키인들과 함께 터키 이슈를 국내에서 다루게 되면 네덜란드 내에서 반이민 정서가 더욱 증폭될 것을 우려해 터키 외무장관의 입국을 거절했다. 반이민 정서를 전면에 내세우는 자유당에 유리한 상황을 최대한 피하기 위해서였다. 실제로 자유당은 선거 국면에서 이 사건을 적극적으로 활용해 네덜란드 시민들의 반이민 정서를 자극했다. 자유당 당수인 빌데르스(Geert Wilders)는 "네덜란드를 다시 우리의 것으로(The Netherlands Ours Again!)"라는 선거 슬로건을 전면에 내세웠다. 공약 역시 이슬람 사원 폐지, 이슬람 경전 판매금지, 이슬람 난민 유입 금지 등 인종차별적인 내용을 담고 있었다. 사실 2015년 난민 위기 발생 이후 진행된 많은 여론조사에서 극우 정당인 자유당의 지지율이 집권 정당이었던 자민당을 앞서는 것으로 나타났으며 이런 현상이 선거 직전까지 유지됐었다.

<표 1>의 선거결과를 보면, 극우 정당인 자유당의 약진은 생각

보다 크지 않았지만 원내 제2정당이 되었고 자민당은 득표율이 떨어졌지만 간신히 원내 제1당을 유지할 수 있었다. 이것은 자민당이 전략적으로 이민 문제에 있어서 좀 더 보수적인 관점을 가짐으로써 자유당으로 이탈하려는 유권자들을 확보할 수 있었기 때문이었다. 실제로 자민당의 뤼터 총리는 선거 6주를 앞두고 전국 주요 신문에 이민자들에 대한 공개서한 형식의 광고를 게재했다. 그 핵심 내용은 "네덜란드의 가치와 문화를 받아들이고 네덜란드인처럼 행동해야 한다. 그것을 거부한다면 네덜란드를 떠나라"라는 것이었다.[22]

사실 전통적으로 다양한 집단 간의 협의를 강조해왔던 네덜란드 정치는 자국으로 유입된 외국인 이주자들의 문화를 최대한 존중하는 방향의 다문화 정책을 추진했었다.[23] 예컨대, 네덜란드 정부는 외국인 노동자들과 그 자녀들이 모국의 정체성을 잃지 않도록 도와주기 위해 모국어 교육을 지원할 뿐만 아니라 종교행사와 문화행사를 위한 사회시설을 제공해주는 정책을 펼쳤다.

문제는 외국인 거주자 비중과 체류 기간이 증가함에도 불구하고 네덜란드 정부의 다문화 정책이 여전히 외국인의 정체성을 보호하는 방향으로 진행됨에 따라, 외국인 거주자들의 네덜란드 사회로의 참여를 오히려 배제하는 효과가 나타났다는 점이다.[24] 실제로 1999

---

22) 강신구, "2017년 네덜란드 총선: 유럽연합의 찜찜한 승리." 『EAI 논평』 (2017).

23) Jan Willem Duyvendak and Peter Scholten, "Questioning the Dutch Multicultural Model of Immigrant Integration," *Migrantions Societe*, Vol. 21, No. 122 (2009), pp. 77-105.

24) Tinka M. Veldhuis, and Titia van der Maas, "Immigration and Integration in the Nethelands: From Multiculturalism to Assimilation?," in Michael Emerson (eds.), *Europe and its Muslims: In Search of Sound Societal Models* (Brussels: CEPS, 2011), p. 38.

년에 네덜란드의 외국인 실업률은 내국인의 5.4배나 되었고, 사회
복지 예산의 절반이 이주자들을 위해 지출될 정도였다.[25] 이에 따
라 정부의 다문화 정책에 불만을 갖는 네덜란드 시민들도 크게 증
가했고 자유당(과 그 전신인 뻠포르뚜완당)과 같은 극우 정당은 바
로 이 지점을 집중적으로 공략해 지지율을 끌어올렸던 것이다.

이런 상황에서 자민당은 2002년 기민당과 연립정부를 구성해 외
국인 거주자에 대한 정책 방향을 다문화 정책에서 동화정책으로 전
환했다. 다시 말해서, 네덜란드에 거주하는 외국인들이 모국의 문
화를 지키도록 돕기보다는 네덜란드의 언어와 문화를 적극적으로
받아들이도록 하는 사회통합정책을 추진했던 것이다.[26]

2017년 선거는 역대 네덜란드 선거 중 의석 변화의 폭이 가장
컸다. 역대 선거에서 가장 많은 28개의 정당이 등장했고 의석을 확
보한 정당은 13개에 달했다. 2017년 선거에서 가장 큰 변화는 노동
당의 몰락이었다. 사실 이 결과는 선거 전부터 다양한 여론조사를
통해 예측가능한 것이었다. 자유당과의 연립정부를 구성한 기간 동
안 노동당은 복지개혁과 긴축 재정에 동참했고 이에 실망한 노동당
의 핵심 지지집단이 이탈했던 것이다. 노동당을 지지했던 유권자들
은 녹색당과 자유당, 그리고 여러 신생정당들을 선택했다. 또한 중
도정당의 영향력을 잃어갔던 민주66은 득표율을 끌어올리며 원내

25) Christian Joppke, "Beyond National Models: Civic Integration Policies for Immigrants in Western Europe," *West European Politics*, Vol. 30, No. 1. (2007), p. 6.

26) Rinus Penninx, "Dutch Immigrant Policies before and after the Van Gogh Murder," *Journal of International Migration and Integration*, Vol. 7, No. 2. (2006), pp. 241-254.

제4정당으로 성장했다.

2017년 이후 내각 구성 역시 원내 제1당인 자민당이 주도했다. 노동당은 자민당과의 연립정부 참여로 지지율이 급락한 상황에서 이미 선거 전부터 다음 내각에 참여하지 않겠다고 공표한 만큼 내각 구성 초기 단계부터 협상 과정에서 배제됐다. 주목할 점은 선거 이전부터 자민당을 비롯한 네덜란드 주요 정당들이 극우 정당과는 내각을 구성하지 않겠다는 점을 공식적으로 밝혔다는 점이다.27) 이민자에 대한 차별적 발언과 유럽연합 일원으로서의 네덜란드를 거부하는 자유당은 진보와 보수의 이념적 차이를 넘어서 연립정부에 참여할 자격이 없다는 것이었다.

연립정부 구성과 관련한 선택지는 많지 않았다. 자민당 외에 어떤 정당도 20 퍼센트 이상의 득표율을 얻지 못하면서 적어도 4개의 정당이 참여해야만 의회에서 과반수를 확보할 수 있었다. 자민당의 첫 번째 선택은 기민당, 민주66, 그리고 녹색당과 함께하는 보라색 정부였다. 하지만 난민 이슈와 관련해 녹색당과 이견을 좁히지 못하고 합의에 실패했다. 이후 기민당은 녹색당 대신 기독연합을 연립정부 파트너로 참여시켜 중도우파 정부의 형태를 갖추는 데 성공했다.

---

27) Otjes and Voerman (2018), p. 206.

4. 결론을 대신하여: 한국에 주는 함의

2008년 금융위기를 겪은 네덜란드는 재정을 대규모로 풀어 공공일감 제공 등의 정책을 펼쳤다. 하지만 이후 네덜란드 정부는 유럽연합의 '안정과 성장에 관한 협약'에 따라 재정적자를 보완하는 구체적인 재정 긴축 프로그램을 마련해야 했다. 따라서 경제위기 이후 네덜란드 복지정치의 핵심 쟁점은 과연 어떤 복지 예산을 개혁해 정부의 재정적자 상황을 타개할 수 있을 것이냐에 집중되었다. 주택 모기지 세금 감면 폐지, 노인연금 지급 시기 축소, 의료보장체계 개혁 등 다양한 이슈들이 선거 국면마다 제기됐고 각 이슈에 따라 정당별 입장이 나뉘면서 선거에 영향을 주었다.

전후 오랜 기간 기민당과 노동당을 중심으로 운영됐던 네덜란드 정치는 2008년 경세위기 이후 크게 변했다. 기존의 주류 정당들의 지지율은 폭락했고 자유당 같은 극우 정당이 부상했으며 기존에 군소정당에 머물러있던 자민당, 민주66 등은 지지율이 상승하며 빠르게 주류 정당의 역할을 대체했다.

이처럼 경제위기 이후 네덜란드 정당정치는 큰 변화가 있었지만 기존의 주류 정당들뿐만 아니라 새롭게 부상한 정당들 역시 극우 정당과는 협력하지 않겠다는 데 뜻을 같이했다. 진보정당과 보수정당의 리더십들은 정당별 이념의 격차보다 민주주의적 가치 자체를 부정하는 포퓰리즘 정당의 위험성을 더욱 중대하게 받아들였던 것이다. 대부분의 정당들은 선거 과정 중에 공개적으로 자유당과 연립정부를 구성하지 않을 것이라고 천명했다. 요컨대, 네덜란드 정당들의 '민주주의 규범 연합'이 효과적으로 작동하면서 자유당은 높은 득표율에도 불구하고 내각에 참여할 기회를 잡지 못했던 것이다.

경제위기 이후 네덜란드의 복지정치 동학은 한국에도 많은 함의를 준다. 첫째, 재정준칙 도입의 필요성이다. 경제위기 발생 시, 정부가 빠르게 대규모의 재정을 풀어 대응해야 한다는 데 이견을 제기하기란 쉽지 않다. 실제로 경제위기에 직면한 선진 복지국가의 많은 정당들은 적극적으로 재정 확장을 주장해왔다. 문제는 위기가 끝난 이후 늘어난 국가부채를 누가, 어떻게 줄이느냐다. 긴축 재정으로 그간 정부로부터 받아왔던 혜택이 줄어들 수 있는 집단들의 강력한 반발에 직면해야 하기 때문이다. 즉, 선거에서 최대한 많은 득표를 확보해야 하는 정당의 입장에서 복지 혜택을 줄여 긴축 재정 정책을 추진하기란 좀처럼 쉬운 일이 아니다. 하지만 이런 상황이 반복되면 국가채무는 급격히 증가할 수밖에 없다. 사회정책의 지속 가능성을 확보하기 위해서는 정당들이 단기적 포퓰리즘 정책에 매몰되지 않고 장기적 재정 건전성을 염두에 두어야 한다. 이런 상황에서 재정준칙은 각 정당으로 하여금 경제위기 해결을 위한 대규모 재정 지출 이후 긴축 재정의 정당성을 확보하도록 도와준다.

한국 역시 재정준칙 도입이 필요한 시점이다. 실제로 OECD 회원국 중 재정준칙이 없는 나라는 터키와 한국이 유일하다. 2020년 한국 정부가 제시한 재정 운용계획에 따르면, 정부는 2019년 54조 원이었던 적자재정 규모를 계속 확대해 코로나 위기가 잠잠해질 것으로 예상되는 2022년 이후에는 120조 원이 넘는 적자재정을 운용할 예정이다. 2020년 9월 국회예산정책처는 현행 조세·복지제도를 그대로 유지할 경우, 2070년 국가채무비율이 186 퍼센트에 이르게 된다고 경고한 바 있다. 정부도 이런 우려를 반영해 지난 2020년 10월 국가재정법 개정안을 발표했다. 하지만 도입 근거만 제시했을 뿐, 가장 핵심적인 요소인 수량적 한도는 시행령에 위임하고 있어 다른 OECD 국가들과 비교했을 때 법적 기반이 취약한 상황이다. 실제로 독일과 스위스는 헌법으로, 나머지 대부분의 OECD 국가들은 법률로 재정준칙의 수량적 한도를 규정하고 있다.

둘째, 보수진영과 진보진영의 정치 리더십들은 민주적 가치를 훼손하는 극우 혹은 극좌 정치세력이 강력하게 부상할 경우, 좌우의 이념적 차이를 넘어서 이에 단호하게 대처하는 민주주의 규범 연합 전선을 구축해야 한다. 유럽 정치에서는 주로 이민 이슈와 연계되어 극우 집단이 부상한 반면, 한국 정치에서는 여야 유력 정치인들의 삶과 죽음, 탄핵과 구속이라는 정치적 경험을 기반으로 '정치 팬덤'[28], '빠 세력'[29] 등의 극단적 성향을 갖는 정치집단이 등장했다.

어떤 정당 혹은 정치인이든 강성 지지그룹이 있기 마련이다. 문제는 이런 소수의 강성 집단의 목소리가 정당 전체의 정책 방향을 포획할 때 발생한다. 특히 한국과 같은 양당제 하에서는 정당 내부의 리더십들이 자체적으로 극단주의자들을 당 밖으로 몰아내야 한다.[30] 데마고그적 속성상 극단주의적 정치인들은 대중으로부터 높은 지지를 확보할 가능성이 크다. 또한 극단적 목소리에 지지를 보

---

28) 김헌태, 『초소통사회 대한민국 키워드』(서울: 21세기북스, 2018).

29) 최장집, "다시 한국 민주주의를 생각한다: 위기와 대안." 『한국정치연구』 제29집 제2호, (2020), pp. 1-26.

30) Levitsky and Ziblatt (2018).

내는 집단 역시 강력한 행동력과 큰 목소리를 내는 경우가 많다. 그만큼 유력한 극단주의자에 대해 당내에서 반대의 목소리를 내기란 쉽지 않다. 하지만 선거 승리라는 단기적 목표달성보다 민주적 규범을 더욱 중시하는 당내 리더십들은 단호하게 이러한 극단주의자들을 당 내부에서 배제해야 한다.

셋째, 극우 집단에 포획된 정치로부터 멀어지기 위해서는 비례성이 높은 선거제도를 도입할 필요가 있다. 선거에서 승리를 목적으로 하는 정당 리더십들이 선거 승리 대신 극단주의자를 당내에서 배제하기란 쉽지 않은 일이다. 상당수 정당 리더십들은 새롭게 부상하는 극단주의자를 통제하거나 길들일 수 있다고 착각하는 경향이 있기 때문이다. 따라서 정당 리더십의 민주주의 문지기 역할을 촉구하는 것과 함께 제도적 장치를 마련해야 한다.

네덜란드 사례에서 알 수 있듯이, 유효정당의 숫자가 많을수록 연립정부를 구성할 수 있는 정당은 증가하고 그만큼 내각 구성원으로서 극우 정당의 가치는 낮아진다. 선진 민주주의 국가에서 극우 집단을 지지하는 그룹이 사회에서 과반수를 얻기란 사실상 불가능하다. 특히 다원화된 사회로 갈수록 비례대표제 하에서 특정 정당이 압도적 지지를 확보하긴 힘들다. 따라서 비례성이 높아질수록 극우세력의 내각 참여율은 낮아질 확률이 높다. 반대로 유효정당의 숫자가 낮은 상황에서 극우 정당이 부상할 경우, 극우 정당의 내각 참여 가능성은 높아질 것이다.

참고문헌

강명세. 2019. 『불평등 민주주의와 포퓰리즘』. 서울: 바오출판사.
강신구. 2017. "2017년 네덜란드 총선: 유럽연합의 찜찜한 승리."『EAI 논평』.
김용철. 2002. "네덜란드의 정치문화와 코포라티즘."『시민과 세계』제2호.
김인춘. 2005. "네덜란드의 코포라티즘과 복지국가의 발전."『국제·지역연구』
　　14권 4호.
김헌태. 2018. 『초소통사회 대한민국 키워드』. 서울: 21세기북스.
선학태. 2014. "노동시장의 정책조합과 비례대표제: 덴마크·네덜란드 비교
　　와 한국적 함의."『민주주의와 인권』14권 2호.
손정욱. 2019. "전환기 기민주의 복지국가 고용정책 변화와 정당정치: 네덜란
　　드 사례를 중심으로."『국제정치논총』제59집 제2호.
손정욱·이호준. 2020. "선거제도와 정부 당파성: 비례대표제는 여전히 중도
　　좌파정부에게 유리한가?"『한국정치학회보』제54집 제2호.
이옥연. 2013. "이민 통합과 굴절된 네덜란드 합의제 정당정치."『국제정치논
　　총』제53집 제3호.
최장집. 2020. "다시 한국 민주주의를 생각한다: 위기와 대안."『한국정치연
　　구』제29집 제2호.
한국보건사회연구원. 2018. 『네덜란드의 사회보장제도』. 파주: 나남출판사.

Andeweg, Rudy B. and Galen A. Irwin. 2005. *Governance and Politics of the Netherlands,* 2nd edition, New York: Palgrave Macmillan.
Bormann, Nils-Christian and Matt Golder. 2013. "Democratic Electoral Systems around the world, 1946-2011." *Electoral Studies* 32(2): 360-369.
Daalder, Hans. 1984. "In Search of the Center of European Party Systems," *The American Political Science Review*, Vol. 78, No. 1.
Downs, Anthony. 1957. *An Economic Theory of Democracy*, New York: Harper and Row (박상훈·이기훈·김은덕 역. 2013. 『경제 이론으로 본 민주주의』. 서울: 후마니타스).

Willem, Jan, Duyvendak and Peter Scholten. 2009. "Questioning the Dutch Multicultural Model of Immigrant Integration," *Migrantions Societe*, Vol. 21, No. 122.

Hall, Peter and David Soskice (eds.). 2001. *Varieties of Capitalism: Institutional Foundations of Comparative Advantage,* Oxford: Oxford University Press.

Halla, Martin, Alexander Wagner and Josef Zweimuller. 2017. "Immigration and voting for the Extreme Right." *Journal of European Economic Association* 15(6): 1341-1385.

Joppke, Christian. 2007. "Beyond National Models: Civic Integration Policies for Immigrants in Western Europe," *West European Politics*, Vol. 30, No. 1.

Korpi, Walter. 2006. "Power Resources and Employer-Centered Approaches in Explanations of Welfare States and Varieties of Capitalism. Protagonists, Consenters, and Antagonists," *World Politics*, Vol. 58, No. 2.

Kriesi, Hanspeter and Julia Schulte-Cloos. 2020. "Support for radical parties in Western Europe: Structural conflicts and political dynamics." *Electoral Studies* 65: 102-138.

Levitsky, Steven and Daniel Ziblatt. 2018. *How Democracies Die.* New York: Crown. (박세연 옮김. 『어떻게 민주주의는 무너지는가』. 서울: 어크로스)

Lijphart, Arend. 2012. *Patterns of Democracy: Government Forms and Performance in Thirty-Six Countries.* 2nd Edition, New Haven & London: Yale University Press.

Linz, Juan. 1987. *The Breakdown of Democratic Regimes.* Baltimore: Johns Hopkins University Press.

Lucardie, Paul and Gerrit Voerman. 2010. "The Netherlands." *European Journal of Political Research Political Data Yearbook* 49: 1095-1101.

_____. 2011. "The Netherlands." *European Journal of Political Research Political Data Yearbook* 50: 1070-1076.

Nordsieck, Wolfram. *Parties and Elections in Europe* (Norderstedt: Books on Demand, 2017

Oesch, Daniel and Line Rennwald. 2018. "Electoral competition in Europe's new tripolar political space: Class voting for the left, centre-right and radical right." *European Journal of Political Research* 57(4): 783-807.

Otjes, Simon and Gerrit Voerman. 2013. "The Netherlands." *European Journal of Political Research Political Data Yearbook* 52: 162-169.

_____. 2018. "The Netherlands: Political development and data for 2017." *European Journal of Political Research Political Data Yearbook* 57: 203-211.

Penninx, Rinus. 2006. "Dutch Immigrant Policies before and after the Van Gogh Murder," *Journal of International Migration and Integration*, Vol. 7, No. 2.

Rueda, David. 2005. "Insider-Outsider Politics in Industrialized Democracies: The Challenge to Social Democratic Parties." *The American Political Science Review* 99(1): 61-74.

Schafraad, Pytrik, Peer Scheepers, and Fred Wester. 2009. "Media Attention to Fortuyn and LPF during the 2002 Elections," in Ruben P. Koning, Paul W.M. Nelissen and Frank J. M. Huysmans, *Meaningful Media: Communication Research on the Social Construction of Reality*, Nijmegen: Tandem Felix.

Son, Jung Wook. 2020. "Welfare States *with* Work: Government Partisanship and Policy Responsiveness in the Netherlands," *Politics and Policy* 48(3): 525-549.

Swank, Duane. 2018. "Comparative Political Parties Dataset: Electoral, Legislative, and Government Strength of Political Parties by Ideological Group in 21 Capitalist Democracies, 1950-2015." Electronic Database, Department of Political Science, Marquette University.

Veldhuis, Tinka M. and Titia van der Maas. 2011. "Immigration and Integration in the Nethelands: From Multiculturalism to Assimilation?," in Michael Emerson (eds.), *Europe and its Muslims: In Search of Sound Societal Models*, Brussels: CEPS.

03

스웨덴 사회정책 전환과
위기대응의 정치경제

장선화(대전대학교)

1. 들어가며

코로나19 팬데믹을 통해 우리는 근대적 믿음체계와 생활세계에 의문을 던지는 동시에 20세기 말 이후 축적되어온 다양한 정치·경제·사회적 문제들을 정면으로 마주하게 되었다. 예측 가능한 것으로 여겨졌던 미래가 불확실한 현재의 지속이 되었다. 현대적 삶의 특징인 일과 가정의 분리가 붕괴하였고, 고령층과 청년층의 면역과 회복 탄성력 면에서 차이가 두드러졌으며, 고용 형태에 따라 장기화한 위기 극복 가능성이 다르게 나타났다. 국가 간에는 주거 환경, 보건의료 체계, 의료 인력 및 시설 보유 여부의 격차에 따라 확진자 수와 사망자 수 등에서 큰 차이가 나타났다. 하지만 무엇보다 각국 정부의 위기대응 정책에 따라 결과는 크게 달랐다. 즉, 예외적으로 사회적 위험이 커진 상황 속에서 정부의 대처 능력이 시험대에 오르게 된 것이다. 전 세계 코로나19 현황이 하루 단위로 갱신되는 가운데 정치적 결정이 일상에 미치는 영향을 어느 때보다 크게 실감할 수밖에 없다.

정치적 결정의 주체는 정부이다. 하지만 정부의 결정에는 역사적 경험, 체제적 특성, 가용 자원, 정책 결정 주체들의 합의 등과 같은 구조·제도·행위자적 요인이 복합적으로 영향을 미친다. 특히 코로나19 팬데믹과 같은 예외적 위기 상황에서는 행위자적 요인뿐 아니라 제도적 제한과 과거 경험이 당면한 정책 결정에 영향을 미친다.

이 글은 코로나19 팬데믹 상황에서 스웨덴 정부의 정책적 대응과 그 결과에 대한 의문에서 출발했다. 잘 알려진 것처럼 스웨덴은 코로나19 팬데믹 초기에 WHO가 권고하고 대부분의 선진 산업 민주주의 국가들이 채택한 봉쇄(lock-down) 전략을 선택하지 않았다. 유럽 대륙 및 핀란드를 포함한 인근 북유럽 국가들과는 달리 기업, 교육 및 보육기관, 상업 시설 등을 봉쇄하지 않고 거리두기 규제만을 실시했다. 스웨덴 정부는 의회 승인 없이 공항과 항만 등 주요 시설의 봉쇄를 단행할 수 있는 법을 2020년 4월 의회에서 통과시켰음에도 불구하고 전문가 자문에 따라 채택한 공식적 방침인 봉쇄 없는 거리두기 전략을 고수했다. 결과적으로 스웨덴에서는 코로나19 팬데믹 1~2차 대유행 시기에 인접한 북유럽 국가들에 비해 확진자 수와 사망자 수가 급증했다. 2020년 12월 초까지 7000명 이상의 사망자가 발생했고, 그 중 70세 이상 고령 사망자 수가 약 90% 이상에 해당할 정도로 높은 비중을 차지했다(SOU 2020: 1). 특히 고령 사망자 중 절반 이상이 노인 장기 요양시설에서 발생한 집단감염에서 비롯되었다는 사실은 '성숙한 복지국가'(Berigh and Erlingsson 2009, 72) 스웨덴의 이미지와 부합되지 않는 것이었다.[1]

스웨덴은 보편주의적 복지 프로그램과 노동 탈상품화를 특징으로 하는 사회민주주의 복지국가(에스핑앤더슨 2007/1990)의 대표

---

[1] 이미 2020년 4월 말 기준 고령 사망자의 절반 이상이 요양시설에서 발생했다.

사례이다. 사민주의 복지국가 유형의 핵심적 특징은 개인이 시장과 전통적 가족에 의존하지 않고 자립할 수 있도록 국가가 지원하고 아동과 노인, 장애인, 사회소수자 등 자립이 어려운 사회구성원은 국가가 보호한다는 관점이다. 하지만 코로나19 팬데믹 위기는 선진 산업 민주주의 국가들이 초고령화 사회로 접어든 상황에서 공공보건의료 수준이 상대적으로 높은 스웨덴과 같은 복지국가의 고령자 보호 체계에 대한 의문을 불러일으킨다. 스웨덴 정부는 왜 봉쇄 없는 거리두기 전략을 채택, 유지했을까? 스웨덴에서 노인 사망률이 상대적으로 높았던 이유는 무엇일까?

스웨덴 정부 코로나위원회(coronakommissionen)가 최근 펴낸 두 편의 보고서는 요양 케어 시설에 있는 노인 사망자 수가 높았던 본질적 원인이 사회 전반에 걸친 바이러스의 확산이라는 점을 전제한다. 하지만 다른 OECD 국가들과 비교했을 때 스웨덴 노인 인구 확진자 수와 사망자 수가 높았던 이유를 스웨덴에 감염병 확산 상황에 대한 고령자 케어 대책이 마련되어 있지 않은 구조적 문제로 보고 구체적으로는 파편화된 조직, 훈련되지 않은 돌봄 인력 및 비합리적 근로 환경, 불충분한 규제 틀, 지자체 차원에서 의사 고용과 의료 장비 구입 장벽, 지연되고 불충분한 결정체계 등을 원인으로 지목했다(SOU 2020; SOU 2021)[2]. 하지만 여전히 요양시설뿐 아니라 자택 케어를 받는 노인들의 피해가 컸던 이유와 요양시설과 자택 감염 간 원인의 차이에 대해서는 명확히 규명하지 못했다.

---

2) 스웨덴 정부는 스웨덴 중앙과 지방정부의 코로나 대응 조치를 조사 평가하고 다른 국가들이 취한 조치와 그 효과를 비교하기 위해 2020년 6월 30일 전문가로 구성된 코로나위원회 (coronakommissionen)를 설치하고 두 편의 중간보고서를 펴냈다. 최종보고서는 위원회 임기 종료일인 2022년 2월 25일 발간 예정이다.

스웨덴에서 노인 피해가 유독 컸던 데에는 노인 보건의료와 돌봄 케어의 주체인 지방정부와 중앙정부의 신속한 대응이 취해지지 않았던 점과 돌봄 인력들의 중도 이탈 등이 커다란 영향을 미쳤다. 하지만 노인 돌봄서비스가 통상적으로 전문 인력이 부족한 사각지대라는 점을 고려하더라도 중앙-지방, 중앙-광역 차원에서 소통 채널이 부재한 상황에 대한 설명이 필요하다.

이 글은 현행과 같은 체제가 구축된 원인을 1990년대 이후 스웨덴 복지 거버넌스와 전달체계의 변화를 통해 설명하고자 한다. 노인 돌봄체제의 전반적인 문제가 코로나19 위기를 통해 드러났다고 할 때, 다양한 차원의 원인을 고려할 수 있으나, 역사적 제도주의 관점에서 이 글은 다음과 같은 잠정적 가설을 제기한다. 첫째, 스웨덴 보건의료 거버넌스와 전달체계가 정부의 코로나 대응에 영향을 미쳤으며, 스웨덴의 코로나19 위기를 계기로 부상한 구조적 문제는 1990년 이후 진행된 스웨덴 복지국가 거버넌스와 사회정책 변화에서 비롯되었을 가능성이 높다. 둘째, 복지개혁에 대한 정치적 합의의 존재 여부에 대한 가설이다. 1930년대 이후 지속된 스웨덴 사민당 헤게모니가 1976년 이후 약화되었지만, 이후로도 1990년대 초 중도우파 연립정부인 빌트(Bildt) 내각 집권기를 제외하고 사민당 집권기가 지속되어 왔다. 2006년 온건당 중심 중도우파 연립정부로 정권교체 이후 주기적 정권교체가 특징적이 되었지만 중도우파 정부는 전면적 복지개혁을 내세우지 않았다. 오히려 온건당 중심 중도우파 정부시기와 사민당 주도 중도 좌파 정부시기 점진적으로 복지개혁이 이루어짐으로써 스웨덴에서는 복지개혁과 보건의료 체계 분권화에 대한 정치적 합의가 있었던 것으로 보인다. 따라서 코로나19 상황에서 정부 대응에 대한 야당의 정치적 비난과 책임 추궁과 같은 정치적 경쟁이 두드러지지 않았으며, 최근 스웨덴의회 최초로 총리 해임안이 의회에 통과된 사태는 코로나19 사태에 대한 책임 때문이 아니라 부동산정책에 대한 좌파당의 정치적 지지 철회가 결정적이었다.

이와 같은 가설적 주장을 확인하기 위해 이 글은 1990년대 이후 스웨덴 보건의료 거버넌스 및 전달체계의 변화와 정당 정치에 주목한다. 제도적으로는 중앙-지방 보건 복지 정책의 제도적 배열의 변화, 정치적으로는 1990년대 이후 스웨덴 사회정책, 그중에서 고령자 돌봄 정책을 중심으로 2000년대 중도 좌파 사민당 정부와 중도 우파 정부의 정책적 유사성 및 차이성을 통해 주기적 정권교체의 영향력을 살펴볼 것이다.

2. 스웨덴의 보건의료 거버넌스와 노인 보건의료-돌봄 정책

1) 복지 거버넌스: 중앙-지방 분권과 자치

제2차 세계대전 이후 스웨덴을 포함한 개입주의적 복지국가는 1970년대 세계 경제의 동반 침체와 함께 위기를 맞았다. 스웨덴은 1970년대 경제위기를 계기로 부상한 코포라티즘에 비판적인 자유주의 정부 주창자들에게 비판의 대상이었다. 하지만 신자유주의적 구조조정의 소용돌이 속에서 앵글로 색슨 모델에 속하는 영미권 국가들이 시장 지향적 거버넌스 개혁을 주도하는 가운데 스웨덴을 비롯한 북유럽 국가들은 1980년대부터 '분권-참여형 개혁'(남궁근 외 2006)을 통해 전환기 거버넌스 모형을 구축해 왔다. 특히 스웨덴 사례는 장기적 관점에서 현대 산업 민주주의 국가가 직면한 경제 구조적 변동과 글로벌 위기-1970년대 오일쇼크, 1991년 글로벌 금융위기, 2008-9년 EU 재정위기-를 성공적으로 극복한 매우 드문 사례로 평가되었다.

거버넌스를 정부에 의한 통치뿐 아니라 시민사회와 글로벌 차원을 포함한 다차원적인 상호작용에 의해 작동하는 포괄적 제도 개념으로 볼 때3), 스웨덴은 1995년 유럽연합(EU)에 가입한 후 유럽 차원에서도 EU의 핵심 아젠다인 "지속 가능한 성장" 실천 전략 가운데 사회정책 측면, 예를 들어 젠더 평등 및 일·가정 균형, 유연 안정적 고용시장, 사회적 통합 면에서 지속적으로 높은 평가를 받아 왔다. 최근까지도 국가별 경제 성장과 경제적 평등 정도를 비교 평가하는 대표적 경제 지표인 1인당 GDP(구매력 평가 기준)와 지니계수를 참고하면 스칸디나비아 국가들인 노르웨이, 덴마크, 스웨덴이 경제 성장과 평등이 가장 조화로운 국가 군에 속한다.

하지만 정부 능력, 중앙-지방 분권화 정도, 공공-민간부문 간 협력 및 조화 등의 상태를 기준으로 거버넌스를 평가할 때 1990년대 초 경제위기 시 정책 대응을 둘러싼 정치적 경쟁의 양상과 그 결과, 정책적 전환의 방향 및 결과 등과 같은 역동적 변화를 간과하게 된다. 스웨덴에서는 1932년부터 1970년대 초까지 스웨덴 사민

---

3) 거버넌스(governance) 개념 정의에 대한 엄밀한 학문적 합의는 존재하지 않는다. 느슨한 개념 정의로서 거버넌스는 일국적 차원에서 중앙정부에 의한 통치(governing)에 국한되는 것이 아니라 중앙과 지방, 시민사회, 정부 간, 조직 간 국제적 차원 등 다차원에 걸친 협치를 의미한다 (Rodes 1996; Kjaer 2004).

당의 독점적 정치 헤게모니가 유지되는 가운데 중도 자유 정당의 협력하에 사회민주주의적 거버넌스가 구축되었다. '스웨덴 모델'은 이 시기 완전고용과 계급타협을 중심으로 한 보편적 복지국가, 조합주의적 의사결정 구조(이익집단 대표의 정책 결정 과정 참여), 자본과 노동 간 자율적 협의 관행 등을 상징한다. 사민주의 정치경제 정책을 뒷받침한 것은 중앙집중적 단체협상구조와 연대적 임금정책이었다(Scharpf 1987, 90). 보건의료정책은 보편주의적 복지사회정책의 핵심으로서 1980년대까지 "전체 인구에 동일한 양질의 보건"(WHO 1996, 4)을 제공한다는 평등주의적 원칙이 적용되었고 주정부를 중심으로 한 공중보건의료체계가 수립되었다.

하지만 1970년대부터 노동계급 분화와 산업 부문별 이해 충돌, 단체협상 구조의 탈중앙집중화, 임금 부상 등으로 중앙 임금 협상체제가 와해되고 연대임금 정책 활용이 어려워졌다. 1932년부터 1976년까지 약 44년의 스웨덴 사민당 집권 기간 동안 복지국가의 팽창과 함께 공공부문 노동자의 수가 많이 늘어났고,[4] 사민당은 공공부문에서는 협상 분산화를 선호하고 단체 파업권을 제한하는 등의 조치를 시행함으로써 공공부문 노조와 갈등을 빚었다. LO의 급진적 대안인 임노동 기금안이 당 내외적 갈등과 기업의 반발로 무력화되고, 1976년 경제위기와 보충연금갈등으로 사민당 소수 정부에 대한 중간계층의 지지가 약화되었다. 1976년부터 1982년간 원내 제1당인 스웨덴 사민당을 제외한 중도우파 정부가 집권하는 충격을 겪으면서 사민당은 수출산업 경쟁력회복, 인플레이션 억제를

---

4) 1960년부터 1980년까지 공공부문 피고용자가 총 고용에서 차지하는 비율이 31.6%에서 61.6%로 2배가량 증가했다(Talylor 1989).

위한 임금인상 자제 및 공공지출 축소 등의 자유주의적·통화주의적 긴축재정 대안으로 선회하였고, 1982년 총선 공약으로 "제3의 길(Tredje vägen)"을 내세워 집권했다. 곧이어 금융시장 탈규제, 통화가치 평가절하 등의 경제정책 전환과 함께 1990년 유럽공동체(EC) 가입을 결정했다.

노동계급의 조직적 연계 약화와 노동자계급 유권자들의 사민당에 대한 독점적 지지의 약화, 경제정책 전환으로 인해 확장된 정치적 기회구조 속에 1991년 보수당 주도 중도우파 연정이 수립되었다. 빌트(C. Bildt) 정부는 "체제전환(systemskifte)"을 선언하고 개입주의적 국가 시스템의 개혁 필요성을 주창함과 동시에 조합주의적 이익협력체계를 비판했다5). 거버넌스 탈중앙집중화와 분권화 개혁의 일례로서 이 시기 스웨덴의 보건의료 체제에서 중요한 변화가 있었는데, 노인 의료 복지체제 개혁(ÄDEL-reform 1992)을 통해 장기요양 환자 보건과 장애인 및 노인 사회복지 서비스의 책임을 지방정부로 이전시킨 것이다.

이처럼 1970년대부터 1990년대 초 사이 노동계급 연대 약화, 대내외적 경제위기, 스웨덴 모델에 대한 비판적 여론이 증대하면서 스웨덴 정당 정치 내 사민당의 독점적 헤게모니는 약화되었다. 적록연합, 살트쉐바덴 합의, 렌-마이드너 모델로 대표되었던 스웨덴 노동계급의 경제-정치 조직의 권력 자원적 우위에 기초한 계급 간 합의 및 사민주의적 경제정책은 임노동자 기금의 실패 이후 자기혁신을 멈추었다. 1980년대 사민당 정부의 "제3의 길" 선언 이후

---

5) 1970년대 이후 스웨덴 사민주의 정당 정치의 위기와 도전에 대해서는 장선화(2019)를 참고할 것.

집권 기간 동안 공공부문과 민간부문의 중앙집중적 이익집약체계가 와해되어 갔으며 중앙-지방 차원의 복지 거버넌스 전달체계 변화 필요성이 논의되었다. 이후로는 복지 거버넌스 및 사회경제 정책 측면에서 사민당을 중심으로 한 사회주의 블록과 보수당을 중심으로 한 반사회주의 블록 양자 간 결정적 차이가 완화되고 수렴적 특징이 나타난다. 따라서 코로나19 위기와 스웨덴 정부의 정책적 대응에 대한 퍼즐을 풀기 위해서는 스웨덴의 복지 거버넌스, 특히 보건의료 거버넌스의 특징과 변화를 살펴볼 필요가 있다.

중앙-지방 분권과 자치 거버넌스

스웨덴의 지방 분권과 자치는 기본법(헌법)에 명시·보장된다. 1982년 헌법 개정을 거쳐 1989년 스웨덴에 유럽지방자치헌장이 적용되었고, 1991년 헌법 개정을 통해 지방정부에 대한 헌법 조항이 정비되었다. 1991년 개정, 1992년 발효된 지방정부법에 "democratic rule of the game"이라는 문구를 명시함으로써 코뮌이 교육과 복지 서비스를 담당한다는 우선적인 권한과 의무를 법제화했으며 이를 통해 중앙-광역(주 Ländsting)-지방(코뮌 Kommun) 차원에서 수평적 역할 분담 및 전달체계의 법적 기초를 마련하였다.[6] 1995년 EU 가입 후 지방정부의 권한을 우선하는 "보충성의 원칙" 또한 명시되었다. 중앙정부가 21개 주정부와 290개 지방정부의 정책 집행을 감독하고 국가 차원의 정책을 총괄하지만 지방 정부들은 고유의 업무에

---

6) 스웨덴의 지방 자치 제도는 지리적 환경과 촌락 단위의 의사결정 구조에 기초해 발전하였다. 1700년대부터 교회를 중심 행정 체제가 정비되었고 이는 스웨덴 교구(parishes)의 전신이 되었다. 1862년 지방행정법 제정으로 교구와 지방정부의 업무가 분리되기 전까지 교구가 빈민구제와 교육을 관장하는 지방 행정기구의 역할을 담당했다. 이후로는 1차 코뮌과 2차 코뮌으로 나뉘었는데, 2차 코뮌이 현재의 광역(주 landsting) 단위에 해당한다.

정책적 자율성을 보장받는다. 주 의회와 지방 의회에서 각각 선출된 주정부와 지방정부는 수직적 위계관계가 아니라 다른 업무를 담당하는 수평적 관계에 있다(Ahlbäck Öberg and Wockelberg 2015). 주정부는 복지(공중보건, 의료서비스, 치과 서비스), 대중교통, 지방 문화시설을 담당하고 지방정부(기초자치단체에 해당)는 기초 교육, 복지(아동 돌봄, 고령자 돌봄서비스, 여가 및 문화 활동 지원), 시설(상하수도, 응급구조서비스, 쓰레기 폐기물 관리) 등을 관할한다.

지방자치의 전통이 오래된 유럽연합 국가들 가운데에서도 스웨덴의 광역 및 지방정부는 상대적으로 보다 폭넓은 권한을 보유한다. 지방세의 비중이 높고 국세는 일정 소득 이상일 때 납세 대상이 된다.[7] 광역 및 지방정부는 조세권을 보유하고 있으며 고유의 세율을 정해 지방소득세를 부과한다. 지방세의 최대 20% 정도가 지방정부에, 10%가 주정부에 할당된다. 스웨덴의 지방세율은 지방정부 별로 차이가 있는데 2019년 기준으로 29.9%~35.2%이다. 중앙정부 교부금 또한 광역 및 지방정부의 중요한 재정원이다. 지방정부 별 경제적 격차를 고려해 스웨덴은 지방정부 재정 평준화 체제를 운영하고 있으며[8], 지방정부 예산이 방만하게 운영되지 않도록 재정 적자가 날 경우 차기 연도 재정계획은 균형 혹은 흑자여야 한다는 법적 규정이 정해져 있다.

---

7) 현행 스웨덴 조세체계의 특징인 지방세와 국세로 단순화시킨 세율구조, 이원적 소득세율, 자본 소득세율(국세) 30% 고정 등의 틀을 마련한 1991년 소위 "세기의 조세개혁(tax reform of the century)"과 세제개혁의 정치·경제적 배경에 대해서는 안재흥(2013), 은민수(2012)를 참조할 것. 스웨덴에서 상속증여세는 2005년, 부유세는 2007년부터 폐지되었다.

8) https://skr.se/tjanster/englishpages/municipalitiesandregions/localselfgovernment.1305.html.

2) 보건의료 거버넌스

스웨덴의 보건의료 시스템은 공공의료가 지배적인 보편적 복지 의료 체계를 갖추고 있다. 보건의료 거버넌스 또한 중앙-광역 (주) 정부-지방정부 3차원에서 역할을 분담하는 분권적 의료 체계가 특징적이다. 중앙정부가 보건의료정책 전반과 진료 가이드를 설정하고 광역단위인 주 차원에서 보건 의료서비스를 담당한다. 1862년 주 행정단위가 수립되고 지방세 징수 권한을 보유하게 된 이래 이미 보건의료는 주 정부의 주요 의무 중 하나였으나, 1928년 병원법 제정으로 주 정부가 병원 의료를 제공할 법적 책임을 보유하게 되었다.

스웨덴 보건 분야의 일대 전환은 1970년대 소위 "7 크라운 개혁(7 crowns reform)"으로 촉발되었다. 스웨덴 사민당 정부는 당시 진료비 상승, 의사직의 고소득 및 엘리트주의, 응급진료의 불평등, 불편한 보험 지급 방식 등을 개선하기 위해 보건의료 분야에 평등주의적 개혁을 단행하였다. 공공병원의 외래환자 서비스를 주 정부가 담당하게 하고 외래 진료비를 7크로나(SEK)로 통일하며, 환자가 이를 수정부에 지불하면 건강보험관리국이 건강보험으로 보전하는 방식을 도입한 것이다. 진료 수가를 평준화하는 방식으로 보건의료 서비스를 공공화함으로써 이제 병원의 외래 진료 의사들은 주정부의 피고용 공무원과 다름없게 되었다(WHO 1996, 3-4; Shenkin 1973). 1974년 개헌으로 보건의료 책임이 주정부로 탈중앙집중화되고 국립 대학병원(스톡홀름 카롤린스카 대학과 웁살라 대학병원)이 주정부 소유로 전환되었다. 1980년부터 백신 접종 프로그램 또한 주정부 책임이 되었다. 현재 스웨덴에서 병원 외래 진료비는 주별로 상이하다.[9]

1982년 보건법(Hälso- och Sjukvårdslag)은 "전 국민이 높은 수준의 건강상태를 유지하도록 하고 모든 국민에게 동일한 조건의 의료서비스를 제공한다는 목표(김현숙 2010, 186)를 명시함으로써 보편주의적 공공보건의료서비스의 실현을 법제화한 것이었다. 1983년부터 1992년까지 주정부가 보건의료정책 집행과 재정을 책임지고 중앙이 전반적 가이드라인을 설정하는 분권적 보건의료 체계가 정착되었다.[10] 이때까지 중앙정부는 질병으로 인한 장기요양환자를 담당하고 지방정부는 질병이 아닌 노화로 인해 돌봄이 필요한 장기요양 환자를 각각 담당하고 있었으나 주정부와 의료와 돌봄서비스 업무 경계가 불분명한 상황이 빈번하게 발생했으며 주정부가 장기요양환자를 담당하는 비중이 높은 가운데 요양시설의 부족 현상이 두드러졌다. 병원의 경우도 장기 입원 노인환자로 인해 병상 수가 부족하고 입원 대기자 수가 늘어나는 문제가 해결되지 않았다. 초고령화 사회에 접어들면서 노인 돌봄에 대한 관점이 집단 요양시설 중심에서 삶의 질을 고려한 가정 돌봄을 선택할 수 있도록 하자는 쪽으로 변화한 것도 중요한 변화였다.

1992년 아델 개혁(Ädelreformen)을 기점으로 스웨덴의 보건의료 거버넌스에 중요한 변화가 진행되었다.[11] 노인 보건 의료서비스 영

---

9) https://www.socialstyrelsen.se/en/about-us/healthcare-for-visitors-to-sweden/about-the-swedish-health care-system/

10) 강창현(2008)은 1980년대 중반에 들어서면서 스웨덴을 비롯한 스칸디나비아 지방정부 모형에 '조직분리'와 '시민통제'라는 새로운 특징이 나타났으며, 1991년 지방정부법 실행으로 분권화가 정점에 이르렀다고 소개한다. 조직분리는 사회서비스 생산과 전달을 준자율 공기업들에 위탁하게 되면서 기업들이 계약 체결을 위해 경쟁하는 준시장(quasi-market)이 형성되고 자연스럽게 이전까지 지방 행정을 장악하던 정당 출신 엘리트 정치인들의 영향력이 약화되고 사용자 영향력이 커지는 특징을 의미하여 시민통제는 이웃협의회(neighbourhood councils, 1980년 도입), 사용자 이사회(user board of directors), 사용자운영 특별보조금 도입 등으로 인한 시민참여 증대를 가리킨다.

11) ÄDEL은 1988년 스웨덴 정부가 노인 및 장애인복지제도 개선을 임무로 임명한 노인보호서비

역에서 보건 의료서비스와 돌봄서비스가 분리된 것이다. 이후로 주(ländsting) 정부의 주요 업무는 양질의 보건 의료서비스 기획·개발·제공이 되었으며 지방(kommun)정부는 장애인 및 노인 돌봄 등의 사회서비스를 담당하게 되었다. 그 결과 주정부 의료 지출의 20%(약 200억 크로나)가 지방정부로 이전되었고, 1995년에는 지방정부가 장기 정신질환자 돌봄의 책임을 지게 되는 등 지방정부의 역할과 재정지출이 증가했다. 스웨덴의 보건의료정책에서 주 및 지방정부의 책임 하에 민간업체에 서비스를 위탁하는 형식의 부분적 민영화가 도입된 것도 이때부터이다.

보편주의적 스웨덴 복지모델의 주요 축인 장기요양 돌봄체제의 변화는 다양한 방식으로 전개되었다. 1980년대에 걸쳐 분권화 및 준시장적 전환이 진행되는 가운데 1990년대 경제위기를 겪으면서 공공부문이 독점하고 있던 장기요양 케어 서비스를 지탱하기 어렵게 되었다. 일부 지방정부는 자택 케어에 바우처 시스템을 도입하고 구매/공급자 조직을 도입하는 등 변화가 나타났고 1990년대에 걸쳐 민간 돌봄 제공자 비중이 2배로 늘어났다[12].

하지만 스웨덴의 보건의료 거버넌스의 전환은 준시장화와 부분적 민영화를 특징으로 한다는 점에서 통상적으로 떠올리는 민간업체가 운영하는 방식의 민영화와는 다르다. 지방정부가 지출과 서비스연계를 담당하고 민간업체는 위탁 서비스를 수행하는 방식의 민

스위원회(Äldredelegationen)의 약칭이다. 영어로는 Elderly Delegation으로 번역된다. 1990년 스웨덴 정부는 위원회 보고서에 기초해서 사회서비스법을 개정하고 1992년 아델 개혁이 시행되었다(김현숙 2010, 188, 190).

12) 칼손과 이버센(Karlsson and Iversen 2010)은 스칸디나비아 국가들을 제도적, 사민주의적, 보편주의적 모델로서 유형화하는 에스핑앤더슨의 복지국가 이념형과 유사한 맥락에서 스칸디나비아 국가들이 지역 자율성과 보편주의 정치적 전통을 공유하고 있으나, 장기요양 케어(LTC) 거버넌스에는 차이가 있다는 점을 강조한다.

관 협력방식으로 행정과 재정은 여전히 공공부문이 담당한다. 따라서 재정지출 면에서는 1990년대 개혁 이후 민간부문 비중이 높아지는 추세이지만 <그림 1>에서 확인할 수 있는 바와 같이 여전히 공공의료의 비중이 압도적이다. 2014년도를 기준으로 할 때 의료서비스의 80% 이상이 국가에 의해 공급된다. 하지만 코로나 창궐 초기 스웨덴의 인구 당 집중치료 병상 수는 유럽에서 제일 낮은 수준이었다(<표 1> 참조). 경직적 의료 공급체계와 낮은 의료 수가(방문 당 진료비 정액제, 의료비 및 약제비 상한선 기준)로 인해 의료 인력의 부족 및 질적 저하 현상도 문제가 되어왔다.

단위: SEK billions

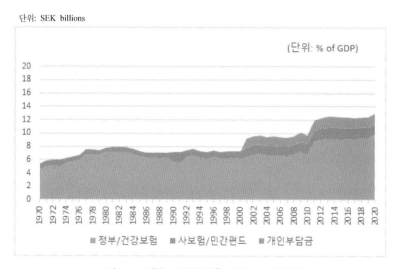

<그림 1> 스웨덴 보건재정지출: 1970~2020데이터
출처: OECD data, 필자 작성

3) 노인보건의료-돌봄정책

이처럼 스웨덴의 노인 돌봄서비스는 기본적으로 지방 수준에서 관리되고 조절된다. 일상생활이 어려운 노인들에게 장기요양서비스가 제공되는데, 경중에 따라 재택 돌봄서비스와 요양시설 서비스가 제공된다. 지방정부에서 장기요양서비스(Long-term care services: LTC) 정책, 개입, 재원조달이 규정되고 장기요양서비스 공급 범위를 설계하는 데 있어 광범위한 자율성을 보유한다(Longo and Notarnicola 2016). 필요에 따라 중앙정부의 입법 조치에 영향을 받는 경우가 있지만 기본적으로 지방 분권과 수평적 거버넌스가 특징적이며, 보건 및 사회정책에서 공공부문이 주도하는 스웨덴의 사민주의적 전통이 유지되고 있다.

20세기 전반에 걸쳐 사민주의 정부 주도하에 노인 돌봄서비스의 공공화가 진행되었고 1950년대 이후 재택 돌봄서비스 비중 증가 등 질적 보완을 통해 1980년대까지 스웨덴의 노인 돌봄서비스는 중앙정부의 기획과 주 및 지방정부 간 분권 협력 체제가 잘 작동했다. 하지만 1980년대 민간위탁서비스를 허용하는 것을 시작으로 1990년대부터 다양한 공공기관 및 민간업체가 교육 및 돌봄서비스를 수행하게 되었다. 신정완(2021)은 스웨덴에서 1990년대 이후 정치세력들 간 합의에 의해 노인 돌봄서비스의 시장주의적 개혁이 진행되었다고 설명한다. 2000년대부터 복지부문에 민영화가 진행되면서 수요와 공급, 양 측면에서 민간 행위자를 촉진하기 위한 재정적 인센티브 등이 도입되었다. 스웨덴 복지개혁과 민영화는 2006년부터 2014년 중도우파 연립정부 집권기에 본격화되었다. 2000년대 초 10여 년간 영리 및 비영리 민간 공급자 수가 증가했으며 재택

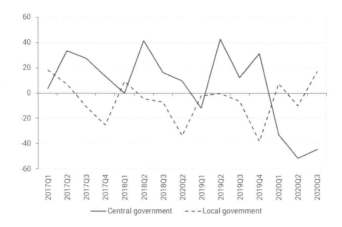

<그림 2> 스웨덴 정부(중앙/지방) 재정보유액(Financial saving,
transaction,

출처: SCB(스웨덴통계청)
(https://www.scb.se/en/finding-statistics/statistics-by-subject-area/financial-markets/financial
-accounts/financial-accounts-quarterly-and-annual/pong/statistical-news/financial-accounts-t
hird-quarter-2020/)

돌봄서비스의 19% 정도가 소규모 지방 민간 사업체에서 제공되었
다(Longo and Notarnicola 2016). 노인 돌봄서비스에서도 민간부문
이 대폭 확대되었다. 2013년 스톡홀름에 150개 노인 홈이 있었는
데 이 중 90%가 민간 노인 홈이었다.

복지개혁 이후 교육 및 사회 돌봄서비스의 재정지원은 지방정부
가 담당한다. 지방정부의 지방세로 재원이 조달되고 일부를 주정부
나 중앙정부 재원 지원으로 이전받기 때문이다. 예를 들어 아동 보
육이나 장기요양 서비스의 경우, 서비스 기관과 수요자를 연결하고
신청 및 보육료 및 재정지원을 담당하고 책임을 지는 것은 지방정
부의 업무이다(박현숙·홍세영 2019, 182-183). 론고와 노타니콜라
(Longo and Notarnicola 2016)는 스웨덴의 사회 돌봄서비스는 코

뮌 정부와의 합의에 의거해 통상적으로 민간 공급자가 엄격한 서비스 계약에 따를 의무가 있으므로 서비스가 개별화될(persnalizing) 가능성이 거의 없다고 평가한다.

하지만 분권형 거버넌스와 지방정부 자율성이 우선되는 '책임성의 원칙'은 중앙과 지방 간 통합적 감염 확산 관리가 요구되는 코로나19와 같은 전염병 위기 시 문제가 되었다. 주와 코뮌 정부에 책임이 분산되어있는 분권형 보건의료-돌봄서비스 거버넌스는 자료 공유와 협력체계가 갖추어지지 않은 문제점을 드러냈으며 각 정부들이 다수의 민간 공급자와 위탁계약을 맺고 있기 때문에 코로나19 위기 시 통합적 관리가 쉽지 않았다. 중앙정부 담당기관인 보건사회부 또한 각각 보건복지위원회(Socialstyrelsen, the National Board of Health and Welfare)와 보건사회복지조사국(IVO, the Health and Social Care Inspectorate) 간 통합적 돌봄을 제공하기 어려운 현실을 드러냈기 때문이다(SOU 2020:80, 3). <그림 2>에서 볼 수 있듯이 코로나19 위기 상황에서 중앙정부는 지방정부에 대한 긴급지출로 인해 재정 적자가 늘어난 반면, 지방정부는 역으로 재정 상태가 호전되었다.

3. 코로나19와 위기대응의 정치경제:
노인 보건의료-돌봄 정책을 중심으로

1) 코로나19와 스웨덴의

코로나 팬데믹 초기에 북유럽의 다른 국가들과 비교할 때 스웨덴의 확진자 수와 고령자 사망률은 매우 높았다. 확진자 대비 사망자 수를 기준으로 노르웨이 244/8,692명, 핀란드 326/7,117명, 덴마크 600/12,344명 등과 비교할 때(2020년 6월 19일 WHO 집계 기준) 스웨덴은 56,043명의 확진자 가운데 5,033명이 사망했고 대부분이 70대 이상의 고령자였다. 인근 북유럽 국가들이 스웨덴의 인구 규모에 미치지 못한다는 점을 고려하더라도 현저히 차이가 났으며 1차 대유행 이후 확진자 수가 급증하다가 2020년 7월 중순 이후 신규 확진자 수가 줄어들고 1일 10명 미만으로 관리되면서 상승곡선이 평편하게 정체 되었다. 하지만 10월 말부터 시작된 2차 대유행 시기 확진자 및 사망자 수가 다시 증가하기 시작해 2021년 1월 초 기준으로 10월 말 대비 약 2배 가까이 증가했다. 2차 대유행 시기 이후 신규 확진자 및 사망자 수가 급격히 줄어들어 2021년 3월경 부터는 증가 곡선이 평편하게 안정화된 상태이다(WHO covid 19 dashboard 참조). 결과적으로 스웨덴 정부가 조기에 코로나19 방역에 실패했고 요양병원 및 양로원에 집단 거주하는 노인들에 대해 적절한 조치를 하지 못했다는 점은 부인하기 어렵다.

초고령 사회에 일찍 접어든 스웨덴에서는 노인 복지의료 재정과 노인병원시설 및 환경의 질 문제가 지속적으로 제기되었다. 1960년대 장기요양 병원(Sjukhem) 제도 도입, 1976년 노인전문병원 설립, 연령·지역·개인 소득별 노인 주거 지원, 노인 일반 질병에 대한 주정부의 무상지원 등 보편적, 공적 노인 복지 제도가 체계화되었다(이형석·김정기 2020).

1990년대 초 경제위기와 정권교체로 스웨덴 복지국가 체계 전반에 대한 재검토가 시작되었다. 앞서 언급한 1992년 단행된 노인보건복지 제도 개혁, 소위 "아델 개혁(Ädelreformen)"은 비용과 노인의 삶의 질 양 측면을 고려해 노인보건복지를 분권화한 조치이다. 불필요한 사회적 비용을 줄이고, 고령자 층이 처한 개인적 상황에 맞춘 서비스의 제공과 재택 돌봄서비스가 강화될 필요가 있다는 명목하에 병원과 보건소와 같은 보건은 광역(주) 정부에, 요양원 설치 및 돌봄 복지서비스는 지방정부(코뮌)에 공급책임을 두었다(강창현 2008; SOU 2020, 4). 지방정부에서 징수한 세금에 근거, 독립 예산으로 65~80세 이상 노인 케어를 담당하도록 했고, 시설 위주에서 자택 케어로 전환해 예산 절감을 시행했다. 중앙정부는 경제적 인센티브와 모니터링을 담당하였다. 하지만 지방정부가 노인 돌봄 서비스를 책임지는 대신 서비스의 질을 고려해 고령자 입원율을 감소시키는 지방정부에는 중앙정부가 인센티브를 주었으며, 광역 정부는 가정 보건서비스를 책임지되 지방정부가 동의할 경우 책임을 이전할 수 있게 했다. 그 결과 스웨덴 지자체 절반 이상이 일반적인 가정 보건 케어를 책임지게 되었다(OECD 2020b). 2010년 기준 스웨덴 65세 이상 노인 인구의 약 5%가 의료 및 요양기관에서 장기 병상 치료를 받았으며, 10명 중 1명이 집에서 돌봄을 받았다(OECD 2020b).

결과적으로 병상 수가 줄어들고, 노인 케어에 병원과 의사의 개입이 줄어드는 한편 지자체 부담이 늘어났다. 기초지자체와 협약을 맺은 민간 위탁업체에 의해 요양원 운영과 보건서비스가 실시됨에 따라 관련 법규, 직무 관련 훈련 및 역량의 편차가 나타났으며 지자체 간의 통일된 매뉴얼 및 소통의 부재, 효과적인 협력이 어려운 문제점도 드러났다. 코로나19는 1990년대 말부터 스웨덴에서 진행된 고령자보건시스템의 명암을 재조명하는 계기가 되었다.

코로나19 사망이 사회 내 질병 취약계층인 고령자에게 집중되자 스웨덴 내에서 아델 개혁에 대한 비판적 여론이 본격화되었다. 아델 개혁으로 인해 노인 건강과 주거 및 돌봄서비스가 통합되고 지자체가 이를 담당하게 되었지만 지자체와 주 사이에 노인 돌봄과 관련한 책임 소재가 분명하지 않기 때문에 발생하는 공백이 문제가 되었기 때문이다.13) 무엇보다 주와 지방정부 간 환자 진료 기록이 통합되어있지 않은 문제점이 코로나19 상황을 악화시켰다(SOU 2020). 다수의 장기 돌봄 서비스직 경험자들이 환자로서 진료를 받아야 할 노인이 자택 거주자로 분류되는 현 제도의 기본적 모순을 지적했고, 노인들을 방문하는 돌봄 담당자들이 방호복을 착용할 의무가 없는 데다 손 소독제를 사용하지 않고 돌봄 대상과 접촉함으로써 질병에 취약한 노인들이 대거 감염되는 원인이 되었다고 증언하였다. 또한 돌봄서비스 인력이 전문 간호인이 아니라는 점과 임시직 혹은 전문훈련을 거치지 않은 정규직 돌봄 노동자가 노인 돌봄을 담당한다는 사실도 돌봄 대상의 상태를 파악하기 어려운 원인이 되었다.

이처럼 노인 돌봄서비스 정책에는 주와 지방정부 간 의료와 돌봄의 분권으로 인해 환자 분류부터 돌봄서비스 제공에 이르기까지 체계적으로 정비되지 않은 행정 네트워크의 문제와 민간 위탁 방식과 임시직 고용 체제의 문제점이 중첩되어 나타났다. 자택 케어 서비스의 경우 다수의 민간위탁서비스 업체가 제로 아워 계약(zero-hour contract)을 통해 서비스 인력을 고용한다. 돌봄 노동자들은

---

13) https://www.aftonbladet.se/debatt/a/wPMR0P/darfor-lyckades-vi-inte-skydda-de-aldre-battre

여러 곳과 고용계약을 맺고 과중한 근로시간 속에 일관되지 않은 방역지침을 전달받는다. 방역지침이 현장에서 원칙대로 수행되지 않는 등 돌봄 인력 관리가 잘되지 않는 문제 뿐 아니라 이들을 감염에서 보호하는 충분한 장비의 지급이 되지 않은 것 또한 자택 케어 서비스를 통해 감염이 확산하는 원인이 되었다.

따라서 노인 공동 거주시설에 대한 점검 결과 코로나19로 인한 고령자 사망 현상의 직접적 원인이 노인 의료 및 주거 복지제도라고 볼 수 있는 증거가 없다는 주장이 맞서고 있다. 코로나19 확산으로 인해 부상한 노인 문제는 현행 돌봄서비스 체제 자체의 문제라기보다는 돌봄 담당자 및 근로조건 개선에 관련된 문제라는 것이다. 이러한 관점은 문제 해결을 위해 돌봄서비스 및 보건서비스를 담당하는 위탁업체 담당자에 대한 전문적 교육과 근로 환경 개선, 담당자 책무 강화 등이 필요하다는 등의 보완책을 제시한다.[14] 스웨덴 내에 1990년대 시작된 제도 개혁에 대한 평가가 진행되고 있는 것이다.

보건사회복지조사국은 2020년 2월부터 6월 사이 노인환자를 위한 장기요양시설에서 병원으로 이전할 대상자 수가 현저히 줄어들었다는 통계수치를 발표한 바 있다(SOU 2020:80, 10). 보건사회복지국의 지침과 주정부의 대응 협력체계와 전문가의 적극적 대처가 어려운 전달체계가 코로나19와 같은 위기상황에서 어떤 결과를 낳았는지에 대해 보다 면밀한 평가가 이루어질 필요가 있다. 98개 장기요양시설 847명 환자를 대상으로 조사한 결과 20%가 전문내과

---

14) https://www.aftonbladet.se/debatt/a/lA7eXG/skyll-inte-dodsfallen-pa-adelreformen(검색일: 2020.01.23.).

의 진료를 받지 못했으며 40%가 간호사 처치를 받지 못했다. 또한 환자의 증상과 상태에 대한 배경 지식이 없는 가운데 온라인 진료만을 통해 병원 진료 여부를 결정하는 진료 방식 또한 장기요양시설 환자들이 필요한 때 적절한 조치를 받지 못하는 원인이 되었을 가능성이 컸던 것으로 평가된다.

2) 위기대응의 정치경제와 정당 정치: 경제위기, 정부 대응, 정당 간 사회 정책적 차이와 수렴

(1) 1970~1980년대: 스웨덴 사민당의 정치적 헤게모니 약화와 거버넌스 탈집중 · 분권화

1970년대 오일쇼크의 영향에 의한 경제위기와 1980년대 미국과 영국을 중심으로 한 신자유주의적 금융 규제 완화, 거버넌스 탈중앙집중화 및 분권화 흐름은 스웨덴에도 영향을 미쳤다. 1976년 총선에서 핵발전소 선거 이슈의 부상으로 1932년부터 지속된 44년간의 사민당 집권기가 끝나고 들어선 중도 보수 연립정부는 1976~1979년간의 첫 집권기 동안 완전고용에 기초한 사민주의적 복지국가를 유지해야 한다는 압박 속에 복지재정을 오히려 확대했다. 하지만 재정 적자가 증가하고 1979년 총선 결과 보수당에 대한 선거 지지가 사상 최초로 20%를 넘자 집권 2기에는 통화주의적 정책으로 선회해 긴축정책과 물가안정정책을 실시했다(Heclo and Madsen 1987, 60-61; 김영순 1995, 11; 장선화 2019, 126-127). 긴축정책과 노동조합의 협조로 물가 안정 효과가 서서히 나타났지만 복지삭감법안 통과는 중도 우파 정부에 대한 불만을 가중시켰다.

당내 노동운동 연대 강화를 주장하는 구 지도부와 자유주의적 사회주의자 그룹 간의 정책 대안 논쟁 끝에 절충적인 "제3의 길 (Tredje vägen)" 공약을 통해 1982년 정권에 복귀한 스웨덴 사민당 팔메(O. Palme) 정부는 고용안정과 통화평가절하를 통한 경쟁력 강화 정책을 실시하는 동시에 금융시장 탈규제 조치를 시행했다. 이와 더불어 정부지출 억제와 공공부문 효율성 제고를 위해 헌법 개정을 통해 지방 분권을 강화하고 신공공관리(New Public Management: NPM) 개혁을 단행했다. 1985년 총선에서는 공공부문 개혁과 사회서비스 시장화를 촉구하는 중도우파 정당들의 주장이 커지는 가운데 사민당의 집권이 유지되었다. 하지만 사민당 정부는 통화 평가절하 영향과 노사 자율적 중앙집중적 임금 협상 관행 및 연대적 임금체제 붕괴로 중앙에서 권고한 임금인상 상한선을 넘어서는 임금 부상(wage drift)이 만연한 가운데 정부 주도적 임금억제와 인플레이션 완화에 실패했다.

1991년 중도우파 연합의 집권 이후 지방정부가 복지서비스를 민간(비영리단체 혹은 영리기업)에 위탁할 수 있는 권리가 법제화되었지만 지방정부 결정권을 강화하고 민간업체로 서비스를 외주할 수 있도록 하는 개혁은 사민당 정부시기에 진행된 것이었다. 동시에 1980년대 후반부터 국제 레짐의 영향력이 스웨덴의 중앙-지방 분권과 자치 거버넌스에 본격적으로 영향을 미치기 시작했다. 1989년 유럽지방자치헌장이 스웨덴의회 비준을 받아 발효되면서 1980년대와 1990년대 지방자치법 개정의 배경이 되었다(박현숙, 홍세영 2019). 1980년대와 1990년대의 급속한 자유화에 대한 설명으로 스웨덴 모델의 쇠퇴로 인한 것이 아니라 오히려 스웨덴 정치 엘리트와 관료들이 정책을 수립하는 고유의 특징 때문이라는 주장은 매우 흥미롭다. Bergh and Erlingsson(2009)는 스웨덴의 사회과학적 조사에 기초한 정책수립 관행, 정부위원회 체제를 통한 조기 경보시스템, 스웨덴 모델이 사민당의 독점적 프로젝트가 아니라 사민당과 중도우파 정당들의 협의에 기초했다는 점 등이 당시 스웨덴 정부가 자유화 정책을 선택한 직접적 원인이었다고 주장한다. 이와 같은 정책적 수렴과 합의주의적 전통에 의거한 설명과 거리를 두면서 신정완(2021)은 스웨덴 노인 돌봄서비스의 개혁이 가능했던 원인을 독점적 사회서비스 모델 형성을 주도한 사민당이 시장주의적 개혁을 지지함으로써 잠재적 거부권 행사자(veto player)가 소멸한 데 기인한다고 보고 정치세력의 시지평, 합의를 촉진하는 정치제도의 존재 여부, 기존 제도 틀의 유지를 어렵게 하는 위기의 심각성 정도, 복지국가 개혁 지지와 반대 세력 간 힘의 상대적 크기, 공공 복지서비스 공급 주체의 재정조건 등의 다섯 가지 요인에 대한 분석을 통해 정권교체에도 불구하고 노인 서비스체제 개혁이 연속되었던 현상을 설명한다.

필자는 사민당이 개혁을 추진하면서 개혁에 대한 정당 정치세력 간 합의가 형성되었고 역사적 제도주의 관점의 경로 의존적·점진적 제도 개혁이 전개되었다는 설명에 부분적으로 동의한다. 개혁이 점진적인 적층(layering)(장선화 2011)의 양상을 띠지만 결국 위기를 계기로 한 정치적 기회구조의 확장과 행위자 간 힘의 관계의 변화, 유권자 지지 편성의 변화, 사민당의 경제 및 사회 정책적 대안의 부재가 주요 원인이었다고 본다. 1970년대 이전과는 달리 1976년 사민당 집권 44년 만의 정권교체와 사민당의 제3의 길 선택, 1990년대 초 중도우파 정부의 체제개혁 시도 등은 1970년대와

1980년대 글로벌 정치경제의 변화, 임노동 기금안 시도의 실패, 스웨덴 내 계급 균열과 유권자 편성의 변화가 정치적 기회구조의 변화를 가져왔고, 스웨덴 사민당은 사회경제 정책적 대안을 마련하지 못한 채 "제3의 길"로 나아가게 되었다.

(2) 1990년대~2000년대: 정당지지 분산, 경쟁적 선거, 사회 정책적 차이와 수렴

<표 1>은 스웨덴의 공공보건의료 주요 지표를 코로나19 초기대응에서 상이한 대응을 보였던 주요 유럽 국가들인 독일, 영국과 초기대응 성공사례인 한국과 비교한 것이다. 조합주의-국가주의적 복지모델인 독일, 자유주의 모델인 영국과 비교할 때, 스웨덴은 여전히 공공성이 강한 보건의료 체계를 보유하고 있으며 병상 수를 제외한 다른 지표들 차원에서 감염병 위기 상황에 취약하다고 보기 어렵다. 코로나19 초기대응에 성공적이었던 것으로 평가된 독일, 실패한 영국과 미국과 비교했을 때 양자와 공통점을 찾기 어렵다. 하지만 공공의료 선진국인 스웨덴에서 병상 수가 미국에도 미치지 못한다는 점은 이해하기 어렵다. 2020년 6월 23일 스웨덴 공중보건청 수석 역학자 테그넬(A. Tegnell)이 코로나19 확진 입원자 수가 스웨덴 병원의 수용력을 초과하지 않도록 당부하는 등 중증환자 병상 수의 부족이 방역정책 가용 범위에 제한이 되었던 점은 분명하다.

<표 1> 국가별 공공보건의료 주요 지표 비교: 2019년 기준 최근 통계(년도)

		독일	한국	스웨덴	영국	미국
공중보건	인구 1천 명당 의사 수	4.3 (2018)	2.4 (2018)	4.3 (2017)	3.0 (2019)	2.6 (2018)
	인구 1천 명당 간호사 수	13.2 (2018)	7.2 (2018)	10.9 (2017)	7.8 (2018)	11.9 (2018)
	인구 1천 명당 병상 수	8.0 (2017)	12.4 (2018)	2.1 (2019)	2.5 (2019)	2.9 (2017)
	GDP 대비 보건 재정 지출 비율 (%) — 정부/건강보험 (government/compulsory)	9.9 (2019)	4.9 (2019)	9.3 (2019)	8.0 (2019)	13.9 (2019)
	사보험/민간펀드 (voluntary)	1.8 (2019)	3.2 (2019)	1.7 (2019)	2.1 (2019)	2.9 (2019)

데이터 출처: OECD data (https://data.oecd.org/healthres/doctors.htm ;
https://data.oecd.org/healthres/nurses.htm#indicator-chart ;
https://data.oecd.org/healthres/health-spending.htm#indicator-chart ;
지표는 https://com.tu.edu/globalhealth/2016Taiwan_Health_and_Welfare_Report.pdf 참조

스웨덴의 인구 1000명당 병상 수는 1991년 11.85개에서 1992년 6.67개로 급감했으며(<그림 3> 참조) 이후로도 경향적으로 감소 추세를 나타낸다. 2020년 코로나19 상황에서 스웨덴의 병상 부족은 1991년 중도우파 정권교체 이후 보건의료 거버넌스 및 정책적 변화와 긴밀한 연관이 있다. 1990년대 초 경제위기 상황에서 중도우파 빌트(C. Bildt) 정부는 스웨덴 모델 개혁을 주창하는 가운데 비용 절감과 효율성 재고의 명목으로 복지 및 노동시장 제도 개혁을 단행했고 보건서비스 부문도 예외는 아니었다(<그림 3> 1991~1992년 그래프 참조). 주 의회와 정부 차원에서도 병상 수와 의료인력 감축이 수반되었다(BMJ 1994). 보건의료 분야 구조조정과 경쟁법 도입(1993년 7월)은 이해당사자들(구조조정 대상인 의사와 간

호 인력들)의 반발을 가져왔다. 중요한 것은 1990년대 초 단행된 중도우파 정부의 경제위기대응정책(세금 동결, 중앙정부 이전금 및 지방정부 조세재원 균등화 등)(김현숙 2010, 192)으로 인해 주 및 지방정부의 재정 상황이 악화되고, 이에 따라 비용 절감 및 부분적 민영화와 시장화 정책적 방향이 이후 중앙과 주 차원의 정당 정치인들에게 대체로 수용되었다는 점이다.

빌트 정부의 복지삭감의 정치는 유권자들의 반발을 가져왔고 1990년대 초 경제위기로 실업률이 급증하는 가운데(1990년 1.8% →1995년 8.4%, LO 통계 참조) 1994년 사민당은 정권교체에 성공했다(장선화 2019, 128). 칼손(I. Carlsson) 정부가 수립되었으나 빌트 정부가 단행한 보건의료 거버넌스 및 전달체계를 복구하는 시도는 없었다. 1990년대 중반부터 2006년의 집권기 동안 사민당 정부는 재정 적자 해소를 위해 긴축 정책을 실시했다. 보건의료 거버넌스 차원에서도 앞서 언급한 바와 같은 비용 절감과 효율성 제고, 노인 요양 트렌드 변화의 영향으로 주정부의 병원 의료 대상자였던 다수의 노인들이 지방정부 책임인 노인 돌봄서비스-요양시설이나 자택 돌봄-대상자로 이전되었다. 주정부 운영 종합병원의 병상 수는 1992년부터 2008년 사이 47% 줄었고, 노인성 질환 진료의 경우 1992년부터 2008년 간 75%의 병상이 사라졌다. 80세 이상 노인의 평균 입원일수 역시 급감했다(김현숙 2010, 193). <그림 3>에서 확인할 수 있는 바와 같이 병상의 축소 경향은 1990년대 중반~2006년 사민당 집권기와 2006~2014년 레인펠트(F. Leinfeldt) 중도우파 연합 정부 집권기, 2014년 이후 사민당 뢰벤(S. Löfven) 정부 집권 기간에 걸쳐 큰 변화가 나타나지 않는다(스웨덴 정권 변화에 대해서는 이 글의 [부록 1] 참조).

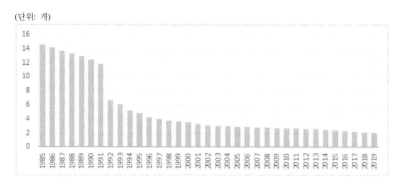

<그림 3> 스웨덴 인구 1000명당 병상 수
출처: OECD.Stat, Health Care Resources: Hospital beds> Per 1000 population, 필자 작성,
https://stats.oecd.org/Index.aspx?DataSetCode=HEALTH_REAC#

　2006년 총선은 사민당을 중심으로 한 적록동맹이 만연하는 실업
에 대한 뚜렷한 대안을 제시하지 못한 반면 일찍부터 선거연합을
형성해 유례없이 적극적인 선거 캠페인에 나선 중도우파 연합의 승
리로 귀결되었다. 사민당은 원내 제1당의 지위를 유지했으나 사민
당과 중도우파 연합의 중심인 온건당(Moderterna, 통칭 보수당) 간
의 득표 차가 줄어들었을 뿐 아니라 연정파트너인 좌파당의 득표율
은 급감했다(이 글의 [부록 2] 참조). 페르손(G. Persson) 총리 사저
공개와 사민당 장기집권에 대한 부정적 여론의 확산, 온건당 청년
당원으로 시작해 당 대표로서 세대교체를 선언한 레인펠트의 부상
등으로 온건당의 득표율은 2002년 대비 약 10% 증가했다.
　레인펠트 정부는 정책목표를 긴축재정과 감세를 통한 경기회복,
기업 임금 비용 감소를 통한 고용증대 및 생산성 확대에 두는 시장

친화적이고 작고 효율적인 정부로의 개혁을 선언했다(장선화 2019, 129). 2010년 총선은 레인펠트 정부가 재집권함으로써 스웨덴 정당 정치 역사에 중요한 전환점이 되었다. 임기를 채운 보수우파 정부 의 재집권과 스웨덴 사민당의 경향적 득표율 저하는 스웨덴 사민당 의 정치적 헤게모니 약화와 정당일체감에 의해 투표하는 유권자층 의 와해, 회고적 투표에 의한 주기적 정권교체의 가능성을 알린 것 이었다. 비록 사민당의 득표율이 근소하게 앞서 의석수에서 앞서 있었고, 중도우파 연합이 의회 내 절대다수 의석을 확보하지는 못 했으나 레인펠트 정부는 집권 2기에 1기의 개혁 정책을 공고화했 다. 노인 돌봄 및 교육 정책에서 민영화가 진행되었고, 지방정부의 장기요양 케어 지출이 급격히 증가했다.

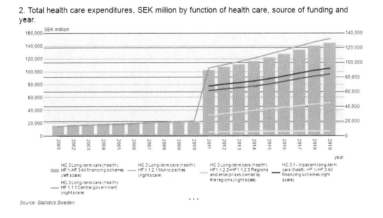

2. Total health care expenditures, SEK million by function of health care, source of funding and year.

<그림 4> 스웨덴 장기요양 케어 정부(중앙/주/지방) 지출

출처: SCB(스웨덴통계청) 홈페이지
https://www.statistikdatabasen.scb.se/pxweb/en/ssd/START__NR__NR0109/HCHF/chart/chartViewColum nLine/

현재까지 중앙정부는 지방 간 격차를 우려해 재정 평준화 체제를 운영하고 있지만 지방 정부별로 민간협력 모델이 상이하고 재정과 서비스 운영이 자율적이므로 전체 과정을 관리하기는 불가능하다. 지방정부와 민간 서비스 제공자 간의 갈등이 있을 가능성이 있고, 재정 능력에 따라 민간 사업자가 다른 지역을 선호할 수도 있다. 따라서 중앙정부가 보편적 복지를 추구할 의지가 있다 하더라도 지방정부의 재정적 능력과 결정에 따라 다를 수밖에 없다(Longo and Notarnicola 2009, 1309). 결과적으로 민간 위탁 및 프로그램 운영에 대한 지방정부 결정권 강화를 통해 사회서비스의 민간 공급 의존도가 높아지고 상업화되었다.

2019년 스웨덴에서는 보건, 교육, 사회서비스를 포함한 총 복지부문 활동에 1,194천만 크로나가 지출되었는데, 이 가운데 18 퍼센트에 해당하는 210천만 크로나가 민간 기업에 의해 수행되었다. 이 수치는 2007년 대비 129 퍼센트 증가한 것으로 민간 기업 비중은 사회서비스, 보건, 교육 수준으로 높은 것으로 나타났다[15]. 중앙, 지방, 광역을 합쳐서 평균 13 퍼센트가 민간 기업 및 재단에 의해 수행된 복지서비스에 지불되었는데, 민간 서비스가 가장 높은 비중을 차지하는 주는 스톡홀름(23%), 낮은 주는 노르보텐 및 칼마르(5%) 등으로 지역별 차이가 두드러진다. 복지부문에서 유급 고용은 50% 이상이 코뮌에 고용된 것이며 이 중 80%가 여성이다. 돌봄서비스 종사자 가운데 다수가 제로 아워 계약(zero-hour contract)을

---

15) SCB(스웨덴통계청) 홈페이지
https://www.scb.se/en/finding-statistics/statistics-by-subject-area/public-finances/local-government-finances/financiers-and-providers-within-education-health-care-and-social-services/pong/statistical-news/financiers-and-providers-in-health-care-education-and-social-services-in-2019/(검색일: 2021.09.25.),

통해 다수의 고용업체와 계약을 맺으며 이들의 고용 환경 및 보호에 취약하다.

복지혜택 축소와 노동시장 개혁 정책, 경제 양극화 및 이민자 증대가 선거 이슈로 떠오른 가운데 2014년 총선에서 사민당의 적록연합(사민당-좌파당-녹색당)이 정권교체에 성공했다. 적록연합은 부유세 재도입과 기업의 사회보험 부담금 증액 등을 통한 소득 불평등 완화와 재정확충을 공약으로 내세웠는데, 연정이 과반 의석을 차지하지 못해 집권 1기 동안 의회 내에서 온건당과 자유당의 합의를 이끌어야 하는 어려움에 직면했다. 2018년 총선에서 사민당은 1914년 이래 최저득표율(28.26%)을 기록했다. 뢰벤 정부는 감세, 임대주택시장 개혁, 경직적 노동법 완화 등을 약속함과 동시에 자유당과 중앙당의 의회 내 지지를 약속받으면서 적록 소수 연정을 유지했다. 2010년 최초로 원내 진입한 포퓰리스트 반이민 우파정당 스웨덴민주당이 최근 3회 총선에서 의석수가 급증하면서 중도 좌우 선거연합에 참여하지 못하지만 의회 내에서 정부 예산안 승인 투표에서 야당을 지지하거나(2014년), 총리 불신임안을 제안(2021)하는 등 기존의 협의적 의회 관행을 변화시키고 스웨덴의 중도 좌우 경쟁적 정당 체제의 이념적 스펙트럼을 오른쪽으로 전환시킬 수 있는 잠재적 위협 요인이 되어왔다. 하지만 포퓰리스트 우파정당의 주장이 이민자 반대와 스웨덴인에 대한 보호의 강화를 큰 틀로 하고 있으므로, 스웨덴 복지모델에 대해서는 옹호하는 입장이다. 따라서 사민주의적 보편주의 복지체제 및 보건의료정책은 거부권 행사자가 늘어난 가운데 코로나19 정책 대응에 대한 평가를 통해 복지재정 축소, 분권화 및 준민영화 흐름이 강화되거나 재구조화될

기로에 놓여있다고 할 수 있다.

4. 나오며

코로나19 팬데믹과 같은 불확실성이 높은 위기 상황에서 정치적 리더십, 정부의 단일하고 신속한 대응, 시민사회의 연대와 협력, 전문가 집단의 확충과 혁신적 방식의 적극적 도입, 중앙과 지방 간 연계 등이 위기대응에 성공적일 수 있는 요인이었다(장선화 2020). 이 글은 코로나19 팬데믹 상황에서 사민주의 복지국가의 대표 사례인 스웨덴의 예외적 정책 선택의 원인과 그 결과를 복지 거버넌스 전환(보편적 복지국가에서 준자유주의적 거버넌스로 부분적 개혁)과 사회정책 전환, 사민당의 헤게모니 약화, 정당 간 정책적 수렴으로 보고 보건의료 및 노인 돌봄 정책 사례를 통해 설명하였다. 코로나19 위기 거버넌스는 1990년대 이후 복지 거버넌스 및 사회정책의 변화와 무관하지 않으며 또한 공공부문 개혁, 분권화, 민관협력 등과 같은 분권형 거버넌스 논의에 결여되어 있는 위기 거버넌스 상황에서의 중앙-지방 통합적 협력체계 구축의 필요성과 정치행위자적 차원 논의 필요성을 제시한다.

코로나19 팬데믹 3차 대유행 이후 코로나19에 대한 국가별 대응의 성패를 단정하기는 어렵다. 하지만 분명한 것은 초기대응에서 성공적이었던 국가들에서 코로나19 확산 추세가 일찍 진정되거나 경향적으로 안정세에 접어든 반면, 그렇지 못한 국가들에서는 코로나19로 인한 피해가 상대적으로 훨씬 컸다는 점이다. 특히 스웨덴을 비롯한 민주적 거버넌스 수준이 높은 선진 산업 민주주의 국가들에서 코로나19 팬데믹 위기관리에 어려움을 겪었다는 점에 주목할 필요가 있다. 1990년대 이후 민주적 거버넌스에 대한 이론적·경험적 정형화된 틀에 대한 재조명이 필요한 동시에 민주적 거버넌스의 보편적 기준이 존재하는지, 신자유주의적 관점의 "굿 거버넌스(good governance)"에 내포된 시장화와 부패 억제가 '좋은 거버넌스'의 기준이 될 수 있는지 질문을 던지고 이에 대한 다차원적 검토를 거쳐 한국이 포스트 코로나19 시대 거버넌스 방향을 설정할 때이다.

이 글은 코로나19 팬데믹이라는 예외적 위기 상황에서 복지국가 스웨덴의 보건의료-노인 복지 돌봄 정책 사례를 통해 몇 가지 발견과 향후 과제를 제시하고자 한다. 첫째, 1990년대부터 2000년대에 걸쳐 지속해 온 정부 재정 합리화와 분권화 개혁의 결과를 검토하고 방향성을 재설정할 필요가 있다. 특히 선진 산업 민주주의 국가들에서 진행된 분권화 및 복지개혁 등 거버넌스 개혁의 결과에 대한 다차원적인 비교 연구가 수행되어야 할 것이다. 코로나19 팬데믹과 같은 예상하지 못한 위기 상황에서 중앙-광역-지방에 이르는 비상 방역체계 및 지침을 마련할 뿐 아니라 근본적으로는 일상적 거버넌스와 위기 거버넌스 상황에서 중앙-광역-지방의 업무가 원활하게 연결될 수 있는 연계체계가 필요하다.

둘째, 정부 사회서비스 외주화와 민간 서비스 비중의 증가로 인한 서비스 질 저하와 전문 인력의 부족, 평준화된 서비스와 관리체제 확립이 필요하다. 서비스 업체 연결과 재정적 지원을 담당하는 행정 관리 역할에 머물렀을 때, 돌봄 현장의 실태와 관리가 어려운 것은 충분히 예측 가능하다. 셋째, 코로나19 팬데믹 경험을 통해 주요 정책 결정자 집단의 집단사고(group think)를 경계하고 타당성을 점검할 수 있도록 전문가 집단 간 교차 자문을 강화하고 정책 집행 단위에서 가장 현장에 있는 의료 인력과 행정 담당자들의 경험을 다방면에서 참고하여 위기 거버넌스의 틀을 마련할 필요가 있다.

마지막으로 팬데믹 위기대응 과정에서 드러난 스웨덴의 사민주의적 보편주의 사회정책의 전환 과정과 그 결과를 재검토하고 함의를 성찰할 필요가 있다. 스웨덴사민당의 헤게모니 약화와 우파포퓰리스트 정당의 부상으로 거부권 행사자가 늘어난 가운데 중도 좌우 주요 정당들은 연합정부 구성 협의에 어려움을 겪는 등 합의주의적 의회정치의 관행에도 변화가 나타나고 있다. 또한 최근 뢰벤총리 불신임안 통과 및 총리 사임에 이어 안데르손(M. Andersson) 사민당 소수 정부 출범 과정에서 드러난 바와 같이 보편주의적 복지체제 하에서 형성된 노인보건의료-돌봄정책 뿐 아니라 주거·교육 등 사회정책 전반에 걸쳐 분권화 및 준민영화 흐름이 지속되는 가운데 이에 대한 정당 간 갈등이 진행 중이다. 전통적 좌파 연합에 균열이 가고 중도 우파 정당들은 스웨덴민주당과 연합 가능성을 피력하고 있다. 2022년 총선을 앞두고 스웨덴 정당정치의 변화 가능성이 커지는 가운데 스웨덴 모델의 나아갈 방향을 예측하기 위해서는 총선 과정에서 코로나19 팬데믹 위기 대응에 대한 평가와 더불어 1990년 이후 진행된 거버넌스 및 사회정책 개혁에 대한 정치적 협의 가능성에 대해 주목할 필요가 있을 것이다.

참고문헌

강창현. 2008. "스웨덴 노인보건복지 분권화 연구-Ädel 개혁의 함의"『한국거 버넌스학회보』, 15(2), 241-264.

김영순. 1995. "사회민주주의와 신자유주의 사이에서: 제3의 길 이후의 복지 국가."『한국정치학회보』 29(2), 103-124.

김현숙. 2010. "1992년 ÄDEL 개혁 이후 스웨덴 노인 보호 서비스 제도의 변 화에 대한 연구."『EU 연구』 27, 181-212.

남궁근 외. 2006. 『스칸디나비아 국가의 거버넌스와 개혁』. 서울: 한울아카데미.

박현숙·홍세영. 2019. "스웨덴의 지방자치제도와 복지 사무에 관한 연구"『스 칸디나비아연구』 23, 163-190.

안재흥. 2013. "스웨덴 사민주의의 복지 자본주의와 조세의 정치경제."『국가 전략』 19(4), 113-142.

은민수. 2012. "복지국가의 조세 정치: 영국과 스웨덴의 조세개혁을 중심으 로."『사회정책』 39(2), 125-155.

장선화. 2011. 『스웨덴의 제도변화와 정책전환: 계급타협제도와 완전고용정 책을 중심으로: 1950~2010』. 이화여자대학교 대학원 박사학위 논문.

장선화. 2019. "탈근대 사민주의 정당 정치의 위기와 도전: 스웨덴 사민당을 중심으로."『국제지역연구』 23(4), 113-143.

장선화. 2020. "코로나19 팬데믹과 위기 거버넌스: 독일, 대만, 한국, 영국, 스 웨덴 초기대응 사례를 중심으로."『국제지역연구』 24(4), 275-306.

홍세영·김철주·오수경. 2018. "민영화 개혁과 스웨덴 의료체제의 지속성과 역동성-역사적 제도주의 관점을 중심으로-"『스칸디나비아연구』 21, 71-118.

G. 에스핑앤더슨 지음, 박시종 옮김. 2007(1990). 『복지 자본주의의 세 가지 세계』. 서울: 성균관대학교출판부.

Ministry of Health and Social Affairs in Sweden https://www.government.se/ 4af3f1/contentassets/2b394e1186714875bf29991b4552b374/the-swedish -model.pdf From Ahlbäck Öberg, Shirin and Helena Wockelberg. 2015. "The Public Sector and the Courts" Jon i Pierre (red.) *The*

Oxford Handbook on Swedish Politics. Oxford: Oxford University Press.

Bergh, Andreas and Gissur Ó. Erlingsson. 2009. "Liberalization without Retrenchment: Understanding the Consensus on Swedish Welfare State Reforms." *Scandinavian Political Studies.* 32(1), 71-93.

Brandén, Naria, Soddartha Aradhya, Martn Kolk, Juho Häkönen, Scen Drefahl, Bo MAlmberg, Milael Rostila, Agneta Cederström, Gunnar Andersson, Eleonora Mussino. 2020. "Residential context and COVID-19 mortality among adults aged 70 years and older in Stockholm: a population-based, observational study using individual-level data." *Lancet Healthy Longevity* 1(2), E80-E88.

BMJ. 1994. "Swedish doctors extend series of strikes." https://www.bmj.com/content/308/6932/808.2

Heclo and Madsen. 1987. *Policy and Politics in Sweden: Principled Pragmatism.* Philadelphia: Temple University Press.

Longo, Francesco and Elisabetta Notarnicola. 2016. "Home care for the elderly in Sweden, Germany and Italy: A case of multi-level governance strategy-making." *Social Policy & Administration.* 52(7), 1303-1316.

Scharpf, Fritz W. 1987. *Crisis and Choice in European Social Democracy.* New Yo가: Cornell University Press.

Shenkin, Budd N. 1973. "Politics and Medical Care in Sweden: The Sevens Crown Reforms." *The New England Journal of Medicine* 288, 555-559.

SOU.2020. https://www.government.se/4af26a/contentassets/2b394e118671487 5bf29991b4552b374/summary-of-sou-2020_80-elderly-care-during-the-pandemic.pdf; https://coronakommissionen.com/wp-content/uploads/2020/12/summary.pdf

SOU. 2021. https://coronakommissionen.com/wp-content/uploads/2021/10/sum mary-sweden-in-the-pandemic.pdf

Talyor, Andrew J, 1989. *Trade Union and Politics: A Comparative Introduction.* London: Macmillan Education LTD.

WHO. 1996. *Health Care Systems in Transition: Sweden (Preliminary version).* Copenhagen: WHO Regional Office for Europe.

[부록 1]

스웨덴 정부 구성: 1986~2021년

총리명/집권 기수	집권 시기	집권기간	내각구성 정당	별칭	성향
I. Carlsson 2기	1986.3.12. ~1991.10.4.	5년 206일	사민당(S)		중도좌파
C. Bildt(M)	1991.10.4. ~1994.10.7.	3년 3일	온건당(M) 중앙당(C) 자유당(FP) 기민당(KD)		중도우파
I. Carlsson 3기	1994.10.7. ~1996.3.22.	1년 167일	사민당(S)		중도좌파
G. Persson 1기	1996.3.22. ~1998.9.20.	2년 182일	사민당(S)		중도좌파
G. Persson 2기	1998.9.20.~ 2002.9.15	3년 360일	사민당(S)		중도좌파
G. Persson 3기	2002.9.15. ~2006.10.6.	4년 21일	사민당(S)		중도좌파
F. Reinfeldt(M) 1기	2006.10.6. ~2010.9.19.	3년 348일	온건당(M) 중앙당(C) 자유당(FP) 기민당(KD)		중도우파
F. Reinfeldt(M) 2기	2010.9.19.~ 2014.10.3.	4년 14일	온건당(M) 중앙당(C) 자유당(FP) 기민당(KD)		중도우피
S. Löfven(S) 1기	2014.10.3. ~2018.9.9.	3년 341일	사민당(S) 환경당(MP) 좌파당(V)	적록연정	중도좌파
S. Löfven(S) 2기	2019.1.21.~ 2021.11.10. (2021.11.10.~ 30. 관리내각)	2년 296일	사민당(S) 환경당(MP)	적록연정	중도좌파
M. Andersson(S)	2021.11.30.~	현 정부	사민당(S)		중도좌파

[부록 2]

스웨덴 의회(Riksdag) 선거 결과: 정당 득표율 및 의석수(1982-2018)

(단위: 득표율 %, 의석수 석)

	정당 득표율 (의석수)										
	1982	1985	1988	1991	1994	1998	2002	2006	2010	2014	2018
사민당	45.6	44.7	43.2	37.7	45.3	36.4	39.8	35.2	30.6	31.01	28.26
(SAP)	(166)	(159)	(156)	(138)	(161)	(131)	(144)	(130)	(112)	(113)	(100)
좌파당	5.6	5.4	5.8	4.5	6.2	12.0	8.3	5.8	5.6	5.72	8.00
(V)	(20)	(19)	(21)	(16)	(22)	(43)	(30)	(22)	(19)	(21)	(28)
녹색당	1.7	1.5	5.5	3.4	5.0	4.5	4.6	5.2	7.3	6.89	4.41
(MP)	(0)	(1)	(20)	(0)	(18)	(16)	(17)	(19)	(25)	(25)	(16)
중앙당	15.5	12.4	11.3	8.5	7.9	5.1	6.1	7.9	6.5	6.11	8.61
(C)	(56)	(43)	(42)	(31)	(27)	(18)	(22)	(29)	(23)	(22)	(31)
자유당	5.9	14.2	12.2	9.1	7.2	4.7	13.3	7.5	7.0	5.42	5.49
(FP)	(21)	(51)	(44)	(33)	(26)	(17)	(48)	(28)	(24)	(19)	(20)
기민당	1.9	—	2.9	7.1	4.1	11.8	9.1	6.6	5.6	4.57	6.32
(KD)	(0)		(0)	(27)	(15)	(42)	(33)	(24)	(19)	(16)	(22)
온건당	23.6	21.3	18.3	21.9	22.4	22.9	15.3	26.1	30.0	23.33	19.84
(M)	(86)	(76)	(66)	(80)	(80)	(82)	(55)	(97)	(107)	(84)	(70)
스웨덴 민주당							—	—	—	5.7	12.86	17.53
(SD)									(20‡)	(49)	(62)
기 타	0.2	0.5	0.7	7.7	2.3	2.6	3.1	5.7	1.8	0.97	1.53
	(0)	(0)	(0)	(25*)	(0)	(0)	(0)	(0)	(0)	(0)	(0)
합계	100	100	100	100	100	100	100	100	100	100	100
	(349)	(349)	(349)	(349)	(349)	(349)	(349)	(349)	(349)	(349)	(349)

* 신민주당(NYD) 의석수: 득표율 6.7%. 1991년 창당, 2000년 소멸
‡ 스웨덴민주당(SD) 의석수: 득표율 5.7%. 1988년 창당~

코로나 위기 대비 이탈리아 복지정치 변화

홍이진 (중산대학교, 광저우, 중국)

1. 서론

19세기 이래 발전된 유럽 복지국가는 주로 두 가지의 사회보장 방식을 선택하였다. 우선, '요람에서 무덤'까지 이어지는, 보편주의적인 베버리즈식(Beveridgian) 제도를 적용하는 영국 등 국가가 있었다. 베버리즈식 사회보장제도는 크게 관대하지 않지만, 모든 국민에게 일정 수준의 복지혜택을 부여하기 때문에 복지의 사회 시민성을 강조하는 제도이다. 다음으로는 독일 등 대륙 유럽국가에 있어 19세기 비스마르크(Bismarck)가 근로자를 보호하기 위해 도입한 사회보험 방식을 채택한 방식이었다. 비스마르크식 사회보험은 모든 국민을 포괄한다기보다는 근로자의 소득상실을 회복시키려는 의도 하에 근로자들과 노동조합, 그리고 고용주와 그들의 협회를 중심으로 작동하는 방식이며, 조합주의 제도라고 부르기도 한다. 그중에 이탈리아 복지국가는 비스마르크 사회보장의 경로를 선택하여 사회보험의 원리를 적용하면서 발전해 왔다.

이탈리아는 노동자를 보호하는 방식을 택한 보수·조합주의 국가 성격과 유사한 면이 있지만 (Esping-Andersen, 1990), 남유럽 복지국가군(이탈리아, 스페인, 포르투갈, 그리스)이 발휘하고 있는 몇 가지 특징을 포함하고 있다. 이러한 특징은 다음과 같이 요약할 수 있다(Ferrera, 1996; Karamessini, 2007; 홍이진 외, 2018).

1) **소득보장**을 위주로 구성된 사회보험제도이면서 직종과 기금별 파편화되어 있는 연금제도;
2) 사각지대가 많은 **실업보험**;
3) 보편주의적인 **공공건강 제도**;
4) 잔여적인 **공공부조** 제도;
5) 가족에 대한 큰 의존성과 문화적으로 천주교의 강한 영향으로 인한 사회서비스의 결여;
6) **노동시장**의 파편화: 임금노동의 저발전, 자영업의 높은 비중, 비공식적인 노동시장의 큰 범위;
7) 높은 **실업률** (특히 청년·여성·이민자).

즉, 이탈리아 복지국가는 산업화 과정이 비교적으로 늦게 이루어진 탓에 임금제 노동시장 구조가 발달하는 데에 한계가 있었으며, 그 결과로 조합주의적 사회보장제임에도 불구하고 적용대상자의 범위가 포괄적이지 못하여 사각지대 문제를 해결하지 못한 채 이어져왔다. 더불어, 이탈리아 복지제도는 가족의 비공식적인 돌봄에 의존하는 정도가 크고 천주교의 subsidiary 방식(즉, 가족 및 민간단체들의 돌봄 역할이 결여되면 국가가 2차적으로 개입해야 하는 원리)으로 인해 사회서비스가 부족하였다. 이탈리아에서 공공부조 제도의 경우, 뒤늦게 출발했으며, 천주교와의 권력 충돌 때문에 국가의 역할이 소극적이었고 제도 자체가 관대하지 못했다(Girotti, 1998). 이탈리아는 특히 남유럽 국가들 중에 전국에 적용하는 공공 부조제도를 상당히 늦게 (2018년) 도입했다. 그나마 보편주의적인 국민건강서비스 (Servizio Sanitario Nazionale, SSN) 제도가 1978 년부터 도입된 덕분에 전반적으로 시민들의 건강과 기대수명이 세계적으로 인정받고 있다(Ferrera, 1996; Karamessini, 2007; 홍이진 외, 2018).

급속하게 증가하고 있는 인구 고령화로 인해 이탈리아 복지국가 사회지출은 GDP 대비 30% 정도 중대한 예산을 차지하고 있다. 세부적인 항목을 살펴보았을 때 노인연금에 대한 비중이 13.2%이므로 OECD 평균 수치 7.4%보다 거의 두 배에 가까운 점을 확인할 수 있다(<그림 1> 참조)

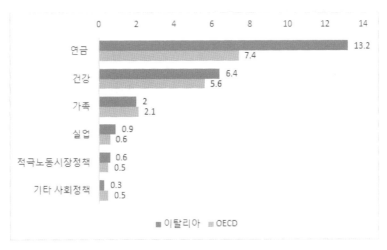

<그림 1> GDP 대비 공공지출 (2019년)

출처: OECD 통계 (2021)

간략하게 요약하자면, 이탈리아 복지국가는 30년 전부터 앓고 있는 문제점들을 근본적으로 해결하지 못하였다. 원래의 사회적인 이슈들이 정치화되지 못한 채 복지정치가 정부의 아젠다에 오랫동안에 진입하지 못하고 있다. 특히, 앞서 거론된 다양한 구조적인 과제들이 여전히 남아 있다. 이탈리아의 구조적인 과제들로서 저출산과 인구 고령화, 파편화된 노동시장, 높은 청년 및 여성 실업률, 낮은 노동 생산성, 부족한 공공 및 민간의 투자, 노인연금을 위주로 불균형하게 배분된 복지지출 등을 나열할 수 있다.

이탈리아 정치인들이 사회적인 문제에 대해 큰 관심을 두지 못한 이유에 대해 몇 가지 가설을 세울 수 있지만, 본 챕터에서는 크게 두 가지 요인이 중요하다고 간주한다. 먼저, 지난 몇십 년 간에 천주교민주당 등 정당들이 지배적이었기 때문에 정권교체에 있어서 큰 경쟁이 없었다. 그리고 두 번째 요인으로는 1990년 이래 좌·우파 모두 신자유주의 패러다임을 받아들인 탓에 복지이슈를 정치화시키지 못하는 데에 있어 영향이 컸을 거라 본다.

본 챕터에서는 몇십 년 동안에 사회보장만 중요시하고, 새로운 사회적인 이슈를 추진하는 데 어려움이 있었던 이탈리아 복지정치에 있어 코로나 팬데믹 같은 커다란 외부충격과 유럽연합의 개입이 이탈리아 사회정책의 변화를 가능케 하는 계기가 되었는지 탐구하려 한다.

2020년 초기에 이탈리아 정부는 코로나 팬데믹에 대해 대응할 수 있는 준비가 많이 미비했던 것은 사실이다(Capano, 2020). 그 결과로, 이탈리아 경제가 다른 유럽국가들에 비해 보다 큰 피해를 보았다. 즉, 2020년 이탈리아 국내총생산(GDP)은 8.9% 감소한 반면 유럽연합(EU)은 평균적으로 6.2%로 감소했다. 2021년 상반기까지 코로나19로 인해 거의 12만 명이 사망했기에, 이탈리아는 유럽연합 국가 중에서 가장 큰 인명 피해를 입은 국가가 되었다(Italia Domani, 2021; Vicarelli & Giarelli, 2021).

본 챕터는 이탈리아 복지정치가 왜 지난 30년 간에 크게 사회적인 이슈를 정부 아젠다에 포함될 수 있게 추진하지 못했는지에 대한 설명을 시도하려 한다. 코로나 위기를 겪으며 신자유주의 패러다임과 내핍(austerity) 정책에 국한되었던 유럽연합의 기존 태도는 코로나로 인해 경제적인 어려움을 겪고 있는 회원국 모두에게 차세대 복구기금(Next Generation Recovery Fund)을 지불하는 방식으로 전환되었다. 이것은 보다 재분배적이고 관대한, 소위 케인스주의적인 정책이 펼쳐지고 있는 셈이다. 특히 이탈리아에 할당된 재정적인 지원과 대출의 규모가 유럽연합 국가들 중에 가장 크다. 이러한 기회를 통해 이탈리아 복지정치도 사회적인 이슈를 다루지 못한 경로에서 이탈할 수 있는지(path shift)를 탐구하고자 한다.

본 챕터는 다음과 같이 구성된다. 먼저, 코로나 위기 이전의 이탈리아 정부들과 복지정치에 대해 소개하고, 이어서 코로나 위기를 대비해 이루어진 주 정책들을 간략하게 설명한다. 특히 이탈리아 복지정치에 큰 영향을 행사할 수 있는 차세대 복구기금에 대해 소개한다. 아울러, 남유럽 복지국가의 특징이 그대로 남아 있는지, 혹은 변화가 생겼는지를 살펴본다. 결론에서는 유럽연합의 역할이 보다 중요해졌음에도 불구하고, 코로나 위기가 이탈리아 복지정치의 근본적인 변화를 이끌지 못하고 있다는 점을 논할 것이다.

2. 코로나 위기 이전 이탈리아 복지정치

이탈리아 복지국가는 1980-1990년대까지만 해도 앞서 거론한 남유럽 복지국가의 특징을 갖춘 모습이었다. 즉, 복지제도는 남성생계부양자(male breadwinner)의 근로와 소득을 보장하는 식으로 발전되어 왔으며, 사회지출은 연금을 위주로 큰 비중을 차지하고 있었다. 정규직 일자리를 가진 자는 높은 고용안정성과 관대한 사회보험의 혜택을 누릴 수 있었다면, 비정규직 일자리를 갖고 있거나 비공식 노동시장에 종사하고 있는 경우에 사회보장의 사각지대에 빠질 위험성이 높았다. 더구나 사회서비스가 미비하고, 전국적으로 적용되는 공공부조 제도가 존재하지 않음으로 낮은 여성 고용률과 높은 가족주의 등 남유럽 복지국가의 전형적인 특성을 보여주고 있다.

이탈리아 정부가 복지정치에 대해 관심이 부족하다는 점은 비교적으로 짧은 집권 기간의 문제와 연관되어 있다. 이로 인해 이탈리아 정책 결정 과정(policy making)이 파편화되어 있고 일관성이 떨어진다. 최근에 이르기까지 유럽연합은 신자유주의적인 접근으로 공공부채가 많은 이탈리아 같은 회원국에 대해 공공예산(특히 복지예산)을 삭감하는 정책을 추천해왔다(이른바 긴축정책, austerity policy를 추진했다). 2008년 경제위기로 인해 높아지는 실업률과 빈곤이 있음에도 2011년 예산법에 의해 복지지출의 삭감이 이루어졌는데, 그중에 사회서비스 및 가족 정책은 가장 큰 타격을 입었다(Hong, 2014).

이탈리아 정부의 단기 집권 현상을 보다 자세히 살펴볼 필요가 있다. <표 1>에서 볼 수 있듯이 지난 30년 간에 이탈리아 정부의 임기 기간은 각 총리마다 1년 내외였고, 2000년대의 베를루스코니

정부는 가장 오랜 기간 지속하였다. 이탈리아 정치의 특징은 불안정한 정부의 임기 기간과 더불어 이탈리아의 합법 정당인 공산주의 세력들이 복지정치 이슈에 쉽게 참여하지 못하는 데에 찾을 수 있다. 즉, 몇십 년 동안에 천주교민주당 등 보수 정당들이 반공산주의를 주장하면서 공산당 정치인들을 국회에서 배제하는 정부 연합을 구성한 바가 많았다< 표 1 참조>. 이탈리아의 1990년대는 복지 삭감 개혁이 연금을 위주로 이루어졌다(홍이진 외 2012, 2018). 앞서 언급했듯이 이러한 삭감은 주로 유로 통합화폐에 가입하기 위한 조건으로 유럽 공동체의 압력에 의해 결정되었었다. 그러나 1992년은 천주교민주당이 이끄는 연립정부의 부패와 일련의 사법 조사로 이어진 스캔들(이른바 "깨끗한 손") 끝에 "힘내라 이탈리아(Forza Italia)" 정당의 탄생으로 이어졌다. 힘내라 이탈리아 정당의 등장 이후, 이탈리아 정치 세계는 보다 노골적으로 개인적 이득을 얻기 위한 수단이 되어 지대추구(rent-seeking, 즉 공동체에 대한 상호적이고 생산적인 기여 없이 부가적인 부를 얻는 경제적 행동)의 원리가 강해졌다. 이 시기 이탈리아 정치 세계의 지배적인 이데올로기는 개인의 이익 추구였다. 이러한 현상을 일조하는 데 대중매체 기업가 Berlusconi가 큰 역할을 행사했다.

이러한 이데올로기적 표류와 더불어 유럽연합 측의 긴축정책 바람이 불었다. 이탈리아의 복지 삭감 정책은 1992년 마스트리히트 조약(Maastricht Treaty)의 기준 준수로 인해 90년대에 시작되었다. 그 이후로도 유럽연합이 추진한 신자유주의 정책의 영향은 이탈리아의 사회정책에 있어서 계속해서 부정적인 영향을 미쳤다(Hong, 2014).

<표 1> 이탈리아 정부의 변화 (1983-2021)

연도	총리	정당	연합
1983-1987	Craxi	이탈리아사회당 (PSI)	5당 연합 (pentapartito)
1987-1992	Fanfani, Goria, De Mita, Andreotti	천주교민주당 (DC)	5당 연합 (1987-1990)
1992-1993	Amato	이탈리아사회당 (PSI)	4당 연합 (quadripartito)
1993-1994	Ciampi	무소속	대연합
1994-1995	Berlusconi	힘내라 이탈리아 (FI)	북부동맹(LN)을 포함한 우파연합 (PdL)
1995-1996	Dini	무소속	기술적인 정부
1996-1998	Prodi	무소속, 중좌파	좌파동맹 (Ulivo)
1998-2000	D'Alema	민주좌파당 (DS)	좌파동맹 (Ulivo)
2000-2001	Amato	무소속, 중좌파	좌파동맹 (Ulivo)
2001-2006	Berlusconi	힘내라 이탈리아 (FI)	북부동맹(LN)을 포함한 우파연합 (CdL)
2006-2008	Prodi	무소속, 중좌파	좌파동맹 (Ulivo)
2008-2011	Berlusconi	자유의 국민(PdL)	북부동맹(LN)을 포함한 우파연합
2011-2013	Monti	무소속	기술적인 정부
2013-2014	Letta	민주당 (PD)	대연합
2014-2016	Renzi	민주당 (PD)	
2016-2018	Gentiloni	민주당 (PD)	
2018-2021	**Conte**	**독립, 5성운동 (M5S)**	**M5S와 LN 연합 (2018-2019); LN을 제외한 대연합(2020-2021)**
2021-현재	**Draghi**	**독립**	**LN을 포함한 대연합**

　　단기적인 정부 임기 기간과 유럽연합에서부터의 긴축정책, 그리고 90년대 이후 이탈리아 정치의 지대추구(rent-seeking) 포퓰리즘으로 인해 오랜 기간 사회적 문제에 대한 인식이 대중의 논쟁으로서 크게 공론화되지 못하였다. 1990년대와 2000년대에 연금 삭감으로 시작된 신자유주의적 삭감 정책은 2010년대초 몬티 정부의 의해 추진된

일련의 선형적인 복지지출 삭감으로 정점에 달했다 (Hong, 2014).

그렇다고 지난 몇 년 동안 복지 개혁에 있어서 아예 변화가 일어나지 않았다는 것은 아니다. 예를 들어, Renzi 정부(2014-2016) 시기, 미국 노동시장과 유사하게 노동시장 개혁을 위한 일련의 조치가 적용되어 정규직 일자리를 점차 폐지할 의도를 보였다. Renzi 정부는 고용계약의 불안정성을 보완하기 위해 신규 통합실업수당(Naspi)을 도입하였다. 이것이 대기업에 일하는 사람들 위주로 해고보호에 우호적이었던 기존의 이중노동시장을 극복하고 비정규직을 포함한 보다 포괄적인 실업보장제도를 설립하는 의도였다. 다만, 이것이 중요한 개혁으로 볼 수 있지만 1990년대 이후 이탈리아의 정책 결정을 특징짓는 신자유주의적 관점에 대한 경로 이탈(path shift)이라고 보기는 어렵다. 이런 관점에서 민주당(PD)이 스스로를 중도좌파 이념의 대표자로 내세우면서도 복지정책을 개선하는데 그다지 중요게 여기지 않았다는 점을 확인할 수 있다. 이탈리아 우파는 복지 발전을 장려하지 않겠다는 점에서 훨씬 더 명확한 입장을 발휘했다. 앞서 살펴보았듯이 포퓰리스트 '힘내라 이탈리아 (FI)' 정당은 딱히 복지 문제에 관심이 없었고, 정부 동맹의 일원인 북·남 분리주의자이자 북부 이탈리아에 거주하는 기업가의 이익 보장을 표방하는 포퓰리스트적인 보수적인 북부 동맹(LN) 정당 역시 마찬가지였다.

그러나 사회적으로 가장 취약한 시민들의 분노와 요구는 또 다른 포퓰리즘 정당에서 대화 상대를 찾았다. 그것은 공식적으로 2009년에 탄생한 5성 운동(Movimento 5 stelle, M5S) 정당이다. 전직 코미디언이던 Beppe Grillo가 이끄는 5성 운동(M5S) 정당은 경제의 혁신, 친환경적인 정책을 추진했다. 그는 그동안 정치계에서 비교적 목소리가 작았던 여성과 청년을 강력하게 대표하겠다는 주장을 내세우며, 인터넷 플랫폼을 통해 대화, 토론 및 정치적 담론의 문제를 꾸준히 제기해 왔다. 이러한 혁신적인 논쟁 방식 때문에 정치적인 대화의 수준이 낮아졌다는 비판과 포퓰리스트 성향으로 평가받으며, 초기에는 기존 정치정당들과의 대화가 어려웠다. 2013년에 민주당(PD)과 정부 동맹을 위한 합의를 시도하다가 무산된 적도 있었다. 하지만 좌파 정당들이 거의 사라진 이탈리아 정치계에서 5성운동(M5S)은 좌파정당들의 정치적 공백을 메우고 짧은 시간에 많은 지지를 얻었다. 5성운동(M5S)은 2018년 국회에 입성해 동맹 정당으로서 Conte 정부에 데뷔하여 이탈리아의 복지정치 이슈화에 상당한 변화를 가져왔다. 예를 들어, 5성운동은 기본소득을 추진하는 가장 중요한 정치세력이었기에 공공부조 형태로 시민소득(Reddito di Cittadinanza, RdC)을 2018년에 입법화했으며, 2019년에 공식적으로 시행하게 되었다. 5성운동의 개혁은 기본소득에 있어서 본래의 보편주의적인 성격에서 벗어났지만, 공공부조 제도가 오랫동안 결여되었던 이탈리아에서 사회문제로 이슈화되며, 이에 대해 논쟁할 수 있는 환경이 조성되었다고 볼 수 있다.

Conte의 첫 번째 정부(2018-2019)는 M5S와 우익 포퓰리즘의 주권 정당 지지자인 북부동맹(LN) 간의 연립을 기반으로 했다. 두 번째 Conte 정부(2019-2021)의 경우 대다수는 5성운동이 이끄는 연정을 기반으로 했지만 이번에는 중도 좌파 정당인 PD와 동맹을 맺었다. Conte 정부는 유럽 연합에서부터 '차세대 회복 기금(Next Generation Recovery Fund, NGRF)', 즉 대규모의 대출과 원조 등을 할당 받았다는 점에서 이탈리아를 위해 큰 이득을 달성했었다.

하지만 바로 NGRF에 대해 정부 내부적으로 큰 충돌이 일어났다. NGRF에 대한 계획이 불충분하다는 비판으로 이탈리아 의회 (Parlamento)에서 불신의 투표가 진행되었는데, '살아 있는 이탈리아 (Italia Viva, IV)' 정당의 대표인 전총리 Renzi와 Conte 정부의 3명 장관 ('살아 있는 이탈리아 (Italia Viva, IV)' 정당 소속)의 의회 득표율이 3%밖에 달성하지 못하여 Conte 정부가 해산하게 된다. Renzi는 NGRF 펀드의 적합한 배정과 거버넌스, 그리고 전반적으로 마땅한 관리방식을 요청하고 있었다. 이렇게 벌어진 정부위기(crisi di governo)에 대해 Mattarella 공화국 대통령의 호소에도 불구하고 의회에서 우호적인 분위기가 돌아오지 않았다. 이로 인해 Renzi는 IV정당 세 장관을 다수당에서 사퇴시키기로 결정했다. 정부 위기에 대한 해결책으로 세 번째 Conte 정부에 대한 시도가 있었지만 의회 과반수를 얻지 못해서 Mattarella는 유럽중앙은행(ECD)과 이탈리아 은행(Banca d'Italia, BI)의 전 총재인 Mario Draghi에게 국가를 이끄는 임무를 위임하기로 결정했다. 정치선거 없이 공화국 대통령의 위임으로 설립된, 새로운 '기술적인 정부(governo tecnico)'[1]가 2021년 2월부터 시작되었다. 이렇게 출발한 Draghi 정부는 백신 정책 수행과 막대한 재정적인 지원을 활용하는 어려운 임무를 맡게 되었고, 야당인 '이탈리아 형제(Fratelli d'Italia)'의 극우정당을 제외한 거의 모든 국가의 정치 세력을 포함시켜 구성하게 된다.

---

1) 여기에서 '기술적인 정부/기술정부'는 국민들의 투표로 이루어진 정부가 아니라 공화국 대통령이 임시적인 위기를 극복하기 위해서 구성한 정부로 간주하면 된다.

3. 2020년 코로나 위기를 대비한 정책

이탈리아는 2020년 초에 코비드 19의 영향을 경험한 최초의 서구 국가였으며 최근 팬데믹 경험과 잘 규정된 계획이 결여된 상태에서 비상사태에 대한 수행이 미비했다(Capano, 2020). 앞서 언급한 바와 같이, 정부의 짧은 임기 기간은 정치적 불안정성과 사회문제에 대한 무관심을 야기하는 특성이 있다. 또한 이탈리아의 행정시스템은 중앙 정부와 주(regione) 간의 거버넌스가 분리되어 있어 파편화된 정책이 시행될 수 있는 특징이 있으며, 특히 의료서비스가 가장 대표적인 예로 꼽힐 수 있다. 2001년에 북부 동맹(LN)이 정권을 잡았을 때, 사회서비스와 의료서비스의 탈중앙화 정책이 이루어지는 계기가 생겼다. 헌법의 제5조가 개정되면서 사회서비스와 의료서비스에 있어서 주(regione)의 권한이 증가하게 된 것이었다. 헌법 개정 후 중앙 정부뿐만 아니라 지방 정부도 정책을 설계하는 데에 상당한 재량권이 생겼다.

그러나 전염병의 발발로 이탈리아의 정책 대응 기능을 부분적으로 재중앙화하면서 지방 정부 대비 정책 결정에 있어서 다시 일부의 권한을 되찾았다. 11개 전략적인 계획 중 4개(사회적 거리두기, 마스크 등 보호 장비 구매 및 배분, 의료 인력, 서비스 계획 등)는 중앙 정부에 집중화하고, 4개(격리 및 검역, 감염자 테스트 및 확진자 추적, 물리적 인프라, 필수 업무 유지 등)는 주(regione)에서 분권화했으며, 그리고 나머지 세 가지 영역(거버넌스, 의료 인력 관리, 확진자 관리)에 대해 중앙 정부 및 지방 정부의 기능을 혼합하여 운영했다(Vicarelli & Giarelli, 2021).

두 번째 주요 변화는 유럽연합은 각 회원국가 예산관리에 대해 유럽연합의 정책 패러다임이 변경된 것이다. 팬데믹 위기 이전에 독일과 프랑스가 남유럽 국가들을 비판하고 긴축정책(austerity policies)으로 공적 부채를 줄이도록 강요하는 경향이 있었다면, 코로나 위기에 취약한 회원국가의 경제적인 어려움이 유럽연합 존재 자체를 위협하게 되자 재정적인 지원에 대한 담론이 등장했다. 재정적 지원을 지불하는 국가(네덜란드와 오스트리아 등)와 유럽 연합 내에서 경제적으로 취약한 국가 간의 오랜 협상과 반대 끝에 후자에게 유리하게 관대한 수준의 원조 기금과 대출을 제공하는 보다 관대한 재분배에 대한 합의가 이루어졌다. 2021년 8월에 이탈리아는 할당받은 1,915억 유로 중 13%(89억5천만 재정적 지원 및 159억3천만 유로의 대출)에 해당하는 첫 번째 사전 자금 조달을 받았다. 나머지 지원금 87%는 정책목표 달성에 따라 지불될 것으로 설정되어 있다 (La Repubblica, 2021).

다음 파트는 두 부분으로 나뉜다. 첫 번째는 코로나에 대비해 다시 중앙화된 이탈리아 정부의 주요 조치에 대해 제시한다. 두 번째 부분에서는 회복 기금(Recovery Fund)과 이 전례 없는 기금 가용성이 이탈리아의 미래를 가리키는 방향에 초점을 맞출 것이다.

1) 고용과 소득에 대한 보장

이탈리아에서는 코로나로 인한 감염 및 사망자 수가 매우 높았던 두 번의 위기 물결이 있었다. 첫 번째 물결은 2020년 2월 말에 전염병 초기 때 시작되어서 정부가 3월부터 5월까지 전국적 록다운 정책을 실시하였다. 이 정책을 통해 바이러스가 지나치게 확산하지 않게끔 통제가 가능했다. 이른바 제2의 물결(여름방학 이후인 2020

년 9월 말)이 도래하면서 정부는 사회생활, 직장생활 및 지역 간의 이동성을 제한시키는 일종의 사회적 거리두기 등에 관한 시행령을 발표해 바이러스 확산에 다시 한번 맞서야 했다. 정부의 시행령은 한편으로 경제 원조와 세금 공제를 통해 기업과 노동자를 지원하는 것을 목표로 했으며, 다른 한편으로, 중앙 정부의 규정으로 해고를 명시적으로 금지함으로써 해고를 회피하는 것을 목적으로 하였다 (한국보건사회연구원 인구정책연구실, 2020).

첫 번째 원기회복 법령(decreto ristori)(법령 2020년 10월 28일, n.137)에 따라 정부의 록다운으로 인해 폐쇄해야 하거나 심각한 손실을 본 자영업자를 대상으로 지원하기 위해 24억 유로가 정부 지원 기금으로 할당되었다. 300,000개 이상의 기업이 참여했다. 근로자를 보호하기 위해 정부는 21억의 투자로 임금보상기금(CIG)을 확장하였으며 기업으로 하여금 사회보장 보험료 납부 의무화를 중단시켰고, 고용이 중단된 국민에게 일부 긴급소득지원(400유로에서 1000유로)을 지불하였다. 두 번째 원기회복 법령(D.L. 149, 2020년 11월 9일)으로 이탈리아 영토를 노란색 영역, 오렌지 영역, 빨간색 영역으로 분할하여 심각도가 높은 순서대로 검토하며 관리하였다. 오스트리아, 벨기에, 프랑스, 독일, 스페인과 같은 다른 유럽국가와 달리 새로운 법령은 중앙 정부와 20개 주(regione) 간에 의사 결정 권한을 분할하고 분배하는 것을 목표로 했다. 실제로 이탈리아에서 주지사는 영토 관리에서 매우 중요한 역할을 차지하고 있으며 헌법에 의해 정당화되는 특정 자치권을 향유한다(Hong, 2015, 2018; Capano, 2020). 이 두 번째 법령과 다른 두 가지 후속 구제 법령 (DL 23 November 2020, 154; DK 30 November 22, n.157)은 모두 어려움에 처한 기업, 특히 전년 대비 33%를 초과하는 손실을 본 기업에 세금감면과 경제적 지원 등을 제공하는 것을 목표로 하고 있다. 가족 상황을 지원하게 하기 위해 스마트워킹 및 특별 휴가가 부여되었으며, 자녀를 부양하며 일하는 부모는 같이 사는 자녀가 코로나검사에 양성결과를 받은 경우에 격리 기간 동안 스마트워킹을 택할 수 있도록 정부 지원이 이루어졌다.

한편으로, 해고 회피를 위한 중앙 정부의 규정은 2020년의 제10 법령 발표, 이후 2020년 제27 법에 의해 변경되어서, 2020년 3월 17일부터 제3항 제604/66 법에 의해 객관적인 사유로 정당한 해고의 적용을 아예 금지한다. 2020년 2월 23일에 이미 시작된 집단 해고 절차도 중단하게 되었다.

"재개시" 법령(법령 n. 34/2020, 제77/2020 법에 의해 개정)에 따라 직원이 15명 이상인 회사에도 해고금지가 연장되었다. 다양한 연장으로 해고금지는 2년 동안 지속되었으며 2021년까지 종료될 것으로 예상한다.

종합적으로, 위기회복 법령과 해고 금지 규정은 기업과 근로자들의 어려움을 완화하려고 시도했지만 현상 유지를 위해 근본적으로 변화가 시급한 이탈리아 경제와 생산 시스템에 있어서 큰 변화가 이루어지지 않았다. 이러한 측면에서 Conte 및 Draghi 정부는 일반적인 의미로 주요 이해 관계자의 기대에 응답했지만 단편적인 효과밖에 못 얻었다고 할 수 있다(Capano, 2020). 더구나 정부 지원의 수급자는 사회보장 공단(INPS)에 사회 보험료를 납부한 자에게만 국한되어 있었다. 즉, 공식적인 노동시장에 정규직 노동계약을 맺은 노동자에게만 해당되었고, 이것은 위기에 가장 취약하게 노출된

지하경제의 비공식적 노동자들을 사각지대에 놓여지게 하여, 결과적으로 사회정 불평ㄷ등의 격차가 보다 크게 벌어졌다.

2) 의료정책에 대한 재정적인 지원

정부는 2020년 9월까지 병원 공급 강화, 의료 인력 채용 확대(약 20,000명), 도구 및 장비 조달을 위해 총 약 95억 유로를 할당했다. 정부는 지역공동체를 강화하기 위해 50,000명 인구 대비 최대 8명의 간호사를 배치하는 것을 목표로 가족 간호사를 도입하여 사례 모니터링, 추적 및 가정 간호를 위해 2020년에 12억을 투자했다. 반코로나 전략의 주체인 시민 보호(Protezione Civile) 기구는 바이러스를 억제하기 위해 경찰의 지원을 받았다. 2020년에는 추가로 8,800만 유로가 군사 의료서비스 향상을 위해 할당되고 100만 유로가 의료서비스를 위한 초과 근무에 할당되었다. 시민 보호 기구를 의료 시설로 사용할 수 있도록 1억 5천만 유로를 투자하여 격리 및 건강검사 등을 실행할 수 있게 호텔 및 기타 건물들을 리모델링도 했다.

2021년과 2021-2023년의 3년 동안 예산 법안은 의료 및 보건 인력 지원과 신규 의사 및 간호사의 임시 고용(2021년에 약 3만 명) 및 백신 구매를 위한 펀드를 위해 40억 유로를 할당했다. 또한 국민건강기금(Fondo Sanitario Nazionale)에 10억이 추가될 예정이다[2].

---

2) http://www.quotidianosanita.it/governo-e-parlamento/articolo.php?articolo_id=88935

3) 차세대 회복 기금 (Next Generation Recovery Fund, NGRF)

위에서 언급한 바와 같이 유럽연합은 기존의 긴축정책(austerity policy) 접근에서 벗어나서 보다 관대한 재분배 원조의 개념을 도입했다는 점이 커다란 패러다임 전환으로 여겨도 된다. 그런 의미에서 팬데믹 위기는 큰 외부 충격을 의미했다. 과거 그리스의 경제적 디폴트(default)는 유럽연합에 크게 우려되지 않는 반면, 이탈리아와 같은 대규모의 경제가 실패할 경우 유럽 연합의 존재 자체를 위태롭게 했을 것이다. 그 위협을 회피하기 위해서 이탈리아에게 NGRF 지원펀드는 침체된 경제성장을 촉진하기 위해 공공 행정 및 경제 시스템에서 중요한 개혁을 시행할 수 있는 기회로 보였다.

이탈리아는 NGRF의 두 가지 주요 도구인 회복 및 회복력 장치(RRF)와 응집력 및 유럽 영토를 위한 회복 지원 패키지(REACT-EU)의 절대 가치로서 봤을 때 1순위 수혜국이다. RRF는 2021-2026년 기간 동안 사용될 1,915억 유로의 자원을 보장하며 이 중 689억은 지원금이다. 대출을 요청한 회원국가들 중에 이탈리아가 1,226억 유로로 1위인 것을 확인할 수 있다. 그 뒤를 그리스가 127억2000만 유로, 포르투갈이 26억9000만 우로로 이어진다. 비율 수준에서 이탈리아와 루마니아는 7개국 중 2개국만이 총 자원의 50%를 초과하는 일부 대출을 요청했다. 이탈리아는 할당된 총 자원 중 대출 비율이 약 64%로 가장 높다(openpolis.it).

단위: 10억 유로

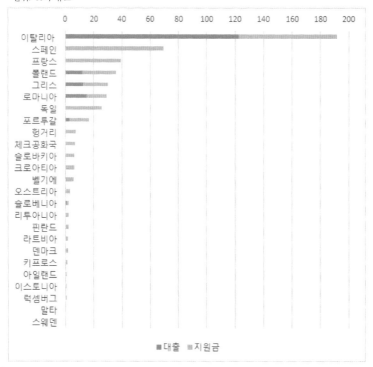

<그림 2> 유럽연합 회원국가에 할당된 NGEU 펀드 배정

출처: openpolis.it

RRF 메커니즘은 회원국이 투자 및 개혁 패키지인 PNRR(Piano Nazionale di Ripresa e Resilienza - National Recovery and Resilience Plan)을 제시하도록 요구한다. 6개의 임무와 16개의 구성 요소로 나누어진 이 계획은 RRF 규정에 따라 이탈리아 의회와 유럽 위원회 간의 대화의 결과일 것이다.

계획의 6개 미션은 디지털화, 혁신, 경쟁력, 문화 및 관광, 녹색

혁명과 생태적 전환; 지속 가능한 교통을 위한 인프라; 교육 및 연구; 포용과 결속; 건강 등이다. 각 미션에 대한 지출은 아래 <그림 3>에서 다이어그램에서 확인할 수 있다.

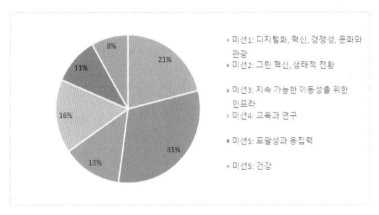

<그림 3> 미션별로 구성된 RRF 펀드의 이용 계획

자료: Italia Domani (2021)

이 계획에는 거대한 개혁 프로젝트도 포함되어 있다. 정부는 행정, 사법, 입법 간소화, 경쟁 촉진의 4가지 주요 맥락 개혁을 시행할 계획이다.

위 계획의 거버넌스에 있어서 정부는 경제부가 주도하는 중앙조정 구조를 제공한 것이다. 이 구조에 따라 경제부는 계획의 실행을 감독하고 예상 목표의 달성에 따라 지불 요청을 유럽 위원회에 지원금을 요청하는 책임이 있다. 이러한 중앙조정 구조와 함께 평가 및 모니터링 부서도 있어야 한다. 반면에 주정부는 개별 투자와 개별 개혁에 대한 책임이 있으며 보고서를 중앙조정 구조에 보고하는 것으로 한다. 중앙 정부는 또한 주정부를 도울 수 있는 지방 태스

크포스를 구성할 예정이며, 이들의 투자능력을 향상하고 실행절차를 간소화시키는 데에 도울 예정이다.

정부는 PNRR 계획이 종료되는 2026년 국내총생산(GDP)이 평균값보다 3.6%포인트 높아질 것으로 전망한다. 또한, 펀드 만료되기 전 마지막 3년(2024-2026) 동안 고용률은 3.2%로 증가할 것으로 예상하며, 그 외에 지역 격차, 여성 및 청년 고용 등 사회경제적 지표의 경우도 개선될 것으로 예상한다. 하지만, 위 계획의 거버넌스는 계획의 적정성 및 실행성이 문서상으로 제시되고 있긴 하나, 세부 실행계획에 대해서는 좀 더 면밀하게 검증할 필요가 있다는 것이 필자의 판단이다. 이것은 Draghi의 기술 정부(governo tecnico)의 접근방식이 불투명하게 접근하고 있다는 우려가 있기 때문이다.

좌·우파 거의 모든 정치세력들이 포함된 기술 연립정부는 연립정부 구성의 제약(시민사회 및 노동계 의견 배제) 및 단기적인 정치동맹 등의 배경으로 우선순위를 고려하는 투자계획을 설정하는 데 한계를 갖고 있을 수 밖에 없다. 현재로서는 사회적 문제보다 비즈니스와 경쟁성에 우선순위가 부여되는 것처럼 보여, 기존 신자유주의 접근과 크게 달라진 모습을 발견하기에 어렵다. 이른바 지난 수십 년 동안 공론화되지 못했던 사회적인 이슈들이 여전히 그대로 방치될 가능성이 높다. 시민 및 기업과의 협의 및 대화 부족도 녹색 경제 투자하는데에 있어서 제한적이다. 이탈리아 기업은 실제로 규제 및 인센티브의 불확실성으로 인해 친환경 정책에 투자하는 데에 꺼리는 것으로 설문 데이터 상으로 비치고 있다(OECD 2021).

4. 결론 및 시사점

본 챕터는 코로나 위기로 인해 추진하게 된 유럽연합의 재정적인 지원이 가장 큰 어려움을 겪고 있는 유럽연합 회원국, 주로 남부 유럽국가에 기회전환이 되었는지 살펴고자 하였다. 특히, 코로나 위기가 이탈리아의 복지정치를 개선할 수 있는 계기가 되었는지를 고찰한 것이다.

평가를 하기에는 아직 이르지만 징후는 고무적이지 않다. 코로나 시기, 이탈리아 정부의 보다 적극적인 정책 시행에도 불구하고, 여전히 남아 있는 사회정책의 문제점들이 상당히 남아 있다. 여기에서 쉽게 전환되지 않는 신자유주의 패러다임과 사회적 이슈들 중에 눈에 띄는 낮은 임금제에 대해 간략히 정리하고자 한다.

앞서 보았듯이 이탈리아의 복지정치는 1990년대부터 유럽연합의 권한에 송속되어 왔기에 예산을 억제하기 위해서 복지지출을 포함한 공공지출을 줄이고 경쟁을 장려해야 한다는 신자유주의적 사고방식을 준수해 왔다. 하지만 현재 Draghi 기술 정부도 힘내라 이탈리아(FI) 및 북부 동맹(LN)과 같은 포퓰리즘 우익 정치세력을 포함하고 있으면서 오랫동안 쌓여왔던 신자유주의적인 사고방식에서부터 쉽게 벗어나지 못하고 있다. 2021년 가을 주정부 선거에서 투표율이 낮았다는 점 등 사례를 통해 확인할 수 있듯이, 시민사회가 정치계에 참여하는 데에 제약이 있다. 그 동안에 신자유주의 사고방식이 이탈리아 정치를 지배해왔으며, 이는 효율성에 대한 지나친 추구와 시민사회의 정치적인 참여를 저해시키게 되었다. 이로 인해 PNRR 계획의 수립은 대중의 무지와 비즈니스 및 금융 집단의 이익을 위해 소수의 엘리트에 의해 결정될 위험이 있다.

따라서, 사회적 이슈들이 보다 악화되어 가고 시급해졌음에도 불구하고, 이들은 여전히 경로 의존적으로 방치되어 있다. 그것은 은퇴연령 증가, 불평등 정도가 심해지고 있음에도 불구하고 제대로 된 상속세 시행이 없이 최저임금에 대한 반대, 시민소득(RDC)의 폐지 등이다. OECD 데이터에 따르면 이탈리아는 유럽연합 국가 중에서 지난 20년 동안 근로자의 평균 임금이 하락한 유일한 국가이다. 실제로 1990년에서 2020년 사이에 이탈리아에서는 평균 연봉이 2.9% 감소했다. 코로나 위기는 상당한 영향을 미쳤지만, OECD 데이터상에 나타나는 이탈리아는 최악 사례로 눈에 띈다. 2019년에서 2020년 사이에 네덜란드(팬데믹에도 불구하고 임금이 인상됨)와 같은 사례를 제외하고 1차 팬데믹 물결의 영향을 가장 많이 겪은 국가의 평균 임금이 하락한 것은 사실이지만, 프랑스에서 이 수축이 3.2%이고 스페인에서 2.9%라면 이탈리아에서는 비율이 6%에 가까웠다.

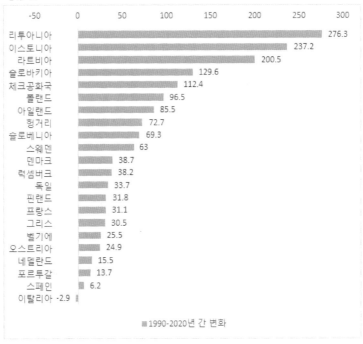

<그림 4> 유럽 임금의 변화, 1990-2020

출처: openpolis.it

　결론적으로 이탈리아의 복지정치는 정당에 의해 제대로 수행되고 있지 않기 때문에 다양한 이해집단, 시민단체 등 참여를 통해 이루어져야 하는 시급한 상황에 처해 있다(Hong, 2014). 오랜 기간 유럽연합 긴축정책의 신자유주의 접근으로 인해 노동조합이나 시민단체 등이 정책 결정 과정에서 배제되어 왔다는 문제가 있어, 해결책을 모색하는 과제가 시급하다. 정치 정당들의 책임도 크다. 민주당(PD)은 (특히 전 총리 Matteo Renzi와 '살아 있는 이탈리아, IV'

정당) 사회적 문제에 대해 우파적인 태도를 보였다면, 5성 운동당 (M5S)도 정부에 참여하는 경험을 통해 원래 추진한 혁신 의지와 기본소득에 대한 입장을 크게 감소시킨 지경이다. 현 상황에 대해 필자는 유럽연합의 재정적인 지원 NGRF의 기회를 놓치지 않고 이 기금이 2026년까지 이탈리아 경제와 복지 향상에 기여할 수 있기를 소망한다.

참고문헌

한국보건사회연구원 인구정책연구실 (2020). 국제협력 연구 및 국제 심포지엄: COVID-19와 국가별 아동 돌봄. 한국보건사회연구원

홍이진 외(2018). 주요국의 사회보장제도 7-이탈리아의 사회보장제도. 세종: 한국보건사회연구원, 나남

홍이진 편 (2012). 주요국의 사회보장제도 - 이탈리아, 서울: 보건사회연구원

Birkland, T. A. (2019). *An introduction to the policy process: Theories, concepts, and models of public policy making.* Routledge

Capano, G., Rizzi, R., Pritoni, A. (2014). Gruppi di interesse e politiche pubbliche nell'Italia della transizione. Oltre il clientelismo e il collateralismo. *Rivista Italiana di Politiche Pubbliche.* 3: 323-344.

Capano, G., Giuliani, M. (2003). The Italian Parliament: In Search of a New Role? *Journal of Legislative Studies.*

Casula M., Terlizzi A., Toth F. (2020) I servizi sanitari regionali alla prova del COVID-19, *Rivista Italiana di Politiche Pubbliche*, pp. 307-336.

EuropaToday (2021). L'Italia è l'unico Paese Ue dove i lavoratori guadagnano meno di 30 anni fa. October 13. https://europa.today.it/lavoro/italiani-stipendi-inferiori-1990.html

Ferrera, M. (1996). The 'Southern model' of welfare in social Europe. *Journal of European social policy*, 6(1), 17-37.

Gazzetta Ufficiale https://www.gazzettaufficiale.it/attiAssociati/1/?areaNode=13

Governo Italiano - Presidenza del Consiglio dei Ministri (2021). Italia Domani. Piano nazionale di ripresa e di resilienza. https://italiadomani.gov.it/it/home.html

Girotti, F. (1998). *Welfare State: storia, modelli e critica*, Roma: Carocci

Hong, I. (2014). Italian welfare in the aftermath of crisis: neoliberal reforms and limits to the path dependency approach. *Journal of Sociology and Social Welfare.* 41(2): 73-91

ISTAT (2020), Nidi e servizi educativi per l'infanzia, https://www.istat.it/it/files

/2020/06/reportinfanzia_def.pdf (accessed on 15 June 2021).

ISTAT (2020), "Situazione e prospettive delle imprese nell'emergenza sanitaria COVID-19", Statistiche Report, Istat, Roma, https://www.istat.it/it/files//2020/12/REPORT-COVIDIMPRESE-DICEMBRE.pdf (accessed on 13 April 2021)

Italia Domani (2021). Piano nazionale di ripresa e resilienza. Retrieved from: https://www.lavoce.info/wp-content/uploads/2021/07/Pnrr.pdf (2021.9.19.)

Karamessini, M. (2007). *The Southern European social. model: Changes and continuities in recent decades.* International Institute for Labour Studies, Geneva

La Repubblica (2021a). Recovery Fund, arrivati all'Italia i primi 24,9 miliardi. https://www.repubblica.it/economia/2021/08/13/news/recovery_fund_arrivati_all_italia_i_primi_24_9_miliardi-313889246/

La Repubblica (2021b). Recovery Fund, a luglio i primi 25 miliardi. Tempo fino al 2026 per spendere tutte le risorse. https://www.repubblica.it/dossier/economia/innova-italia/2021/06/07/news/recovery_fund_a_luglio_i_primi_25_miliardi_tempo_fino_al_2026_per_spendere_tutte_le_risorse-304065045/

OECD 통계 (2021) https://stats.oecd.org/#

OECD (2021). OECD Economic Surveys: Italy. September 2021: OECD. https://www.oecd.org/economy/surveys/Italy-2021-OECD-economic-survey-overview.pdf

OECD (2019), "Pension Policy Notes: Italy", http://www.oecd.org/pensions/policy-notes-andreviews.htm.

Pigini, C. and S. Staffolani (2021), "Firing Costs and Job Loss: The Case of the Italian Jobs Act",

Italian Economic Journal, http://dx.doi.org/10.1007/s40797-021-00156-1.

Presidenza del Consiglio dei Ministri (2021), Il Piano Vaccinale AntiCOVID, http://www.governo.it/sites/governo.it/files/210313_Piano_Vaccinale_marzo_2021_1.pdf (accessed on 13 April 2021).

Sanfelici, M., Gui, L., Mordeglia, S. (2020). I*l servizio sociale nell'emergenza Covid-19.* FrancoAngeli.

Vicarelli, G., Giarelli, G. (2021) (eds.). I*l Servizio Sanitario Nazionale e la pandemia da Covid-19. Problemi e proposte.* FrancoAngeli

05

경제위기 이후 호주와 뉴질랜드의 사회정책 변화

은민수

이 글은 사회보장연구(2018) 제34권 제4호에 게재된 논문을 공동 저자의 양해하에 일부 수정한 것입니다.

1. 서 론

호주와 뉴질랜드는 전통적으로 사회보험 방식을 거부하고 자산조사에 입각하여 범주적인 사회안전망을 제공하는 독특한 복지국가 모델을 발전시켜왔다. 기본생활에 필요한 최저임금을 확실히 보장해주고 그 임금에 크게 의존한다는 점에서 임금소득자 복지국가(wage earner welfare state)라고 불리기도 한다. 이와 같은 모델이 가능했던 것은 케인지안적 수요관리와 국내산업에 대한 보호 정책을 통해 매우 낮은 실업률을 달성하면서, 호주는 1970년대 중반까지, 뉴질랜드는 1980년대 초반까지 완전고용을 유지할 수 있었기 때문이다. 노동자들의 완전고용과 최저임금 보장, 그리고 포용적인 공적 지원 덕분에 임금소득자들과 이들의 피부양자는 상대적으로 높은 수준의 사회 보호를 향유할 수 있었다(Castles, 1994: 124; 1996: 158-159; Saunders, 1999: 493). 그러나 1980년대에 불어닥친 경제위기에 대응하는 과정에서 양국의 사회정책 또한 크게 변화를 겪으며 이전의 임금소득자 모델로부터 벗어나기 시작하였다. 일반적으로 경제위기에 직면하면 사회지출이 낮아 대규모 자동안정화 장치가 작동하기 어려운 작은 복지 국가들에서는 추가적 사회지출을 포함한 재량적 조치들을 취하게 된다.[1] 호주와 뉴질랜드도 1980년대에 성장 정체와 내수 부족으로 어려움을 겪으며 시장개혁을 추진하는 과정에서 위와 같은 재량적 조치들을 동원하게 되었다. 그러나 유사한 방향을 향하는 두 국가의 대응방식은 그 과정과 방식에서 차이를 보였다. 뉴질랜드의 경우 개혁이 급격하고 혹독하게 진행된 반면, 호주의 경우 노조와 협력하면서 비교적 완만하면서도 온건하게 추진된 것이다.

주지하다시피 사회정책은 경제위기의 시기에 소득 완충(income buffer)의 역할을 수행한다는 점에서 경제위기에 직면하여 어떤 사회정책을 선택하는가의 문제는 매우 중요하다. 기존 제도들의 유지 및 확대를 선택하는 것과 축소 및 삭감을 선택하는 것의 결과는 경제위기의 해결에 결정적인 영향을 미치기 때문이다. 본 글에서는 1980년대와 2008년 두 차례의 커다란 경제위기에 직면한 호주와 뉴질랜드가 전통적인 임금소득자 복지국가 모델로부터 이탈하는 과정에서 나타나는 공통점과 차이점을 확인하고자 한다. 특별히 주목하는 부분은 경제위기에 대한 사회정책 대응들이 경제적 제약들뿐만 아니라 정파적 요인들에 의해서 어떻게 차이가 있는가 하는 점이다. 위기대응의 정치는 일반적인 정파적 패턴이 나타날 수도 있지만 마치 외교정책처럼 초당적 수렴(partisan convergence)' 효과

---

[1] 재정정책을 크게 자동적 재정정책(automatic fiscal policy)과 재량적 재정정책(discretionary fiscal policy)으로 구분할 수 있다. 경제적 하락 국면에서는 공공지출을 통한 수요 안정화가 절실하며, 이러한 수요가 실업급여와 같은 프로그램을 통해 자동으로 발생하는데 호주와 뉴질랜드에서는 이러한 프로그램이 부족하였다(Darby and Melitz, 2008; Dolls et al, 2012). 자동적 재정정책 프로그램들이 존재할 경우에는, 민간수요의 감소를 완충하기 위한 추가적인 지출이나 감세를 결정해야 할 필요성이 훨씬 적어진다. 국제적 기준에서 호주와 뉴질랜드는 정액의 낮은 실업급여 때문에 자동안정화 장치가 비교적 낮은 편이었다.

가 나타날 수도 있을 것이기 때문이다. 이와 관련해서 호주와 뉴질 랜드 사례는 이러한 정권교체에 따른 정책변동 현상을 살펴보기에 매우 유용하다. 왜냐하면 1980년대와 2008년 경제위기의 시기에 양국 모두에서 정부 정파적 구성에 중요한 변화가 발생했기 때문이 다. 예컨대 1980년대에 호주는 (국민당과 자유당의) 보수 연립을 마감하고 노동당의 호크(Hawke) 정부가 1983년에 들어섰다. 뉴질 랜드 역시 보수당인 국민당의 멀둔(Muldoon) 정부를 밀어내고 1984년에 노동당의 랑게(Lange) 정부가 등장하였다. 거의 비슷한 시기에 똑같이 보수당 정권을 대신하여 노동당 정권이 들어선 것이 다. 2008년 세계 경제위기 시에는 그 반대였다. 호주에 경제위기가 강타하기 직전인 2007년 선거에서 노동당의 케빈 러드(Kevin Rudd)가 보수당 집권을 종식하고 정권교체에 성공한 반면에 뉴질 랜드에서는 2008년에 보수당의 존 키(John Key)가 노동당의 헬렌 클라크(Helen Clark) 정부를 대신하여 정권을 쥐게 되었다. 2007년 에 호주에서는 보수당에서 노동당으로, 2008년 뉴질랜드에서는 노 동당에서 보수당으로 정권교체가 이루어진 것이다.

본 글에서는 여러 가지로 유사한 역사적, 사회경제적 배경을 가 지고 있는 호주와 뉴질랜드에서 1980년대 및 90년대 초와 2008년 이후에 양국에서 동시적으로 진행된 사회정책의 개혁과정을 비교할 것이다. 주로 경제충격과 경제전략의 변화에 따라 집권 정당의 선 택이 두드러지게 나타난 대표적인 사회정책인 임금과 노사정책, 실 업 정책, 가족지원정책, 노후소득보장정책을 중심으로 살펴보고자 한다.

2. 호주와 뉴질랜드의 정치, 사회경제적 배경

호주와 뉴질랜드는 19세기 후반부터 풍요로웠으며 이민자 사회라는 특성으로 인해 노동운동이 유럽보다 훨씬 정치적으로 강력했다. 그 결과 빈곤 문제나 사회적 보호는 복지지출보다는 공정하게 보장된 임금을 통해 해소하고자 하였다. 임금수준의 결정이라는 중요한 역할은 중재 법원(court of arbitration)의 몫이었으며, 목표는 사회 정책적 기준에 근거한 '공정하고 합리적인' 임금을 부여하는 것이었다.[2] 충분한 일자리와 공정하고 합리적인 임금을 보장하기 위하여 외국과의 경쟁을 제한할 필요가 있었고, 국내 제조산업의 기초를 육성하기 위하여 높은 수준의 관세를 부여하고 아시아 출신의 이민과 이들의 저임금노동을 배제할 필요가 있었다. 그리고 다른 것은 몰라도 이러한 사항에 대해서는 정파를 넘어 초당적인 정치적 합의가 존재하였다(Castles, 1996: 164).

그러나 1980년대와 90년대 초 호주와 뉴질랜드에 불어닥친 경제 불황은 모든 것을 바꾸어 놓았으며, 그것도 그동안 양국에서 개입주의와 사회 보호의 전통을 지켜온 '노동당' 정부에 의해 추진되었다는 점이 흥미롭다. 호주의 개혁 주체는 1983년 집권하여 이후 4차례나 선거에서 계속 승리한 노동당의 호크 정부와 키팅 정부였으며, 뉴질랜드의 개혁은 1984년-1990년 까지 집권한 노동당의 랑게 정부에서 시작되었다. 이후 뒤를 이은 국민당의 볼거(Bolger) 정부에 의해 가속화되었다(Castles, 1996: 169). 2008년 경제위기 즈음

---

2) 임금수준의 결정이라는 중요한 역할은 중재 법원(court of arbitration)의 몫이었으며, 목표는 사회 정책적 기준에 근거한 '공정하고 합리적인' 임금을 부여하는 것이었다. 공정임금은 아내와 두세 명의 자녀들을 부양하는 데 충분한 임금으로 규정되었으며 이러한 의미에서 '가족임금' 개념은 개척지 국가들의 사회정책과 임금정책에서 핵심적 요소이다(Castles, 1996: 184).

에는 호주의 개혁 주체는 보수 연립의 하워드 정부로부터 2007년
집권한 케빈 러드와 길라드의 노동당 정부로 바뀌었으며, 뉴질랜드
에서는 노동당의 클라크 정부에서 2008년에 집권한 보수당의 존
키 정부로 변경되었다.

<표 1> 정부 정파성 및 집권 기간

호주	노동당 정부 (호크, 키팅/1983-1996)	보수 연립정부 (하워드/1996-2007)	노동당 정부 (러드, 길라드/2007 이후)
뉴질 랜드	노동당 정부(랑게/1984-1990) 국민당 정부(볼거/1991-1999)	노동당 정부 (클라크/1999-2008)	국민당 정부 (존 키/2008 이후)

한편 호주와 뉴질랜드는 공통으로 오랫동안 다수대표제와 사실상
의 양당체제를 유지해왔다. 다만 호주는 연방제와 양원제의 존재 등
으로 그렇지 못한 뉴질랜드에 비해 비토 포인트가 많은 편이다. 예를
들면, 호주에서는 러드 정부가 상원에서 과반수를 확보하지 못해 보
건의료 개혁 등에서 녹색당이나 무소속 상원의원과 협상하지 않을
수 없었다. 반대로 1990년대 초 뉴질랜드의 가혹하고 급진적인 이데
올로기적 정책 접근이 가능했던 것도 당시의 소선거구제 시스템, 양
당제, 약하고 분열된 노조 덕분에 가능했다고 볼 수 있다(Bray and
Neilson, 2006:71, 79-82; 은민수, 2015). 그러나 뉴질랜드가 1993년
혼합형 비례대표제(MMP: mixed-member proportional)로 선거제도
를 변경한 이후에는 다중의 거부권 행사자들로 인해 집권당 일방적
인 정책변경이 어려워질 수 있는 구조가 되었다.[3] 특히 뉴질랜드 국

---

3) 1993년에 뉴질랜드 선거제도는 단순다수대표제(simple-member plurality system)에서 혼합형 비

민당과 국민당을 지원하는 3개 정당 사이에 사회경제적 차원에서 상당한 거리가 존재하였기 때문에 정책을 완화하는 효과를 가져다 주었다는 평가를 받았다(Stark. 2013: 650).[4] 그러나 일부 예외적인 경우를 제외하면 호주와 뉴질랜드는 양국 모두 두 주요정당 중심의 양당정치에 의해 크게 영향을 받고 있다고 할 수 있다.

끝으로 호주와 뉴질랜드는 모두 다원주의적 이익집단 시스템(pluralist interest group systems)을 가지고 있지만 양국 간 차이가 있다. 호주는 호주노동조합협의회(Australian Council of Trade Unions: ACTU)가 노동당과의 긴밀한 유대를 맺으며 조합주의적으로 통합되어 있어 탈규제가 세 산업 주체 간 조율되고, 협약(accord)에 의해 진행되었다(Matthews, 1991: 191-218).[5] 이에 반해 노조와의 유대가 약했던 뉴질랜드는 경제의 철저한 재편을 통해 무역의 외적 장벽을 제거하고 민영화의 전 단계로서 국영기업의 공기업화, 산업과 농업에 대한 보조금 감축, 가격통제 철폐, 인플레이션 억제가 적극적 노동시장 정책의 소멸과 병행되면서 탈규제를 향한 재편이 거침없이 강행되었다(Shirley et al., 1990: 84-86).

그동안 호주와 뉴질랜드의 연구는 국내에서 찾아보기 힘들며 그나마 특정 정책이나 제도의 내용을 중심으로 전개되어 정당 정치적 설명이 거의 부재하였다. 이 연구는 정당정치와 정책 결정을 연결

례대표제(MMP)로 변경되었으며, 1996년 선거에서 처음 사용되었다(은민수, 2015: 203-206).

4) 국민당은 시장 자유주의적인 소비자납세자연합당(ACT: Association of Consumers and Taxpayers), 중도의 통합미래당(United Future) 및 마오리당(Maori Party)의 지원(confidence-and-supply support)을 받아 정권을 구성하였다.

5) 뉴질랜드 노동당 재무장관인 로저 더글라스(Roger Douglas)는 1984년 이래 경제정책을 좌우한 하이에크(Hayek)류의 시카고학파 통화주의자였고, 호주의 개혁을 이끈 밥 호크(Bob Hawke) 노동당 총리는 호주 노동조합연맹(ACTU)의 의장 출신이었다는 점도 대조적이다(Castles, 1996: 179).

하여 경제위기에 대응하여 양국이 정파성에 따라 어떻게 사회정책을 변화시켰는지를 살펴보는 데 목적을 두고 있다. 아래에서는 1980년대와 2008년 경제위기에 직면한 호주와 뉴질랜드가 위와 같은 정치제도와 정당정치의 맥락에서 어떻게 임금, 실업, 가족, 연금 정책을 변화시켰는지를 시기적으로 살펴보고 그에 대하여 분석할 것이다.

3. 2008년 경제위기 이전 호주와 뉴질랜드의 사회정책

1) 임금과 노사정책: 임금소득자제도 해체와 최소한의 사회적 보호

높은 임금과 정부규제를 통해 사회적 보호를 달성하고자 했던 호주와 뉴질랜드의 임금소득자 모델에서 노동시장 정책은 사회정책의 중심을 이루고 있었다. 그러나 이 모델은 1980년대 후반부터 중요한 변화를 겪게 되었는데, 뉴질랜드의 경우 1990년대 초에 법정 최저임금(award wage) 결정과 중재(arbitration)를 해체한 반면에 호주의 경우에는 두 제도가 부분적으로 살아남았다(Wilson et al., 2013).

안정적인 개혁을 추구하고자 했던 호주에서 노조의 약화는 느리게 진행되었다.[6] 임금 결정에 있어서도 중앙집권적인 임금 결정 방식에서 기업별 임금 결정 방식으로 이행을 추진하였지만 대체로 점

---

[6] 호주의 노조 조합원 수는 1980년대 초만 하더라도 뉴질랜드에 비해 15% 낮았지만, 1990년대 중반에는 5% 더 높았다(OECD, 2012).

진적인 이행 방식을 선택하였다(Hawke and Wooden, 1998:82). 1990년대 초의 경기 침체에 대응하여[7], 노동당의 키팅 정부는 적극적 노동시장 프로그램(ALMP)을 도입(Working Nation)했는데, 이는 장기적인 실업 문제 해결을 위한 고용 보조금의 도입을 통해 완전고용을 다시 약속한 것이라고 할 수 있다. 이에 반해 뉴질랜드는 1980년대와 90년대 초에 산업노동자 보호 규정들을 신속하게 해체하였으며, 특히 뉴질랜드의 1991년 고용계약법(Employment Contracts Act)은 뉴질랜드의 임금소득자 협약을 종식하였다. 거의 100년 동안 유지되어 왔던 노동시장 보호 기제를 해체하면서 중재제도도 폐기되었고, 노조는 전통적인 협상 신분을 상실하였으며 (Hince and Vranken, 1991: 475-77), 노조조합비는 세금공제(tax deductibility)를 받지 못하게 되었다. 당연히 노조원 수도 줄어들어 1990년의 50%에서 1994년에는 30%로 감소하였다. 노동과 자본의 갈등을 완화하고 조절하는 임금통제제도를 임금소득자 복지국가의 제도적 핵심이라고 한다면, 뉴질랜드의 고용계약법은 임금소득자 복지국가의 종언을 의미한다고 볼 수 있다(Castles, 1996: 181). 이러한 방식으로 1990년대 중반까지 뉴질랜드와 호주 사이에 노사관계의 격차가 증가하고 있었다(Quigggins 1998; Castles et al. 1996).

그러나 이러한 패턴이 호주에서는 90년대 중반에 노동당에서 보수 연립(하워드 정부)으로, 뉴질랜드에서는 90년대 말에 국민당에

---

7) '일하는 국가'(Working Nation)는 키팅 정부가 실업 문제 해결을 위해 그의 처방을 담아 1994년 발간한 백서(white paper)이다. 그 계획에는 18개월 동안 일하지 않은 모든 실업자들에게 고용을 보장해준다는 내용이 포함되어 있다. 그 대신 실업자들은 구직을 위한 모든 활동을 다 한다는 '상호주의적 의무'를 수용하고, 일을 할 준비(job ready)를 갖추고 있어야만 했다(Tomlinson, 2012).

서 노동당(클라크 정부)으로 정권이 교체되면서 반전이 이루어졌다. 먼저 1996년 노동당의 키팅 정부로부터 정권을 교체하는데 호주의 하워드 보수 연립정부는 1997년 작업장 관련 법(Workplace Relations Act)을 통해 중재와 보상 결정을 20개의 사안으로 제한하고, 노조와의 '패턴 협상'을 금지했다(Colvin et al. 2004). 또한 2004년 선거에서 근로자들에 대한 부당해고 방지책을 제거하고, 근로자들이 개별적 계약을 수용해야만 고용이 허용되었으며, 근로자들이 최저임금 이하로 지급받는 것을 억제해주던 '불이익 검사'(no disadvantage test)를 폐지하는 급진적인 노동선택법(Work Choices) 개혁을 추진하였다(Wilkinson et al. 2009:365). 이는 2004년 총선 결과 보수 연립이 하원에 이어 상원까지 장악하면서 가능해진 일이다. 정부 초기에는 상원에서 절대 과반수 획득에 실패하여 억제되었던 법안이 마지막 임기 중에 상원을 장악할 수 있게 됨에 따라 억압적인 산업 제도를 통과시킬 수 있게 된 것이다(Tomlinson, 2013). 이와는 반대로 1999년 국민당의 볼거 정부가 끝나고 노동당이 집권한 뉴질랜드에서는 노사관계 제도가 완화되었다. 고용관계법 2000은 노동조합과 단체 교섭의 역할을 강조하면서 이를 보장하기 위해 고용주들이 선의로 협상하지 않을 경우 벌금이 부과되도록 하였다. 노동당이 집권하면서 혹독한 계약관계법이 완화된 것이다. 고용을 둘러싼 위와 같은 변화는 집권 정당의 정파성에 따른 사회정책의 차이를 분명하게 보여주는 사례라고 할 수 있다(Mc Clelland and St John, 2006).

그러나 호주에서 보수 연립이, 뉴질랜드에서는 노동당이 집권하면서 양국의 정책 레짐이 수렴화됨에 따라 가장 극단적인 개혁은 완화되었지만, 이전의 임금소득자 제도로 돌아가는 대신 임금의 최소보장(minimum protection)에만 의존하는 경향을 보였다. 호주의 최저임금은 이제 의회가 아닌 노사관계위원회(현재는 Fair Work Australia)에서 결정되도록 하여 정치가 임금에 미치는 영향을 축소하였다. 특히 하워드 정부가 기업가의 경제활동을 지원하려는 목적으로 노동시장 유연성을 높이기 위해 도입한 노동선택법(Work Choice)으로 인해 기업과의 임금협상 파트너가 과거 산별노조에서 개별노조로 변경되었으며, 이에 따라 노조의 임금협상권이 매우 제한되었다(Wilson eet al., 2013: 628).[8] 그 결과 1980년대와 1990년대에 걸쳐 최저임금의 실질가치는 급격하게 떨어졌다. 이에 대중과 노조는 노동선택법 폐지에 앞장섰으며 호주 노동당 역시 이러한 움직임에 적극 호응하였다. 어쩌면 2007년 보수 연립의 패배는 바로 이 노동선택법 반대 운동 때문이라고도 할 수 있다.[9] 이후 2009년 집권한 노동당 러드 정부는 임금협상 주체를 현행 개별근로자에서 노조 단체로 되돌리고 근로자 해고금지법을 수정해 고용주의 근로자 해고 권한을 대폭 제한하고자 하였다. 러드 정부는 노동법을 개정하여 중재를 확대하고, 부당한 해고로부터 노동자들을 보호하는 규정들을 부활시켰으며, 새로운 최저임금 조건을 도입하였다(Barnes and Lafferty, 2010).

호주와 마찬가지로 뉴질랜드의 노동당 정부도 이전과 같이 임금

---

8) 또한 부당해고금지법에서 정한 부당해고 사유를 네거티브 리스트로 명시함으로써 기업가의 해고에 대한 부담을 크게 완화하였다. 특히 100인 이하의 근로자를 고용한 중소기업은 부당해고 금지법의 규제대상에서 제외함으로써 사실상 고용주에게 필요시 언제든지 해고할 수 있는 권한을 부여하였다.

9) 노동당의 러드(Rudd)는 당선 후 기자회견을 통해 노동자 권익 강화를 위한 노동법 개정은 차기 정부에서 가장 우선으로 처리할 사안 중 하나라며 조속한 시일 내에 현행 노동선택법을 폐지하고 이를 대체할 신노동법을 도입할 것임을 시사하였다.

을 심사로 결정하는 방식을 폐지하고 의회에서 최저임금(minimum wage)을 정하는 방식으로 변경하였다. 공식적인 중앙집권화된 임금 결정 제도로 돌아가기를 원하지 않았던 노동당의 클라크 정부는 대신 최저임금을 대폭 끌어올리는 선택을 하였다. 2008년까지 뉴질랜드의 최저임금은 OECD 국가들 중에서 가장 높은 수준인 중위소득의 59%로 인상되었다(Maloney and Pacheco, 2012: 1-4). 양국은 경제위기에 직면하여 공통으로 경제위기 이전과 같은 임금소득자 제도는 폐기되었지만 다행히 근로자에 대한 '최소한의 기준과 보호'가 마련되었다고 할 수 있다.[10]

<표 2> 호주와 뉴질랜드의 임금과 노사정책 비교

공통	임금소득자모델 해체		임금의 최소보장
차이	호주 노동당(80년대 말): 해체가 느리게 진행 호주 보수 연립(90년대 중반): 급진적 노동선택법 개혁		호주 노동당(2007년): 노동 보호 규정 부활, 최저임금 조건 도입
	NZ 국민당(90년대 초): 해체가 급속히 진행 NZ 노동당(90년대 말): 고용관계법 완화		NZ 노동당(2008년): 최저임금 인상 프로그램

2) 실업 정책: 낮은 실업급여와 엄격한 근로연계복지

호주는 1980년대 말에 적극적 노동시장 정책을 장려한 이후로 복지 자격조건을 증가시켜왔으며, 근로 테스트 개혁과 상호주의적 의무를 강조해왔다. 1990년대 이후에도 실업 문제의 해결은 노동시장 자유화가 불충분한 실업급여와 결합하면서 더욱 강력한 감독과

---

10) 그러나 곧 이은 2008년 뉴질랜드 국민당의 존 키 정부의 집권 성공은 탈규제 압력을 새롭게 추진하였고 불공정한 해고로부터 노동자들의 보호를 축소하였다(Haworth, 2011).

근로 테스트를 요구하였다. 1980년 호주에서 구직수당(Newstart Allowance)은 노령연금 및 장애연금과 동일한 비율로 지급되었다. 하지만 1994년부터 구직수당은 평균 남성 소득보다 소비자 물가지수에 연동되었으며, 그 혜택이 너무 낮아서 OECD가 그 증액을 권고하고 호주의 기업가들조차도 그것이 구직에 부정적인 영향을 미친다는 이유로 증액을 요청할 정도였다(Carvelas, 2012). 그런데도 보수 연립의 하워드 정부는 적극적으로 조건성(conditionality)에 기초한 '상호주의적 의무'를 강조하면서 실업자는 공공부조 프로그램의 일자리, 자발적 근로, 직업훈련 또는 시간제 고용을 통해 자신의 의무를 충족시켜야 했다(Ziguras 2006:164).

위와 같은 포괄적 가부장주의를 추구하는 보수 연립은 다른 비근로 복지급여자들에까지 근로의무와 엄격한 감독을 확대했다(Carney, 2006: 27). 예컨대 장애연금(Disability Support Pension)을 받기 위해서는 주당 15-30 시간의 근로가 요구되었고, 저소득가정 지원금(New Parenting Payment)은 가장 어린 자녀가 8살에 도달할 경우 일자리를 찾아야 하고, 소득지원 대상에 남아있는 데 대한 불이익조치로서 급여가 훨씬 낮은 구직수당으로 전환되었다. 호주의 새로운 가부장주의 방식의 가혹함은 비순응적 복지 수혜자에게 최대 8주 동안 급여를 중단하는 데서도 알 수 있다(Coad et al, 2006).

이에 반해 뉴질랜드 노동당은 2000년대에 앞에서 살펴본 호주의 하워드 보수 연립정부와 같은 가부장주의적 전환(paternalistic turn)을 따르지 않았다. 헬렌 클라크는 공공부조 일자리를 폐지하고, NZF의 윈스턴 피터스[11])와의 2005년 연립정부 구성과 관련된 회담

---

11) 윈터스 피터스는 마오리 출신의 정치인으로 1993년 선거를 앞두고 국민당을 탈당하여 뉴질랜

에서도 공공부조 일자리를 되살리는 것에 반대했다. *New Zealand Herald* 보도에 따르면, '96년 선거 이후 연립정부와 관련한 회담 자리에서 피터스 대표가 공공부조 일자리를 강력하게 요구했음에도 노동당은 그 제도가 구직자들을 불필요한 일자리로 몰아넣고 일자리의 임금을 인하시킨다는 이유로 거절하였다.'(Collins, 2005). 이 시기 즈음만 해도 호주가 개입주의적이고 가부장적인 태도를 보였다는 점과 뉴질랜드에서 호주와 같은 가부장적 온정주의적 태도를 찾아보기 힘들었다는 점은 매우 대비되는 양국의 주요 차이점이었다. 하지만 뉴질랜드에서도 이러한 경향이 점차 사라지고 있다. 왜냐하면 뉴질랜드도 점차 중단없는 일자리를 강조했으며, 복지개혁 법안들은 노동의무의 불이행에 대하여 새로운 조건과 제재를 부과하기 시작하였기 때문이다(Wilson, 2013: 631). 특히 클라크 정부에 이은 국민당의 정책 방향은 주로 의존성 줄이기, 급여의 유급노동화 전환, 수급자의 자립 강화, 복지 전달체계 검토 등이었으며 호주와 마찬가지로 수급자들의 의무사항에 근로를 강조하고 민간 공급자들의 인센티브와 역할을 강화하고자 하였다.

<표 3> 호주와 뉴질랜드의 실업 정책 비교

공통	상호주의와 근로연계 강조
차이	호주: 처음부터 가부장주의에 기초한 근로 조사, 상호주의적 의무, 낮은 실업급여
	NZ: 가부장주의 부재, 그러나 이후 노동 불이행에 대한 제제와 불이익 부과

드 제일당(New Zealand First)을 창당하였다. NZF는 경제정책에서는 중도우파적이고 사회정책에서는 중도좌파적 성향을 갖고 있다. 특히 기초연금(Superannuation) 등 노인복지 확대와 강력한 반이민 정책을 지지하고 감세와 작은 정부론을 지향한다(은민수, 2015: 206).

3) 가족지원정책: 반빈곤 가족급여와 가족을 위한 일자리

양국의 법정 최저임금과 중앙집권적인 노사관계라는 핵심 임금소득자 제도가 양국에서 희미해졌음에도 불구하고, 양국은 임금소득자모델의 복지를 일부나마 지속하려는 노력을 하였다. 특히 다양한 가족 형태와 인구 노령화라는 새로운 환경에 대응하여 정책 방향을 협소한 임금소득자 중심에서 보다 넓은 복지제도 영역으로 이동시키고자 하였다. 노동시장의 불안정을 '보상'하고 아동 빈곤에 대처하기 위하여 호주 정부는 지난 30여 년 동안 가족에 대한 지출을 증가시켜 가족소득지원은 1985-2008년 사이 GDP의 1.1%에서 2.4%로 상승하였다. 가장 인상적인 증가는 호크와 키팅의 노동당 정부에서 이루어졌으며 지원수준이 대폭 확대되었다. 가족급여는 초당적 지지에 의해 달성되었으며 이는 임금소득자 복지의 해체에 따른 일종의 '보상정치'의 차원이라고 볼 수 있을 것이다. 다만 노동당의 입장에서는 그것이 빈곤 가구에 소득을 재분배하기 위한 수단이었고, 보수 연립의 입장에서는 중산층 소득자들을 지원하고 '가족 중심적' 복지를 촉진하기 위한 수단이었다는 점에 차이가 있다. 즉 전통적인 생계부양자 모델에 우호적이었던 보수 연립의 하워드 정부는 자산조사를 점차 폐지함으로써 가정주부와 중산층 유권자들에 유리하도록 개혁하고, 빈곤층 중에서는 한 부모 가구들에 대해서만 혜택을 집중시키는 전략을 추진하였다(Daniel, 2009). 하지만 2007년 재집권한 노동당 러드 정부는 가족급여의 보수적 편향과 불공정을 축소하려는 목적에서 하워드 시대의 중산층에 대한 관대성을 '부의 테스트'(affluence test)를 통해 축소하였고, 부유층 가구들에 대한 지원을 축소하기 위하여 세금공제(Tax Benefit Part B), 출산 보너스, 피부양 배우자 환급(Dependent Spouse Rebate)을 15만 호주 달러 이하인 소득 가구로 제한하였다.

뉴질랜드 국민당은 1990년대 어려운 시기 동안에 가족에 대한 대규모 지출을 단행한 호주 노동당과 다르게 경제 개혁의 희생에 대하여 사회적 지원을 통해 가족들에게 보상하지 않았다. 급여 삭감이 회복되지 않았고, 가족 부양비가 자동으로 물가에 연동되지 않아 실질가치도 오르지 않았다. 그러나 클라크 노동당 정부는 2005년과 2007년 사이에 '가족을 위한 노동'(Working for Families)이라는 정책 기조에 따라 일자리 중심의 사회정책을 실행하였다. 뉴질랜드의 WFF는 가난한 서민 가정을 목표로 삼았던 호주의 1990년대 빈곤 퇴치 정책을 따른 것이기는 하지만(Lund, 2006:483-84), 빈곤 노동자에 대한 강력한 관리 감독이 특징이었던 호주의 가부장적 온정주의 대신 저임금노동을 장려하기 위한 재정 인센티브를 선택하였다. 이에 따라 물가 연동된 빈곤선(NZ$ 35,000) 이상의 소득이 있는 가구들에 대해 추가소득 1달러 당 20센트씩 줄여주는 세액공제를 제공하였고, 일하지 않는 저소득층 가정에 대해서는 매우 낮은 급여만을 지급하였다.

'가족을 위한 노동'(WFF) 프로그램은 빈곤감소를 위하여 노동이 수행해야 할 역할을 강조하는 다소 복잡한 패키지 프로그램으로 알려져 있다. 하지만 이 프로그램은 유급노동에 대해서만 인센티브를 제공하였기 때문에 복지제도와는 상당한 거리가 있었다는 평가를 받고 있다(St John, 2011). 다시 말해 WFF의 목적이 수혜자(특히 한 부모)가 일자리를 찾도록 재정적 인센티브를 제공하는 것이다

보니 일하지 않는 빈곤층(non-working poor)의 불평등은 심화되었다는 것이다.12) 사회보장의 최종목표로 노동을 우선순위로 설정하였던 노동당의 사회정책 전략은 이후 2008년에 집권한 국민당 정부가 강력한 근로연계복지(workfare) 접근법을 정당화하는 데 기여하게 된다.

결론적으로 양국은 전체적인 임금소득자 복지에 있어서 1980년대 위기를 겪으면서, 비록 노동당 집권기와 보수당 집권 기간의 차이는 있었지만, 점차 그 차이가 줄어들면서 최소한의 사회적 보호와 근로연계복지를 향하여 수렴되는 경향을 보였다.

<표 4> 호주와 뉴질랜드의 가족지원정책 비교

공통	임금소득 중심에서 가족과 일자리 중심으로 이동
차이	호주: 보상정치 차원에서 초당적 지지 - 노동당: 빈곤 가구 재분배 수단 - 보수 연립: 중산층의 가족 중심적 복지 촉진 수단 NZ 국민당: 가족 보상정책 부재 NZ 노동당: 저소득 가구의 저임금노동 장려를 위한 재정 인센티브

4) 연금개혁과 조세제도: 불공평한 조세지출과 보편적 기초연금

호주 연금제도는 크게 자산조사에 기초해서 세금으로 운영되는 공적 노령연금(Age Pension)과 의무가입의 사적 퇴직연금(Superannua

---

12) 1964년 사회보장법이 2007년에 개정되면서 이전에는 널리 받아들여졌던 '충분한 수입을 제공함으로써 모든 사람들이 사회에 참여하고 그들의 소속이 될 수 있도록 한다'라는 목표가 사라졌다. 대신 '유급 고용 근로는 사람들이 사회적, 경제적 복지를 이룰 수 있는 최상의 기회를 제공한다'라는 내용으로 개정되었다.

tion Guarantee)으로 이루어져 있다. 호주 노동당의 호크 정부와 키팅 정부에서는 고용주 기여에 의해 유지되는 사적 퇴직연금의 가입자가 1990년에서 2007년 사이 전체 임금소득자의 64%에서 90%로 대폭 증가하였으며(Nielson and Harrie, 2010), 투자 규모도 1990년에 AU\$ 1,230억에서 2011년에는 AU\$ 1조 3,000억으로 증가하였다.13)

위와 같은 사적 퇴직연금의 확대에도 불구하고 공적연금인 Age Pension은 여전히 주요 은퇴소득정책으로 남아있으며 이는 호주의 인기정책(popular policy)에 의존할 수밖에 없는 양당정치와 관련이 깊다. 호주의 양당정치는 연금이 보다 관대해지도록 만들었으며 보수 연립의 하워드 정부는 1997년에 독신의 연금급여를 남성 주당 평균소득(male average weekly ordinary time earnings)의 25%, 부부의 경우 각각 19%씩 합계 38%로 설정하는 법안을 제정하여 상대적 급여 수준을 높이는 효과를 가져왔다. 또한 2000년 일반소비세를 도입하면서 세금에 대한 보상의 일환으로 정부는 연금급여를 더욱 인상하였다(Whiteford, 2004: 85). 이후 리드 행정부는 독신일 경우 공적연금(Age Pension)의 연금을 평균 정규직 남성 소득의 27.7%로 인상하고 자격도 2019년까지 67세로 연장하였다.

공적연금만 보면 공공지출이 나름대로 노후소득 보장에 긍정적인 기여를 한 것으로 보이지만, 사적 퇴직연금의 경우에는 공공지출이 사실상 부유층에게 유리한 세금 지원을 하는 부정적인 영향을 미치고 있었다. 2006년에 보수 연립(coalition)이 퇴직연금을 세금

---

13) 최근 길라드 노동당 정부는 2013년부터 2019년까지 퇴직연금 기여금을 임금의 9%에서 12%로 점차 인상하도록 법제화했다(Guest, 2013: 7).

에서 면제해 주어 고소득자를 위한 복지라는 비난을 받을 정도의 조세지출을 시행했기 때문이다(Spies-Butcher and Stebbing 2011: 49). 세금감면 규모는 연금급여에 비례하여 증가하기 때문에 불공평할 수밖에 없었으며, 이러한 불공평한 혜택으로 1984/1985년에 사라진 세입은 AU$ 56억에서 2010년에는 AU$ 272억으로 증가했다(Australian Treasury, 1986, 2012).

한편 뉴질랜드의 은퇴 노인에 대한 지원은 공적연금에 집중되어 왔다. 1977년, 뉴질랜드 국민당 정부는 호주의 휘트램(Whitlam) 노동당 정부가 그토록 제정하고자 했지만 결코 이루지 못했던 관대한 보편적 기초연금인 NZS(New Zealand Superannuation)를 신설했다. 세계에서 가장 높은 소득대체율의 보편적 연금을 도입한 정당은 호주의 노동당이 아닌 뉴질랜드 국민당이었다는 점은 매우 흥미롭다.14) 예상대로 NZS는 널리 인기를 얻었는데, 이는 국민당 정부가 1990년에 고도로 선별적인 복지정책을 도입하려고 노력했음에도 불구하고 지금까지 NZS의 기본구조가 손상되지 않고 존속할 수 있었던 이유이다(St John, 1999). 공격적인 선별성을 강조했던 다른 복지개혁에도 불구하고 관대한 기초연금을 유지하던 국민당은 1998년에 급여 수준을 줄이기 위해 연금 계산방식을 변경하고자 하였다. 즉 본래 부부합산 기준으로 연금급여 수준이 총임금(gross wage)의 80%로 설정되었던 것을 세후 순임금(net wage)의 80%로

---

14) 국민당은 1975년 선거에서 노동당의 강제저축방식의 연금제도를 폐지하고 60세 노인에게 일반재정으로 평균임금의 80%의 급여를 부부 가구(독신에게는 48%)에 제공하는 보편적 정액연금인 국가 기초연금(national superannuation)을 실시하겠다고 공약하였다. 당시 국민당의 멀둔 정부로서는 노동당의 강제저축방식을 강하게 비판해야만 선거에서 승리할 수 있을 것이라 판단하였기 때문에 뉴질랜드의 경제적, 재정적 상태와 상관없이 관대한 연금제도를 제안하게 되었다(은민수, 2015: 198).

변경함으로써 사실상 '축소'한 것이다. 그러나 1999년 노동당으로 정권이 교체되면서 다시 본래대로 회복되었다(강욱모, 2013; 63).

노동당의 전통적인 임금노동자 지지를 반영한 2000년대의 두 가지 중요한 정책은 국가기초연금을 미리 적립시키기 위한 2002년 뉴질랜드 기초연금기금(NZSF) 창설과 2007년에 Kiwisaver라고 불리는 준강제적인 개인 퇴직저축 제도의 도입이었다. 개인 퇴직저축은 2007년 도입될 때 고용주의 기여율은 3%로 고정하고, 근로자의 기여율은 4%와 8% 중 선택하도록 설계하였다(Guest, 2013: 5-7). 뉴질랜드는 보편적 국가기초연금 NZS를 노후 소득보장정책의 핵심으로 하고, Kiwisaver가 보충하는 방식으로 조직되기를 기대하였던 것으로 보인다.

한편 호주와 뉴질랜드에서 세제개혁은 큰 의미를 갖고 있다. 뉴질랜드는 1986년 일반소비세(GST)를 도입하면서 기존 세금의 누진성을 대폭 줄이고 세율 격차를 줄이고자 하였다(Tax Review, 2001). 2008년에 국민당이 재집권한 이후 넓은 조세 기반과 낮은 세율이라는 그 정당의 경제원칙에 따라 최고 세율을 노동당이 시행했던 39%에서 33%로 크게 낮췄다. 이것은 호주와 뉴질랜드가 평등주의를 촉진하는데 있어서 중요한 한 축을 담당하고 있던 조세 능력(tax ability)을 다소 감소시키는 결과를 초래하였다. 호주는 뉴질랜드와 다르게 주로 조세지출(tax expenditure)을 중심으로 복지에 영향을 미쳤다. 호주의 사회정책은 대체로 주택, 건강, 육아와 같은 분야에서 직접 사회적 공급을 제공하는 것 외에 세제상 보조를 지원하거나 개인적 지출에 대해서 세금을 환급해주었던 것이다(Stebbing and Spies-Butcher, 2010). 따라서 호주의 조세지출로 사라진 세입손실이 AU$ 820억에 이르는 반면에 뉴질랜드의 경우 가장 큰 조세지출은 2012년 기준으로 최대 NZ$ 2억의 자선 기부에 대한 세금환급일 정도로 그 규모가 작았다. 조세지출은 사회지출보다는 기본적으로 덜 공평하고, 그러한 지출의 가장 큰 부분이 연금 및 주택에 대한 저축 및 퇴직과 관련되어 있다는 점에서 불평등과 소득보장에 중요한 영향을 미치지 않을 수 없다.

<표 5> 호주와 뉴질랜드의 연금정책과 조세 비교

구분	호주	뉴질랜드
1층	자산 조사적 노령연금(Age Pension) - 부부합산 급여: 남성 평균소득의 38%	보편적인 노령연금(Superannuation) - 부부합산 급여: 남성 평균소득의 65-72.5%
2층	강제가입의 사적 퇴직연금 (Superannuation Guarantee) - 보수 연립: 사적 퇴직연금의 부유층 혜택 의도 - 노동당: 사적 퇴직연금의 저소득층 세제 혜택 의도	준강제적 퇴직저축(KiwiSaver) - 노동당: 도입 주도하고 기초연금의 보충 제도로 활용 - 국민당: 도입에 찬성하고 적극적 지지
조세	조세지출(tax expenditure) 중심	소비세 도입과 소득세율 인하

4. 2008년 경제위기 이후 호주와 뉴질랜드의 사회정책 변화

1) 호주와 뉴질랜드의 정치 경제적 변화

모든 경제협력개발기구(OECD) 국가들과 마찬가지로 호주와 뉴질랜드는 2008년의 금융위기와 그 뒤를 이은 전 세계 경제하락의 영향을 심각하게 받았다. 21개 OECD 핵심 국가들의 평균과 비교한 호주와 뉴질랜드의 2007년에서 2013년 사이의 명목 GDP 성장률과 정부 순익률(예산 적자율)을 보여주는 OECD 자료에 따르면, 2008년에 뉴질랜드는 국내 통화 긴축, 뒤늦은 주택시장 교정과 일시적 가뭄 상황과 관련된 이유로 인해 평균보다 나쁜 성과를 냈다(OECD, 2012a). 그에 반해 호주는 2009년에 연간성장 수치가 마이너스였던 뉴질랜드에 비해서는 명목 GDP가 금융위기 동안 불황을 상대적으로 크게 경험하지 않았다. 2010년에 뉴질랜드는 성장 면에서 가까스로 약간 만회했으나 잠시뿐이었으며, 실업은 여전히 높은 상태였고 공공재정은 악화하였다. 양국은 공통으로 위기 전 수년 동안은 재정 흑자 상태에 공공부채 수준도 낮았으나 2008년 이후에 변화했다.

전반적으로 양국 간 경제성과 격차가 최근 수년 동안에 상당히 컸다. 호주와 뉴질랜드의 경제위기 대응은 역사적으로 지속해온 경제발전 경로의 차이(economic divergence), 특히 호주의 경우 2008년 이후 호주의 경제회복은 지리적 입지와 광물자원 부존과 같은 요인들, 그리고 특별히 중국의 천연자원 수요라는 요인들을 제외하고 설명하기 힘들다(Starke, 2013: 652). 뉴질랜드 역시 상품 수출국(특히 유제품, 육류와 목재)이지만, 2000년대 중반 이후부터 호주에서 성장의 원동력이 되었던 철광, 우라늄 등의 붐에는 참여하지 못했다. 뉴질랜드 경제의 또 다른 특별한 취약점은 현재 GDP의 7.9%에 달하는 일관되게 높은 경상수지 적자인데, 이는 높은 외채 수준 때문이다. 뉴질랜드가 전반적인 공공부채 수준은 낮기는 하지만, 민간부채 그리고 특히 외채가 일반적으로 지속 불가능하다고 생각되는 수준에까지 도달하였다. OECD는 뉴질랜드 외채 수준이 '최근의 문제들을 경험한 일부 유럽 국가들 수준에 근접'해 있다고 이미 경고한 바 있다(OECD 2011: 14).[15]

요약하면, 호주와 뉴질랜드는 미국과 다수의 유럽 국가들과 비교할 때 상대적으로 2008년 이후에 치명적인 위기는 면하였다고 볼 수 있지만 그렇다고 양국의 경제위기가 사회정책에 중요한 영향을 미치지 않았음을 의미하지는 않는다.[16] 언뜻 보면, 2008년 금융위기에 대한 호주와 뉴질랜드의 반응은 매우 비슷했다. OECD 데이터(OECD 2009a)에 의하면, 호주에서는 GDP의 약 7%, 뉴질랜드에서는 약 5%에 달하는 대규모 경기부양 패키지를 시행했다. 그 규모는 미국과 한국에 이어 OECD 내에서 세 번째와 네 번째로 높은 수준이었다. 그러나 중요한 차이점이 있었는데 뉴질랜드의 부양 패키지는 거의 전적으로 세입 측면(revenue-side) 조치들에 기초를

---

15) 뉴질랜드에는 불운도 따랐다. 뉴질랜드 역사상 두 번째로 치명적이었던 2010-2011년의 크라이스트처치와 캔터베리 지진으로 뉴질랜드 경기회복은 상당히 지연되었다. 그 경제적 영향은 2013년 거의 130억 뉴질랜드 달러로 추정되었으며(New Zealand Government 2013: 9), 전체 재건 비용은 GDP의 8%로 추산되었다(OECD 2011: 11).

16) 양국이 그나마 심한 위기를 겪지 않을 수 있었던 공통요인으로 첫째, 은행 문제가 심각하지 않았다. 즉 주요 은행들이 비교적 '악성 자산(toxic assets)'에 노출되어 있지 않았다. 둘째, 통화 및 재정정책 측면에서 운신의 폭이 국제기준으로 보았을 때 넓었다. 즉 양국 모두 예산이 흑자 상태였고, OECD 중에서 총부채 수준이 가장 낮은 편이었다.

둔 반면, 호주 패키지는 감세보다는 추가 지출(extra spending)에 의존하였다. 양국 모두 자동안정화 장치는 부족한 편이었지만 호주는 복지와 지출을 위기관리(crisis manager)의 장치로 사용하였다는 특징이 있고, 뉴질랜드는 긴축과 감세를 대응전략으로 선택했다는 특징이 있다(Starke, 2013: 654).

2) 경기부양정책: 추가재정지출 전략과 국채확대 및 감세 전략

호주 노동당의 케빈 러드 수상은 2008년 금융위기를 '국가안보위기에 준하는 경제위기'라고 부르기까지 했다(Rudd and Swan, 2008). 악화하는 상황에 대한 대응으로, 노동당 정부는 2008년과 2009년에 여러 가지 대규모 경기부양 프로그램들을 결정하였다(Gruen, 2009; McDonald and Morling, 2011). 저소득 가구들과 연금수령자들에 대한 단기 이전(104억 AUD, 2008년 10월 발표)에다 초점을 맞춘 첫 번째 패키지인 소위 '경제 안정화 전략(Economic Security Strategy)'에 이어, 주로 주(州) 수준의 사회서비스를 위한 중기 패키지(2008년 11월, 152억 AUD), '국가건설(Nation Building)' 패키지(47억 AUD, 2008년 12월), 그리고 인프라 투자에 집중한 대규모 '국가건설 및 일자리 계획(Nation Building and Jobs Plan)'(420억 AUD, 2009년 2월) 등이 뒤따랐다. 재무부 데이터에 따르면, 2008년과 2009년 초에 발표된 모든 재량적 조치는 함께 723억 AUD에 달했는데 (McDonald and Morling, 2011:19; Treasury, 2009도 참조). 이는 OECD 추정치인 GDP의 7%에 매우 근접한 수준이다. 사회정책은 순수하게 사회적 목표들보다는 사회보장 지급을 통한 경기부양에 목표를 두었다. 이에 따라 저소득 가구들을 위한 추가 지출은 대체로 저축되지 않고 거의 즉각적으로 소비되었다(Starke, 2013: 655).

한편 뉴질랜드에서는 2008년 서브프라임 위기가 세계금융시장에 충격을 주던 시점에 집권하게 된 존 키(John Key)의 보수당 정부가 제출한 2008년과 2009년의 경기부양 패키지에는 눈에 띄는 사회정책 요소가 없었다. 추가재정지출을 통해 경기부양을 도모하였던 호주와 달리 세금인하와 국채확대로 위기대응을 시도했기 때문이다. 실업자 급여의 재량적 확대는 2009년 전체 경기부양의 1.3%, 2010년에는 0.6%에 불과했다(OECD 2009:40). 경기부양은 주로 감세와 공공투자에 의존하였다. 2008년 12월의 2009년도 예산 정책 전략(Budget Policy Strategy)에서 정부는 전반적인 경기대응적(anti-cyclical) 위기대응을 다음과 같이 밝혔다: '정부의 재정적 입장은 증세와 지출 삭감이 아니라 적자운영, 즉 국채확대이다'(New Zealand Treasury 2008: 4). 그나마 금융위기에 대한 새 정부의 부분적인 사회 정책적 대응은 노동시장 정책에 국한되었는데 대표적인 것이 경기 하락으로 인해 해고당한 근로자들을 위한 급여 ReStart였다. ReStart는 추가 고용 서비스뿐만 아니라 가족 및 주택 현금급여(family and housing cash assistance)를 제공하였는데, 2008년과 이 제도가 종결된 2011년 5월 사이에 총 7,096명이 지원을 받았다(Ministry of Social Development 2011b). 그리고 선거운동 중 약속했던 감세 정책이 위기 대책으로 재구성되어 2009년 4월에 발표되었으며, 나머지 경기부양 금액은 지역 또는 인프라의 투자에 사용될 예정이었다(New Zealand Herald, 2008).

3) 가족, 고용, 연금정책: 유사한 방향과 서로 다른 방식

경제 안정화 전략(Economic Security Strategy)이 리먼 브러더스 파산 후 정확히 1개월인 2008년 10월에 발표되었다. 그 패키지는 104억 AUD에 상당했고, 그중에서 48억 AUD가 긴급 연금지불금 (immediate down payment)'으로서 사용되었다(Rudd and Swan, 2008).[17] 자산조사를 기반으로 하는 가족수당(means-tested family benefit) 수급 가구들에는 자녀당 1,000 AUD의 일시불이 주어졌다. 젊은 가족들에 대한 부조를 촉진하기 위해 최초 주택 구매자들에 대한 보조를 확대하였다. 위기대응방안들에는 다양한 활성화 및 훈련 조치들이 포함되어 있었다. 지역 수준의 고용 및 훈련 계획을 보조하기 위해 6억 5천만 AUD의 '일자리 펀드(Jobs Fund)' (Australian Government 2009)가 설정되었으며, 구직자들의 사례관리(case management)를 위한 추가 기금을 확보하였고, 일부 급여들의 소득 심사(income tests)를 완화했다. 부양 패키지들의 일환으로 해고 근로자들을 위한 추가 기금이 마련되었으며 이를 통해 추가적인 직업훈련 배치가 이루어졌다(Department of Education Employment and Workplace Relations 2010). 유사한 프로그램이 주 및 준주 수준에서도 시행되었다(Starke, 2013: 655).

연금의 긴급지불금, 가족수당 증액, 주택구매 보조금 지원 외에도 새롭게 육아휴직, 보건의료 개혁 등 2008년 금융위기에 대한 호주의 사회정책 대응은 '열심히 일하고, 일찍 가정으로 돌아가라(go

---

17) 연금은 연금수령인에 대한 일시불 1,400 AUD(부부의 경우 2,100 AUD와 간병인비 수령자의 경우에는 1,000 AUD)로 구성되었다.

hard, go early, go households)'라는 켄 헨리(Ken Henry) 재무장관
의 조언과 정확하게 일치하였다(Garnett and Lewis, 2010: 183). 호
주는 OECD에서 가장 대규모인 경기부양 패키지들 중 하나를 도입
했을 뿐만 아니라 경기부양 가운데 사회안전의 비중 역시 상당하여
전체 패키지의 총 1/4에 달했다. 그러나 이러한 처방들이 근본적이
고 전면적인 개편을 의미하는 것은 아니었다는 점에 주목할 필요가
있다. 정부가 가족들과 연금수령자들에 대한 이전을 다소 점증적인
방식으로 전달한 것은 사실이지만, 실업급여는 여전히 국제기준에
비추어 극도로 낮은 수준임에도 불구하고 정부는 이를 확대하지 않
았고, OECD도 이 점을 비판했다. 실업자들에 대한 유일한 양보는
자산조사(asset test)의 일시적 완화였다는 점에서도 사실 호주의 확
장적 위기대응은 대체로 임시적인 정책이었다고 할 수 있다. 러드
(Rudd)와 그의 총리 후계자인 줄리아 길러드(Julia Gillard)는 자신
들을 재정적 보수주의자라고 자청하면서, 그들의 부양조치들이 경
제가 폭풍우를 통과하도록 하기 위한 매우 예외적인 결정이었음을
인정하였다(Johnson, 2011).

<표 6> 호주와 뉴질랜드의 경기부양정책

구분	호주	뉴질랜드
경기부양	노동당(러드) 정부: 추가 지출을 통한 경기부양	보수당(존 키) 정부: 세금인하와 국채확대

그런데도 경제위기 이후 노동당의 집권으로 연금 분야에서는 긍
정적인 변화가 있었다. 호주 노동당은 2012년에 연 소득이 AU$

37,000 미만인 사람들의 퇴직연금 기여금에 대한 세금을 줄여줌으로써 조세지출을 보다 누진적이 되도록 만들었다. 이는 이전에 퇴직연금에 대한 세제 혜택을 전혀 받지 못하던 저소득층에게 도움이 되었다. 2012년 길라드 정부는 호주 노동조합 위원회(ACTU)의 요청을 존중하여 연간 AU$ 30만 이상의 소득을 가진, 최고 상위 1%의 소득자에 대한 세금감면 혜택을 절반으로 줄였다. 또한 2013년에는 호주 달러로 10,000달러 이상의 저축으로 벌어들인 이자소득에 대한 과세를 올리겠다고 약속하였다.

한편 뉴질랜드의 국민당 정부에서도 추가적인 위기 대책들이 집중 논의되었다. 그러나 2009년 2월에 야당을 배제한 채 진행된 노동조합과 재계와의 '일자리 정상회의(Jobs Summit)'의 성과는 보잘 것없었다. 그나마 두드러진 아이디어 중 하나는 소위 '2주 9일 근무제'로서, 피고용인들이 직업훈련을 시작할 수 있도록 2주에 1일씩 근로시간을 줄여주는 단축 근무제도(STW: short-time work)였다. 2009년 3월에 이 제안이 일자리 지원(Job Support) 제도의 형태로 도입되었는데, 처음에는 100명 이상 직원의 기업들만 이용할 수 있었지만 나중에는 50명 이상 기업도 이용할 수 있었다. 정부는 이 제도에 참여한 고용주들에게 모든 직원에 대한 최소임금 수준의 보조금을 지급했다(Hijzen and Venn, 2011). 위기에 대한 대응의 또 다른 조치는 고용 보호(employment protection)를 완화하는 것이었다. 20명 미만 직원의 기업들은 신규 직원을 90일까지 시험적으로(trial basis) 채용하는 것이 허용되었으며, 2011년 4월에는 이 시험 채용이 모든 기업으로 확대되었다(Starke, 2013: 657). 뉴질랜드는 호주처럼 실업에 대해 국가가 일시적으로 급여를 지급하는 방

식보다는 기업들을 위한 인프라 지출과 지원에 중점을 두었음을 보여주는 대목이다.[18]

2009년 8월, 뉴질랜드 정부는 2009년에 16.6%, 2011년에는 17.3%로 상승한(OECD 2012b) 청년실업을 해결하기 위하여 '청년취업'(Youth Opportunities) 패키지를 발표했다.[19] 이 패키지의 가장 중요한 요소는 청년 실업자에게 일자리를 제공한 기업들에 대하여 6개월 동안 보조금을 지급하는 직업선택제(Job Ops)였다. 정부에 따르면, 2011년 7월에 11,902개 일자리가 Job Ops를 통해 충원되었다(Ministry of Social Development 2011a). 청년들을 위한 보다 많은 소규모의 훈련 및 지역사회사업 제도들이 또한 그 패키지의 일부였다. 청년실업이 여전히 매우 높다는 것이 분명해지면서 이 제도들 중의 일부는 2011년 이후까지 연장되었다. 그러나 이러한 초기의 위기 조치들도 중단되고 다시 제한적 사회정책들(restrictive social policies)로 복귀했다. 2000년대 중반에 잠시 등장했던 포용적인 '사회개발(social development)' 아젠다를 버리고, 국민당 정부는 반-복지 기조를 추구하면서 1990년대 초에 지배적이었던 개념인 '복지 의존(welfare dependency)'의 위험을 재차 강조하기 시작한 것이다. 중요한 전환점은 실업자들에게 12개월마다 급여를 재신청할 것을 요구한 미래중심(Future Focus) 프로그램을 시도하면서 2010년에 이루어졌다. 정부는 이 조치만으로 첫해에 수

---

18) 야당인 노동당은 이런 조치들을 비난하면서 일자리 및 직업훈련 대책에 대한 보다 많은 투자를 요구했다. 필 고프(Phil Goff) 노동당 당수는 정부 정책들의 분배 결과를 비판했고 '만일 당신이 경제를 활성화하고 기업들을 활성화하고 사람들에게 일자리를 제공할 부양책을 원한다면, 일자리 구하기가 정말 힘든 악전고투 중인 저소득자들에게 도움의 손길을 주었을 것이다'(*New Zealand Press Association* 2010)라고 말했다.

19) 이 수준은 현재의 청년 국제기준에 의하면 대략 평균치인 것으로 보이지만, 뉴질랜드의 기준에서는 높다고 할 수 있다.

혜자 수를 12,500명 줄일 것이라고 기대하였다(Bennett, 2012a). 또한 사회보장 수정법안 2010(New Work Test, Incentives, Obligations)은 소득충분성보다 근로를 강조하였으며, 파트타임 노동 테스트, 실업급여 수급을 위한 매년 재신청, 비순응자들에 대한 처벌 강화 등을 도입하겠다는 내용이었다.

2011년에 보고된 근로연령기 급여(working-age benefits)에 대한 종합검토 보고서(Welfare Working Group, 2011) 역시 급여범주의 단순화, 근로 요건의 강화 그리고 (근로 능력 심사를 조건으로 한) 편부모와 질병 장애인들을 포함한 수혜자들의 모니터링 강화를 권고하고 있다. 국민당 정부는 2012년 검토보고서에 기초한 2012년 사회보장(Youth Support and Work Focus) 수정법안에 따르면, 홀로 아이를 양육하는 편부모들은 자녀가 5살이 되면 파트타임 근로 테스트를 받아야 했고, 14살이 되면 정규직 근로 테스트를 받아야 했다. 수급 중에 또 다른 아이를 갖게 된다면 그 아이가 혜택을 받게 될 때 부모는 다시 근로 테스트를 받아야 한다(Wilson, 2013: 632). 국민당 정부의 사회개발부 장관 베넷에 따르면, 정부의 목표는 '의존의 순환을 만들어낸' 복지국가를 변화시키는 것이었다. 많은 수혜자 수와 공공부채 증가의 관점에서 복지 의존성 문제를 지적하고 있지만, 보수당 정부의 이러한 과장된 수사와 상관없이 사실 뉴질랜드 복지시스템은 개혁 이전부터 이미 근로 중심적(work-centered)이었다(Starke, 2013; 658). 요컨대, 뉴질랜드의 대응에서 위기는, 청년 패키지를 제외하고는, 다소 낮은 참여를 특징으로 한 다수의 협소한 노동시장 제도들에 기초하고 있었으며 감세, 인프라 구축, 기업 보조금 중심의 경기부양 전략에서 수혜자들에 대한 개별 지급은 중요하게 다뤄지지 않았다.

뉴질랜드 노후 소득보장으로서 연금은 경제위기에도 불구하고 집권 정당에 상관없이 매우 안정적이고 지속적인 특징을 보여준다. 그러나 뉴질랜드 기초연금 NZS는 대상이 65세 이상 노인 모두를 대상으로 하는 조건상 재정부담이 크다. NZS의 재정비용은 향후 인구학적 변동에 따라 3% 이상 증가할 것으로 추정되며 이는 2% 정도 증가할 것으로 추정되는 호주의 Age Pension과 비교된다. 하지만 대신 KiwiSaver의 재정비용이 GDP 대비 0.35%로 낮은 덕분에 호주의 사적 퇴직연금(Superannuation Guarantee)의 재정비용인 GDP 대비 1.5%를 상쇄할 것으로 보인다. 그러나 비교의 시각에서 호주와 뉴질랜드는 OECD 국가들 중 가장 낮은 비용의 연금체계를 가지고 있다.

<표 7> 호주와 뉴질랜드의 가족, 고용, 연금정책

구분	호주(노동당)	뉴질랜드(국민당)
가족/고용	- 가족주의적 사회정책 - 재정 보수주의, 낮은 실업 급여	- 직업훈련 위한 단축 근무, 청년취업패키지 - 기업 인프라 지원, 고용 보호 완화, 수급자들의 근로 요건 강화
연금	- 저소득층 퇴직연금 세제 혜택 - 고소득층 세금감면 축소	NZS와 Kiwisaver 유지

5. 결 론

본 연구는 양국에서 정치적 성향이 대조적인 집권 정당에 의한 단기적인 정책 차이에 주목하면서 동시에 지속적인 장기간의 격차를 확인하고자 했으며, 연구결과 양국의 사회 정책적 위기대응 전략에는 공통점과 차이점이 존재하였다. 우선 공통된 점은 첫째, 경제 위기 이후 탈규제와 합리화 이후 법정 최저임금(award wage)은 이전에 기본임금에 의해 제공되던 보호들의 일부만을 제공하는 최저임금이 되었다는 점이다. 3가지 복지 레짐에 이은 제4의 복지 레짐으로도 일컬어지던 생계부양자 기본임금에 기초한 임금소득자 복지국가는 양국에서 지속적인 축소를 통해 사라졌다. 둘째, 포괄적인 자산조사에 입각한 사회지원은 실업, 적극적 노동시장, 가족 이전 및 서비스 등에서 근로연계복지(workfare)로 변모되었다. 또한 기본임금 보장의 폐지를 대신해서 임금소득자 보호의 공동화에 대해 확대된 가족 중심의 복지를 통해 부분적으로 보상하고자 하였다.

그러나 양국의 차이점도 목격된다. 그것은 첫째, 금융위기의 대응 측면에서 호주는 추가적 지출을 통해 위기관리를 시도했으나 뉴질랜드의 경우 세입 측면에서 긴축을 통해 대응하고자 하였다. 특히 90년대 초 호주 노동당의 키팅은 경기부양 지출과 적극적 노동시장 정책을 노조와의 협조 속에 조합주의적으로 풀고자 한 반면 뉴질랜드 국민당의 볼거는 매우 급진적인 긴축방식을 사용하였다. 둘째, 같은 우파라 할지라도 호주의 우파정부는 보수적이고 가족 중심의 복지를 받아들이면서 사적인 복지상품을 직접 구입하도록 중산층 유권자들에게 조세지출(tax expenditure)로 보상해준 반면 뉴질랜드의 우파정부는 중산층의 소득세 인하라는 감세를 통해 중산층 유권자들에게 보상을 해주었다. 셋째, 호주가 2008년 위기에 대응해서 상대적으로 케인스 학파적 위기관리를 사용할 수 있었던 것은 위기 심각도의 차이에서 비롯되었다. 호주는 당시 광업 붐으로부터 이익을 얻었고 따라서 뉴질랜드보다 경기 하락의 영향을 덜 받았다. 이에 반해 뉴질랜드는 2008년 초에 이미 불황 속에 있었다. 뉴질랜드는 결국 경기부양을 완전히 포기하지는 않았지만, 사회적 문제들에 경기부양책을 활용하는 것에 거부감을 가지고 있었던 것으로 판단된다.

그렇다면 경제적 위기의 정도를 제외할 경우 양국의 차이는 정치적으로 어떻게 설명할 수 있을까. 첫째, 호주의 구조조정 과정은 개혁에 대한 노동당의 합의적이고 실용적인 접근법을 반영하였고, 연방제 국가와 양원제 의회는 더 많은 거부권을 가지고 있어 급진적인 개혁과 구조조정의 실행을 어렵게 만든다. 또한 친밀한 노조(ACTU)-노동당(ALP) 관계는 개혁을 위한 파트너십의 지속으로 더 큰 협상과 교환을 가능하게 했다. 이러한 노사관계는 호주의 복지모델을 재설계하는데 직접적인 영향을 미쳤다. 그러나 뉴질랜드 노동당 하에서는 이러한 역학이 나타나지 않았다. 이는 제도적 구속력이 떨어지고, 노동당-노조 간 연계가 약하고, 그 결과로서 경제개혁과 복지국가의 조정이 취약하기 때문이다. 또한 1996년 혼합비례대표 선거제도를 시행하기 이전까지 특별한 거부점이 부재한 조건에서 노동당과 국민당 간 제로-섬 게임적 정치는 가혹하고 급진적인 사회경제적 이행을 야기했다. 다행히 1996년에 혼합 비례대표 선거제도(MMPV)로 변경하였지만 여전히 양당 중심적 구도에서 크게 벗어나지 못하고 있다. 둘째, 덜 강조되기는 하지만, 국가들 간의 개혁패턴의 차이는 또한 정치적 전통과 문화를 반영한다. 뉴질랜드는 호주보다 더 강력한 자유주의 전통을 가지고 있으며 호주는 가부장주의적 온정주의를 지닌 가톨릭이 강한 영향력을 갖고 있다. 뉴질랜드의 신자유주의적 구조조정이 압도적으로 개신교적이고 자유주의적인 전통과 더 일치하고, 가부장주의와 가족 중심적인 복지는 부분적으로 호주의 사회 정책적 변화를 반영한다고 할 수 있다. 셋째, 협의제 환경과 가톨릭 전통이 강한 호주와 다수제 환경과 자유주의적 전통이 강한 뉴질랜드의 차이에서 남은 정책지향의 차이는 양국의 정부별 정파적 구성에서 비롯되었다. 1980년대 뉴질랜드 노동당의 예외적인 조치를 제외하면, 좌파 정권들은 대체로 팽창적 대응들을 선택한 한편 보수당 정권들은 위기대응에서 삭감을 도입하는 경향이 있었다. 뉴질랜드의 국민당 정권이 2008/09년도에 어느 정도의 사회정책 제도를 확대하긴 했지만 이 확대는 경기부양의 전체 규모에 비해 그리고 호주의 대응에 비해서는 소규모였다. 결론적으로 호주와 뉴질랜드의 경우에서와 같이 자동안정화 장치들이 작을 때에는 정파적 이데올로기와 정치의 중요성이 극대화될 수 있다.

참고문헌

강욱모, 2013, "복지국가 축소정치와 뉴질랜드 노령연금개혁." 『한국사회정책』
제20권 1호, 49-82.

은민수, 2015, "뉴질랜드 정당 체계의 변동과 기초연금제도의 변화", 『한국정
치학회보』, 49 (5): 199-222.

Australian Treasury, 1986, *Tax Expenditures Statement 1986*, Canberra:
Australian Government.

_____, 2012, *Tax Expenditures Statement 2011*, Canberra:
Australian Government.

Barnes, A. and Lafferty, G., 2010, "The Fair Work Act: As Good As It Gets?",
Economic and Labour Relations Review, *21*, 1: 1-12.

Bennett, P., 2012a, *Building on the Success of Future Focus*, *National Party Press
Release*, *27* February.

Carney, T., 2006, "Welfare to Work or Work Discipline Revisited? *Australian
Journal of Social Issues*, *41*, 1: 27-48.

Castles, F. G., 1994, "The Wage Earners' Welfare State Revisited: Refurbishing
the Established Model of Australian Social Protection, 1983-1993",
Australian Journal of Social Issues, *29*, 2: 120- 45.

Castles, F. G., Gerritsen, R. and Vowles, J.(eds), 1996, *The Great Experiment:
Labour Parties and Public Policy Transformation in Australia and New
Zealand*, Sydney: Allen & Unwin.

Castles, F. G. and Shirley, I. F., 1996, "Labour and Social Policy: Gravediggers
or Refurbishers of the Welfare State", F. G. Castles, R. Gerritsen and
J. Vowles (eds), *The Great Experiment: Labour Parties and Public Policy
Transformation in Australia and New Zealand*, Sydney: Allen & Unwin,
pp. 88-106.

Castles, F. G., 1996, "Australia and New Zealand: Need based Strategy",
Esping-Andersen(ed.), *Welfare States in Transition*. 한국사회복지학연구
회(역), 『변화하는 복지국가』. 인간과 복지.

Coad, M., Finlay, J., Raper, M. and Thomas, G., 2006, *Welfare to Work or Unworkable Welfare?*, National Association of Community Legal Centres, Sydney South, http://vcoss.org.au/document

Collins, S., 2005, "Work-for-dole backed by National and NZ First", *New Zealand Herald*, 25 July.

Colvin, J., Watson, G. and Burns, P. (eds), 2004, *The Workplace Relations Handbook*(2nd edn), Sydney: Lexis Nexis Butterworths.

Darby, J. and Melitz, J., 2008, "Social Spending and Automatic Stabilizers in the OECD", *Economic Policy*, 23, 56: 715-56.

Dolls, M., Fuest, C. and Peichl, A., 2012, "Automatic Stabilizers and Economic Crisis: US vs. Europe", *Journal of Public Economics*, 96, 3-4: 279-94.

Garnett, A. and Lewis, P., 2010, The Economy, C. Aulich and M. Evans (eds), *The Rudd Government: Australian Commonwealth Administration 2007-2010*, Canberra: ANU E Press, pp. 181-98.

Gruen, D., 2009, *The Return of Fiscal Policy*, address to the Australian Business Economists Annual Forecasting Conference, Sydney, Australia, December.

Guest, Ross., 2013, *Comparison of the New Zealand and Australian Retirement Income Systems*. Background Paper Prepared for the 2013 Review of Retirement Income Policy by the Commission for Financial Literacy and Retirement Income. https://www.cffc.org.nz/assets/Documents/RI-Review-201 3-Comparison-NZ-Au-Retirement-Income-Systems.pdf.

Hawke, A. and Wooden, M., 1998, "The Changing Face of Australian Industrial Relations: A Survey", *Economic Record*, 74, 224: 74-88.

Haworth, N., 2011, "A Commentary on Politics and Employment Relations in New Zealand: 2008- 2011", *New Zealand Journal of Employment Relations*, 36, 2: 23-32.

Hazledine, T. and Quiggin, J., 2006, "No More Free Beer Tomorrow? Economic Policy and Outcomes in Australia and New Zealand", *Australian Journal of Political Science*, 41, 2: 145-59.

Hijzen, A. and Venn, D., 2011, *The Role of Short-Time Work Schemes During the 2008-09 Recession*, Paris: Organisation for Economic Co-operation and Development.

Hince, K. and Vranken, M., 1991, "A Controversial Reform of New Zealand Labour Law: The Employment Contracts Act 1991", *International Labour Review*, *130*, 4: 475-93.

Johnson, C., 2011, "Gillard, Rudd and Labor Tradition", *Australian Journal of Politics & History*, *57*, 4: 562-79.

Maloney, T. and Pacheco, G., 2012, "Assessing the Possible Antipoverty Effects of Recent Rises in Age-Specific Minimum Wages in New Zealand", *Review of Income and Wealth*, *58*, 4: 648-74.

Matthews, T., 1991, "Interest Group Politics: Corporatism without Business?" F. G. Castles(ed.), *Australia Compared*, Sidney: Allen and Unwin.

McClelland, A. and St John, S., 2006, "Social policy responses to globalization in Australia and New Zealand, 1980-2005", *Australian Journal of Political Science*, *41*, 2: 177-91.

McDonald, T. and Morling, S., 2011, "The Australian Economy and the Global Downturn. Part 1: Reasons for Resilience", *Economic Roundup*, *2*: 1-31.

Ministry of Social Development, 2011a, *Job Ops Scheme Factsheet for Week Ending 2011-07-01*, Wellington: Ministry of Social Development.

_____, 2011b, *ReStart Scheme Factsheet for Week Ending 2011-05-06*, Wellington: Ministry of Social Development.

Ministry of Social Development, 2002, *New Zealand's Agenda for Children*, Wellington: Ministry of Social Development.

Nagle, Jack, 1998, "Social Choice in a Pluralitarian Democracy: The Politics of Market Liberalization in New Zealand". *British Journal of Political Science*, *28*(2): 223-267.

New Zealand Herald, 2008. "What the Government Has Planned", *New Zealand Herald*, 10 December.

New Zealand Treasury, 2008, *Budget Policy Statement 2009*, Wellington: New Zealand Treasury.

Organisation for Economic Co-operation and Development (OECD), 2011, *OECD Economic Surveys: New Zealand*, Paris: OECD.

Organisation for Economic Co-operation and Development (OECD), 2012a, *Economic Outlook No 92- December 2012-OECD Annual Projections*, Paris: OECD.

Organisation for Economic Co-operation and Development (OECD), 2012b, *OECD Employment and Labour Market Statistics (database)*, Paris: OECD

Organisation for Economic Co-operation and Development (OECD), 2012a, *OECD Stat Extracts*, http://stats.oecd.org/ (accessed 31 August 2012).

Organisation for Economic Co-operation and Development (OECD), 2012b, Inequality in labour income -What are its drivers and how can it be reduced? *OECD Economics Department Policy Notes*, no. 8, January.

Organisation for Economic Co-operation and Development (OECD), 2009, Economic Survey: New Zealand, Paris: OECD.

Rudd, K. and Swan, W., 2008, *Joint Press Conference Prime Minister and Treasurer, 14 October (Transcript)*, Canberra: Australian Treasury.

Saunders, P., 1999, "Social Security in Australia and New Zealand: Means-tested or Just Mean?", *Social Policy & Administration, 33*, 5: 493-515.

Spies-Butcher, B. and Stebbing, A., 2011, "Population Ageing and Tax Reform in a Dual Welfare State", *The Economic and Labour Relations Review, 22*, 3: pp. 45-64.

Starke, Peter, 2008, *Radical Welfare State Retrenchment*, NY: Palgrave Macmillan.

Stark, Peter, 2013, Antipodean Social Policy Responses to Economic Crisis, *Social Policy & Administration, 47*, 6: 647-667.

St John, S., 2011, "Working for Families", M. Dale, M. O'Brien and S. St John (eds), *Left Further Behind*, Auckland: Child Poverty Action Group Inc.

Stebbing, A. and Spies-Butcher, B., 2010, "Universal Welfare by Other Means? Social Tax Expenditures and the Australian Dual Welfare State", *Journal of Social Policy, 39*, 4: 585-606.

Stephens, R., 1992, "Budgeting with the Benefit Cuts", J. Boston and P. Dalziel (eds), *The Decent Society. Essays in Response to National's Economics and Social Policies*, Auckland: Oxford University Press.

Tomlinson, John., 2012, "Australia: Will Basic Income Have a Second Coming?", R. K. Caputo(ed.), *Basic Income Guarantee and Politics*, Palgrave Macmillan.

Wilkinson, A., Bailey, J. and Mourell, M., 2009, "Editor's Introduction: Australian Industrial Relations in Transition", *Industrial Relations Journal*, *40*, 5: 358-71.

Wilson, S., Benjamin Spies-Butcher, Adam Stebbing, Susan St John., 2013, "Wage-Earners' Welfare After Economic Reforms; Refurbishing, Retrenching or Hollowing Out Social Protection in AUS and NZ", *Social Policy & Administration*, *47*(6): 623-646.

Ziguras, S., 2006, "Australian Social Security Policy: Doing More With Less?", A. McClelland and P. Smyth (eds), *Social Policy in Australia: Understanding for Action*, Melbourne: Oxford University Press, pp. 161-77.

경제위기에 대응하는 축소지향의
일본 사회정책

김영필

1. 일본정치와 일본형 복지국가의 태동

제2차 세계대전에서 패한 일본은 전후의 혼란하고 빈곤했던 시기를 한국전쟁으로 인한 특수(特需)를 발판으로 극복하고 비약적인 고도 경제성장을 이룩한다. 1953년 후반에 패전 이전의 최고 수준을 회복한 일본경제는 1956년 경제백서에서 "이미 전후가 아니다"라고 선언하였다.

고도 경제성장이 본궤도에 오른 1955년부터 제4차 중동전쟁의 영향으로 오일쇼크가 발생한 1973년까지 일본은 연평균 10% 이상의 경제성장을 달성했다. 이러한 경제성장을 배경으로 1964년 도쿄 올림픽, 1970년 오사카 만국박람회를 개최하였고, 이 기간에 미국에 이은 세계 제2위의 경제 대국으로 올라서면서 세계 경제를 견인하는 역할까지 하게 되었다.

<표 1> 일본 고도경제성장기의 경제성장률(단위 %)

년도	1955	1956	1957	1958	1959	1960	1961	1962	1963	1964	1965	1966	1967	1968	1969	1970	1971	1972	1973
명목	10.1	12.8	14.0	4.0	12.2	19.8	23.5	10.9	15.4	18.1	10.5	15.2	18.3	18.4	15.6	18.5	12.1	14.4	22.5
실질	8.8	7.3	7.5	5.6	8.9	13.3	14.5	7.0	10.5	13.1	5.1	9.8	12.9	13.4	10.7	10.9	7.4	9.1	9.8

자료 : 経済企画庁, 『国民所得統計年報』 1978.

일본이 이렇게 급속하게 경제 대국으로 발전할 수 있었던 요인은 경제주체인 노동자들의 높은 교육수준, 양질의 기술력, 군인 출신자와 농업종사자 탄광 이직자 등의 잉여 노동력이 많았던 점과 높은 저축률, 고정 환율로 인한 엔화의 약세, 내수의 확대, 저유가 등의 경제 환경이 좋았던 점, 그리고 이러한 요인들을 소득 배증 계획이라는 정책으로 엮어내 성공시킨 이케다 수상 등의 리더십을 들 수 있다.

그러나 무엇보다도 일본의 고도 경제성장을 가능하게 했던 것은 정치의 힘이었다. 일본정치는 미군 점령기를 거친 뒤, 정당정치가 보수 세력과 진보세력 간의 양자 대결로 재편됐다.

1955년 10월 분열되어 있던 좌파사회당과 우파사회당이 통합하여 강력한 이데올로기 정당으로서의 일본사회당을 출범시키자 이에 위기의식을 느낀 일본의 경제단체 등 보수 세력은 보수정당들의 통합을 요구하였고, 이에 보수정당인 일본민주당과 자유당이 합당하여 자유민주당을 출범시킨 것이 1955년 11월이다. 이른바 55년 체제1)의 성립이다.

55년 체제의 중심축 역할을 담당했던 자유민주당은 일본의 고도 경제성장을 견인하는 핵심역할을 함과 동시에 그러한 경제성장을 지속적인 것으로 만들기 위한 사회정책 추진에도 중요한 역할을 수행하였다.

실제로 자유민주당은 보수정당이었음에도 불구하고 강력한 사회정책의 추진으로 복지국가를 만들겠다는 포부를 다양한 당의 문서

---

1) 1955년 성립되어 1993년까지 지속된 일본의 정치체제를 말하는 것으로 보수정당인 자유민주당과 진보정당인 일본사회당의 양당체제를 말하는데, 내용적인 측면에서는 자유민주당의 영속 가능한 집권체제를 말하는 것으로 '1과 1/2 정당제' 혹은 '일당 우위 정당제'라고도 한다.

를 통해 어필했다.

창당 당시의 5대 중요문서2)를 봐도 그러한 각오를 확인할 수 있는데, 우선 입당(立党) 선언에서는, "정치는 국민의 것, 즉 그 사명과 임무는 안으로 민생을 살피고, 공공의 복지를 증진하는 것"이라 하여, 민생과 복지를 중시하는 정당의 탄생을 알렸다.

또한 당의 강령에서는, "우리 당은 공공의 복지를 규범으로 하고 개인의 창의와 기업의 자유를 기저로 하는 경제의 종합계획을 책정 실시하고, 민생의 안정과 복지국가의 완성을 기한다."라고 하였으며, 당의 성격에서는, "우리 당은 토지 및 생산수단의 국유경영과 관료제를 주체로 하는 사회주의경제를 부정함과 동시에 독점자본주의를 배척하고, 자유기업의 기본으로서 개인의 창의와 책임을 중하게 여기며, 이에 종합 계획성을 부여한 생산을 증강함과 동시에 사회보장정책을 강력하게 실시하고, 완전고용과 복지국가의 실현을 도모한다."라고 하여, 당시로서는 익숙하지 않았던 완전고용과 복지국가의 건설 등을 강하게 주장했다.

당의 사명에서는, "안으로는 국가의 융성과 국민 복지를 증진하고, 복지사회를 건설한다."라고 하였으며, 당의 정강에서는, "의료제도, 연금제도, 구빈제도, 모자 복지제도를 쇄신하여 사회보장시책을 종합 정비함과 더불어 가족계획에 도움을 주고, 가정생활의 근대화, 주택문제의 해결 등 사회 환경을 개선 향상하고, 이를 통해 사회정의에 입각한 복지사회를 건설한다."라고 하였다. 당시로서는 복지국가와 복지사회의 개념 자체가 모호하기는 하였지만, 자유민

---

2) 자유민주당 창당 당시의 5대 중요문서는 立党宣言, 綱領, 党の性格, 党の使命, 党の政綱을 말한다.

주당은 이러한 5대 중요문서에서 어필한 복지국가와 복지사회를 55년 체제가 존속하는 1993년까지 이룩하게 된다. 다만 이러한 복지국가, 복지사회는 고도 경제성장의 결과물로 가능했던 것으로 복지국가, 복지사회가 자유민주당의 궁극의 목표는 아니었다.

반면, 55년 체제기의 제1야당이었던 일본사회당은 진보정당이기는 하였지만, 유럽의 사민주의 정당과 같은 사회정책, 복지국가 문제에 주안점을 두는 정책보다는 미군 주둔 문제, 자위대의 위헌적 존재 문제, 오키나와 문제, 한반도 문제 등 외교안보정책에 주안점을 두는 정책 노선을 취하였다. 따라서 전후 일본에서 일본사회당이 사회정책, 복지국가 문제에 있어서 주도권을 행사하지는 못하였다.

2. 일본형 복지국가의 완성과 위기

고도 경제성장과 함께 시스템을 갖추기 시작한 일본의 복지국가는 자유민주당의 장기집권과 그 궤를 같이하면서 발전을 거듭했다.

1955년 보수통합으로 집권을 시작한 자유민주당은 1993년 총선거에서 역사적인 패배를 당하면서 집권당의 자리에서 내려왔다. 민주주의 국가에서 그 유례를 찾아볼 수 없는 38년간의 장기집권이 막을 내린 것이다.[3]

자유민주당이 38년간의 장기집권이 가능했던 이유는 여러 가지

---

3) 1993년 6월 자유민주당의 최대 파벌인 다케시타파가 분열, 당시의 수상인 미야자와에 대한 내각불신임 결의안이 가결되어 미야자와는 중의원을 해산하고 총선거(1993년 7월 18일)를 실시했지만 자유민주당은 과반수 확보에 실패하였고, 8개 야당 정파가 연합하여 일본신당의 호소카와 대표를 수상으로 하는 비자민 연립정권을 발족시킴으로써 자유민주당의 38년 장기집권이 막을 내렸다. 이러한 자유민주당 장기정권은 전후 민주주의 국가에서는 스웨덴 사회민주당을 제외하고는 최장기 정권이었다.

가 있다. 그 요인을 크게 분류하면 정당 정치적 요인, 경제적 요인, 사회 정책적 요인, 국제적 요인 등으로 나눌 수 있는데, 이러한 요인은 서로 단절된 것이 아니라 상호작용하면서 자유민주당의 장기 집권을 가능하게 하였다.

우선, 정당 정치적 요인을 살펴보면 선거제도를 들 수 있다. 55년 체제 하의 일본의 선거제도는 하나의 선거구에서 3~5인(1인 선거구, 2인 선거구, 6인 선거구 등도 있었음)의 국회의원을 선출하는 중선거구제를 채택하고 있었는데, 이는 자유민주당 내의 권력을 둘러싼 파벌 간 경쟁을 격화시켜 국회의원 선거에서 자신의 파벌 출신을 한 명이라도 더 당선시키기 위한 순기능으로 작용함으로써 자유민주당의 국회 의석 과반수 확보를 용이하게 하고, 나아가 장기 집권을 가능하게 하는 요인이 되었다.

또한 이러한 선거제도는 역으로 야당의 분화를 가져왔는데, 55년 체제 발족 당시 유의미한 정당은 자유민주당과 일본사회당의 두 거대정당에 불과했지만, 이후 민사당, 공명당이 등장하고 일본공산당이 약진하면서 일본사회당은 야당 중의 가장 큰 정당에 불과하게 되고, 자유민주당과 정권을 두고 경쟁할 수 있는 역량을 갖춘 정당에서 멀어지게 되었다.

한편, 55년 체제에서 줄곧 제1야당이었던 일본사회당은 냉전 하의 이데올로기 대립에 몰두하여, 서구의 사회민주주의 정당과는 다른 길을 걷게 되었다. 즉, 사회정책의 실현에 힘을 기울이기보다는 소련, 중국, 북한과 같은 공산주의 국가와의 연대강화를 우선시하는 정책을 추진하였으며, 이러한 결과로 일본사회당은 1980년대 우리나라가 민주화를 이룩하기 전까지는 한반도에서 남한 정부를 인

정하지 않는 정책을 추진하였다.

이러한 이유로 일본 국내에서는 이데올로기 차원에서 일본사회당보다 더 좌측에 위치한 일본공산당이 사회정책의 추진에 있어서는 훨씬 적극적인 행보를 보였다.

자유민주당 장기집권을 가능하게 했던 경제적 요인은 두말할 것도 없이 앞에서 설명한 고도 경제성장이다. 그러나 일본의 고도 경제성장이 자유민주당의 38년 집권 기간 내내 지속된 것은 아니다. 주지하다시피 1973년의 제1차 오일쇼크, 1979년의 제2차 오일쇼크로 인해 1970년대 자유민주당은 장기집권을 유지하는 데 어려움에 직면했다.

또한 고도 경제성장이 가져온 공해문제로 인해 1960년대에는 각종 공해병4)이 난무하였으며, 이러한 공해문제를 해결하기 위해 각 지역에서 환경운동이 활발하게 전개되었고, 그러한 환경운동의 결실로 소위 진보적 지방자치단체를 의미하는 '혁신 지자체'가 전국 각지에서 탄생했고, 그들의 역할이 두각을 나타내기 시작했다.

1970년대 전반 피크를 맞이했던 혁신 지자체의 수는 9개 광역자치단체, 130개 시 이상이었다. 1975년에는 혁신 지사가 소속된 광역자치단체의 인구수가 전인구의 30%를 넘어섰다.5)

혁신 지자체가 처음으로 등장한 것은 1963년이었다. 그해 2월에 실시한 기타큐슈시장선거에서 일본사회당 후보가 당선되었으며, 4월에 실시한 제5회 통일 지방선거에서 오사카시, 요코하마시에서도 혁신시장이 탄생하여 이듬해 11월 전국혁신시장회가 결성되었다.

---

4) 미나마타병, 이타이이타이병, 수은 중독, 카드뮴 중독, 천식 등의 공해병이 있다.
5) 高畠通敏, 『現代日本の政党と選挙』, 三一書房, 1980, 320쪽.

이러한 혁신 지자체 열풍은 1967년 일본사회당과 일본공산당이 공동으로 도쿄도지사 후보를 옹립하는데 성공하였고, 후보였던 미노베 료키치가 도쿄도지사에 당선되면서 명실상부한 혁신 지자체 시대를 열었다.

혁신 지자체가 중점을 둔 정책은 크게 두 가지로 하나는 공해로 인해 촉발된 환경문제였으며, 또 다른 하나는 복지정책으로서의 노인 의료비 무료화 정책이었다. 노인 의료비 무료화 정책은 생명존중, 인간 존엄이라는 기본권에 입각하여 예방의학에 초점을 둔 정책으로 1960년 사와우치무라(沢内村)라는 아주 작은 지방자치단체에서 시작하여 전국적으로 들불처럼 번져나갔다.

이에 국회에서도 이를 도입하기 위한 논의가 시작되었고, 수년간의 논의 끝에 노인복지법이 개정되어 1973년 1월 1일부터 70세 이상의 일정의 조건을 충족시키는 사람들에 대해 의료비를 무료화 하는 노인 의료비 무료화 제도가 시행되었다. 말하자면 지방자치단체의 의견을 중앙정부가 수렴하여 만들어진 제도가 바로 노인 의료비 무료화 제도였던 것이다.

노인 의료비 무료화 제도가 실시될 당시의 일본 수상이었던 다나카 가쿠에이는 1973년을 '복지 원년'이라고 명명하였으며, 1973년도를 초년도로 하는 경제사회 기본계획에서는 '활력 있는 복지사회의 실현'을 목표로 정하고, 노인 의료비의 지급, 의료보험제도의 확충, 연금제도의 개혁 등을 실시하였다.[6]

<표 2>의 1970년대 사회보장 관계비의 증가 추이를 보면, 다나카 수상이 1973년을 '복지 원년'으로 명명한 자신감을 확인할 수

---

6) 橋本寿朗, 『現代日本経済史』, 岩波書店, 2000, 238쪽.

있다.

<표 2> 1970년대 사회보장 관계비의 증가 추이

연도	사회보장 관계비(백만엔)	전체예산 대비(%)	전년도 대비 증감률(%)
1970년도	1,137,111	14.3	20.1
1971년도	1,344,080	14.3	17.8
1972년도	1,641,473	14.3	22.1
1973년도	2,114,538	14.8	28.8
1974년도	2,890,844	16.9	36.7
1975년도	3,926,919	18.4	35.8
1976년도	4,807,632	19.8	22.4
1977년도	5,691,919	20.0	18.4
1978년도	6,781,070	19.8	19.1
1979년도	7,626,569	19.8	12.5

출처 : 自由民主党編, 『自由民主党党史』 연표, 1987.

이렇게 복지 수요가 높게 나타났던 1970년대를 진보정당이나 혁신 지자체 등이 주장하던 복지정책을 수렴하는 것으로 위기를 극복한 자유민주당은 1980년대의 전 세계적 신보수주의 열풍을 타고 어렵지 않게 38년간의 장기정권을 유지하는 것이 가능했던 것이다.

즉, 자유민주당의 1차 장기집권기였던 1955년부터 1993년까지의 38년간은 미소 냉전의 시작과 격화, 데탕트를 거쳐 냉전의 종식과 함께 베를린장벽의 붕괴, 소련의 해체 시기와 정확히 일치한다.

이 시기 일본은 정권교체 없는 민주주의 국가로 자유민주당의 일당 우위 정당정치 하에서 고도경제성장기를 구가하였고, 경제성장에 따른 다양한 사회 정책적 요구를 정당정치 내에서 수렴함으로써 장기집권을 가능하게 하였다. 다만, 자유민주당이 선택적으로 수렴한 사회정책은 영혼 없는 사회정책으로서 언제든지 필요에 의해 폐기될 수 있는 운명에 놓여있었다.

단적인 예로 1973년 노인복지법의 개정에 의해 시행된 노인 의료비 무료화 제도는 1973년 후반의 제1차 오일쇼크가 일어나자 재계를 중심으로 공격의 표적이 되어, "병원이 살롱처럼 이용되고 있다. 노인 의료비가 무료라서 틈만 나면 의사를 찾는다."라는 등의 '폐해'가 지적되었다. 이러한 재계의 지적을 마치 기다렸다는 듯 예산편성을 담당하는 대장성은 1976년도 예산안에 노인 의료비 유료화 안을 편성하였다. 그러나 당시 수상이었던 미키의 재정(裁定)에 의해 도입에 이르지는 못했다.

한편, 후생 대신의 사적 자문기관인 사회보장 장기계획간담회의 보고서(1975년 8월)에 있어서도 종합적인 노인보건의료대책의 필요성을 강조하면서 연금수준의 인상과 건강에 대한 자기 책임의 견지로부터 일부 자기 부담 도입이 제안되었다. 노인 의료비 무료화 제도는 제도 도입 3년 만에 위기에 봉착하게 된 것이었다.

결국, 1979년의 제2차 오일쇼크 후에 자유민주당 정권은 노인 의료비 무료화 제도가 핵심인 노인복지법을 폐지하고, 노인보건법을 새롭게 제정하여 노인 의료비 무료화 제도를 흔적조차 없애버렸다. 노인보건법의 시행이 1983년 2월 1일부터였으니 노인 의료비 무료화 제도는 10년 1개월간 존속된 것이 된다. 그 10년 1개월 동안 지속적으로 찬밥 대우를 받았던 것은 노인 의료비 무료화 제도의 숙명이었다.

이렇듯 일본의 사회정책은 일본 경제성장의 부산물에 불과한 것이었으며, 일본의 사회정책은 경제위기 시에는 언제든지 후퇴할 수 있다는 것이 일본형 복지국가의 특징이자 위기였던 것이다. 55년 체제에서 경제위기가 찾아왔을 때 일본은 새로운 사회정책을 도입하여 국민 생활의 안정을 기하는 것이 아니라 기존의 사회정책마저 축소하는 방향으로 나아갔던 것이다.

3. 일본정치의 변화와 일본형 복지국가의 재정립

55년 체제하의 자유민주당 장기집권을 가능하게 했던 요인들이 하나하나 제거되면서 일본정치도 커다란 변화를 맞이한다.

먼저 1989년의 베를린장벽의 붕괴와 1991년 소련의 해체로 동구권이 몰락하면서 제2차 세계대전 이후 지속하였던 냉전이 끝났다. 냉전 시기 미국과 자본주의 체제를 대변해 왔던 자유민주당과 소련과 사회주의권을 대변해 왔던 일본사회당의 역할도 함께 종식되었다.

1993년 제40회 중의원 총선거에서 제1당이었지만 과반수를 확보하지 못하고 38년간 지속하였던 장기집권의 막을 내린 자유민주당의 출혈도 컸지만, 8개 야당 정파 중 가장 큰 세력을 형성했지만 55년 체제 이래 가장 세력이 축소된 상태에서 연립정권의 한 축을 담당하게 된 일본사회당은 당의 존속마저 위태로운 출혈을 입었다.

결국, 1994년 6월 자유민주당과 일본사회당은 군소정당인 신당 사키가케를 매개로 제1당과 제2당이 연합한 연립정권을 출범시킨다. 수상에는 일본사회당 당수인 무라야마 토미이치를 옹립하는데 이는 전후 2번째 일본사회당 출신 수상이었다.

이에 앞서 1994년 1월에는 당시 호소카와 수상과 자유민주당 고노 총재 간 선거제도 개혁에 합의하는데, 55년 체제를 유지하는데 결정적인 역할을 했던 중선거구제를 폐지하고 소선거구 비례대표 병립제를 새로운 국회의원 선거제도로 도입한 것이다. 이 선거제도는 1996년 총선거부터 적용되었다.

중선거구제는 자유민주당의 1당 우위, 영속지배를 보장하는 선거제도였지만, 정치개혁의 일환으로 자유민주당은 무한경쟁의 소선거구 비례대표 병립제를 받아들일 수밖에 없었다. 이러한 선거제도의 개혁으로 일본정치는 크게 변화한다.

첫째는 연립정권의 일상화다. 1993년 8개 야당 정파에 의한 호소카와 정권의 수립, 이후 하타 정권의 수립과 붕괴 후의 무라야마 연립정권이 있었고, 1996년 총선거 후에도 자유민주당은 사회민주당7), 자유당, 보수당, 공명당 등과 파트너를 바꿔가면서 현재까지 연립정권을 유지하고 있다. 특히, 자유민주당은 단독으로 정권유지가 가능한 상황에서도 연립정권을 유지하고 있는데, 이는 선거 제도상 상원에 해당하는 참의원에서의 과반수 확보가 어려운 현실적인 이유 때문이기도 하지만, 소선거구제의 특성상 단독으로 과반수에 미치지 못할 가능성이 있고, 연립 파트너 정당과 소선거구에서의 선거협력이 유리하기 때문이다.

1993년 이후 현재까지 연립정권이 아니었던 정권은 제45회 중의원 총선거에서 308석의 압도적인 승리로 정권을 차지한 민주당 정권이 유일하다. 2009년 9월 출범한 하토야마 정권에서 간 정권을 거쳐 노다 정권에 이르는 3년 4개월이 민주당 단독정권이었다.

둘째는 정권교체의 가능성이다. 제1차 자유민주당 장기집권이 끝나고 10개월간의 공백기를 거쳐 연립정권으로 정권에 복귀한 자유민주당은 2009년 제45회 총선거에서 기록적인 패배를 맛보았다. 창당 이래 제2당이 된 것은 처음 있는 일이었고 획득의석수도 역대 최저

---

7) 1996년 일본사회당은 당명을 사회민주당으로 변경함.

였다. 그 후 3년 4개월 만에 실시된 제46회 중의원 총선거에서는 여당이었던 민주당이 궤멸적인 패배를 맛보고 공중분해 되었으며, 자유민주당이 정권에 복귀하였다. 55년 체제에서는 있을 수 없었던 일이었지만, 선거제도의 변화가 만들어낸 일본정치의 변화였다.

<표 3> 제45회 중의원 총선거 결과(2009년 8월 30일 시행)

당파	소선거구 의석수	비례대표 의석수	합계 의석수
민주당	221	87	308
자유민주당	*64*	*55*	*119*
공명당	*0*	*21*	*21*
일본공산당	0	9	9
사회민주당	*3*	*4*	*7*
민나노당	2	3	5
국민신당	3	0	3
신당일본	1	0	1
신당대지	0	1	1
무소속	6	0	6
합계	300	180	480

주 : 이탤릭체는 선거 전 여당

<표 4> 제46회 중의원 총선거 결과(2012년 12월 16일 시행)

당파	소선거구 의석수	비례대표 의석수	합계 의석수
자유민주당	237	57	294
민주당	*27*	*30*	*57*
일본유신회	14	40	54
공명당	9	22	31
민나노당	4	14	18
일본미래당	2	7	9
일본공산당	0	8	8
사회민주당	1	1	2
국민신당	*1*	*0*	*1*

당파	소선거구 의석수	비례대표 의석수	합계 의석수
신당대지	0	1	1
무소속	5	0	5
합계	300	180	480

주 : 이탤릭체는 선거 전 여당

셋째는 공명당의 역할 강화다. 1964년 11월 창당한 공명당은 1965년 참의원 선거에서 11명이 당선됨으로써 국회진출에 처음으로 성공했다. 이후 1967년 제31회 중의원 총선거에서 25명을 당선시켰다. 그해 공해병이었던 이타이이타이병을 국회에서 처음으로 언급하였고 이듬해에는 이타이이타이병 환자를 제1호 공해인정환자로 확정받게 하였다. 1969년에는 아동수당법안을 국회에 제출하였고, 공명당의 주장을 정부가 받아들여 정부안으로 아동수당법안이 1971년에 통과되었다. 공명당은 창당 이래 복지에 힘을 쏟는 정당으로서의 면모를 보여 왔으며, '복지의 당'이라고 불리기도 하였다.

이러한 공명당이 1993년 처음으로 연립정권에 참가한 이래, 1999년부터는 자유민주당 중심의 연립정권에 지속적으로 참여하고 있다. 공명당이 자유민주당과의 연립정권에 참여하는 사회정책적 의미는 사회정책에 있어서만큼은 공명당이 주도권을 행사할 수 있는 위치에 있다는 것을 시사하는 것이기도 하다. 이는 제1차 자유민주당 장기집권기의 사회정책이 자유민주당 주도로 이루어져 왔다면, 1999년 이후의 자유민주당, 공명당 연립정권기의 사회정책은 공명당의 역할이 큰 변수가 될 수 있다는 것을 의미한다. 21세기 일본이 복지국가로서 새로운 정립을 해나가는 데 있어 공명당의 역할에 주목해야 하는 이유다.

4. 경제위기에 대응하는 정책의 변화

1) 경기침체와 경제위기의 일상화

앞에서도 살펴보았지만 일본경제의 부침(浮沈)은 우리나라와 밀접한 관계에 있다. 제2차 세계대전에서의 패배를 딛고 1955년부터 고도 경제성장을 이룩하는 배경에는 한국전쟁 특수가 있었다. 1970년대 초반 미국에 이은 세계 제2위의 경제 대국으로 도약한 일본은 1970년대 두 차례의 오일쇼크로 경제위기에 직면하기도 했지만, 이를 잘 극복했고, 우리나라에서 열렸던 1988년 서울올림픽을 전후로 해서는 버블 경제에 빠지기도 했다. 이후 잃어버린 10년으로 1990년대를 보냈고, 잃어버린 20년으로 2000년대를 보냈으며, 현재는 잃어버린 30년이라고 회자하면서 장기적 경기침체를 겪고 있는 중이다.

이 기간에는 1990년대 후반 대형 금융기관의 파탄에 따른 금융위기가 있었고, 2000년대 고이즈미 구조개혁에 의한 불량채권의 강제처리 등으로 많은 기업이 도산에 이르게 되었으며, 2008년에는 리먼 사태로 인한 국제금융위기로 실질성장률이 전년도 대비 마이너스 3.5%로 전후 최대로 하락했다. 그 후 일본경제는 일시적인 회복을 보였지만, 리먼 사태 이전의 수준으로는 돌아오지 않았고, 2011년에는 동일본대지진이 일어나 일본경제는 0~1%대의 저성장을 계속하고 있다.[8]

이러한 구도의 주장은 통계 수치에서 약간의 차이는 있지만 <표 5>에서도 확인할 수 있다. 1998년 국제금융위기를 맞아 마이너스

---

8) 工藤昌宏, "アベノミクスとは何だったのか", 『経済』(2021년 2월), 63쪽.

성장을 보였고, 2001년 고이즈미 수상의 취임에 따른 구조개혁 여파로 또 다시 마이너스 성장을 기록했다. 2008년 리먼 사태에 이르러서는 전후 최대 폭의 마이너스 성장을 기록했으며, 이러한 여파를 극복하기도 전에 2011년 동일본대지진으로 말미암아 일본의 경제회복이 지지부진한 상태에서 코로나19라는 새로운 변수를 맞이한 것이다.

일본경제는 지난 30년간 추이 면에서 본다면, 최소한의 현상유지를 하는 데 불과한 상태라고 말할 수 있다. 저출산·고령화와 인구의 자연감소라는 인구학적 측면에서의 위기, 화산과 지진 등의 자연재해 측면에서의 위기, 정책변화 없는 정권교체의 한계, 자신들의 외교 안보적 역량을 넘어서는 국제적 역할에 대한 욕심 등이 일본경제의 장기적 침체상황을 벗어나지 못하게 하는 것이다.

<표 5> 실질 GDP, 실질경제성장률의 추이

년도	실질 GDP(조엔)	실질경제성장률(%)
1997	472.0055	0.1
1998	464.9704	-1.5
1999	467.4811	0.5
2000	476.7233	2
2001	474.6854	-0.4
2002	479.8708	1.1
2003	490.7559	2.3
2004	497.9126	1.5
2005	507.0158	1.9
2006	516.0382	1.8
2007	525.4699	1.8
2008	505.7947	-3.7
2009	495.4918	-2
2010	512.4142	3.4

년도	실질 GDP(조엔)	실질경제성장률(%)
2011	513.6217	0.2
2012	519.8219	1.2

자료 : 内閣府, "国民経済計算"을 기초로 国土交通省 작성

2) 리먼 사태와 민주당 정권의 등장

2008년 리먼 사태는 일본경제에 치명적인 영향을 미쳤고, 리먼 사태로 인한 경제위기가 일본정치에는 더 큰 변동을 가져왔다. 2009년 8월 30일 실시한 제45회 중의원 총선거는 2005년 9월 실시한 총선거의 임기만료에 즈음한 선거로 여당이었던 자유민주당과 공명당은 경제위기로 인한 고전이 예상되는 선거였음에도 선거 시기를 조정할 수 있는 여지가 없이 맞이한 선거였다. 또한 고이즈미 수상 사임 후의 아베, 후쿠다, 아소로 이어진 정권에서 참의원은 야당이 다수를 차지하고 있는 상황이었다.

제1야당인 민주당은 '정권교체, 국민의 생활이 제일(政権交代, 国民の生活が第一)'이라는 캐치프레이즈를 내걸었으며, 주요 정책의 하나로 자녀수당(子ども手当) 제도를 신설해 중학교 졸업 때까지 자녀 1인당 월 2만6천 엔을 각 가정에 현금으로 지급하겠다고 약속했으며, 정권을 잡을 경우 당장 2010년에 절반을 지급하기로 약속했다.

이 외에도 공립고교생 수업료의 무료화, 사립고교생이 있는 가정에 연간 12만 엔(저소득 세대는 24만 엔) 지원, 고속도로 통행료 무료화, 농어민에 대한 소득보상제도 등을 주요공약으로 제시했다. 이는 경제위기에 따른 소득을 보전하고 사회정책을 통해 국민 생활의 향상을 꾀하겠다는 민주당의 핵심공약으로 각종 공공사업의 재

검토와 지출 삭감, 공무원 인건비 감축, 각종 보조금 삭감, 특별회계 운용 수익, 소득공제 폐지 및 조세특별조치법 재검토 등을 통해 재원을 조달하겠다고 했다.

실제로 민주당은 선거에서 압승하여(<표 3> 참조) 공약한 대로 2010년 4월부터 자녀수당 제도를 도입하여 0세에서 15세까지 월 1만3천 엔을 소득 제한을 두지 않고 지급하였다. 보편적 복지제도인 자녀수당 제도의 도입에 의해 1971년 도입된 아동수당 제도는 폐지되었다. 그 후 자녀수당 제도는 월 지급액을 늘리는 등 수급액과 수급조건에서 약간의 변동은 있었다. 그러나 2011년 예기치 않게 발생한 동일본대지진의 부흥을 위한 재원확보를 우선하기 위해 2012년 3월 자녀수당 제도는 폐지되기에 이르렀다.

이러한 자녀수당 제도의 폐지에 따라 민주당 정부는 수급대상과 소득 제한 등을 엄격히 적용하여 아동수당 제도를 부활시켰다. 민주당 정권이 경제위기 극복의 일환으로 도입한 제도인 자녀수당 제도를 새로운 경제위기에 대응하기 위하여 2년 만에 폐지한 것이다. 경제위기에 대응하는 사회정책의 후퇴라고 하지 않을 수 없다.

한편, 자유민주당의 선거공약은 경제위기 극복을 위해 성장과 고용에 우선 방점을 찍었다. 2010년 후반 이후 연간 2%의 경제성장률을 목표로 제시했으며, 향후 3년간 40조~60조 엔을 투자하여 200만 개의 일자리를 만들고, 여성과 고령자의 근로 참여를 확대하여 가구당 소득을 연간 100만 엔 정도 높임으로써 1인당 국민소득을 세계 최고 수준으로 끌어올리겠다고 공약했다.

사회정책에 있어서는 3~5세 아동의 교육비를 단계적으로 경감해 3년 이내에 무상화하고, 고교생과 대학생에게는 급여금 형태의 장학금을 지급하며, 저소득층의 수업료는 무료화 하겠다고 밝혔다. 이렇듯 자유민주당의 사회정책은 점진적, 선별적 복지정책으로서 민주당과 차별화 되었고, 민주당의 복지정책 공약을 실현하기 위해서는 재원마련이 불가능하다며 민주당의 자녀수당 제도 등의 보편적 복지정책에 대해서는 반대 입장을 분명히 했다. 그러나 2009년의 중의원 총선거 결과는 민주당의 압승으로 나타났다.

민주당 압승이라는 선거결과가 만들어진 것은 여러 가지 요인이 복합적으로 작용한 결과였다. 그중 가장 중요한 요인은 자유민주당 장기정권에 대한 피로감으로 정권교체를 원했던 국민 여론에 있었다.9) 이러한 여론에 리먼 사태에 따른 경제위기가 결정적인 역할을 하게 된 것이다.

55년 체제 붕괴 이후 연립을 통해 재집권한 이래 자유민주당의 신자유주의적 공세는 파상적이었다. 고이즈미 정권에 의한 우정사업 민영화, 고용시장의 불안정성, 지속적인 소비세 인상 등 국민은 생활형 경제위기를 체감하고 있었다. 이런 상황에서 찾아온 경제위기에 민주당의 보편적 복지와 무상화 공약 등은 재원확보라는 중요한 문제에 둔감해진 일본국민들에게 충분히 어필할 수 있었던 것이다.

선거에 승리한 민주당은 2009년 9월 16일 하토야마를 일본의 제93대 수상으로 선출하여 민주당 정권을 출범시킨다. 하토야마가 오키나와 미군기지 이전문제를 풀지 못하고 9개월 만에 중도사임한 후, 간 정권과 노다 정권이 3년 4개월 간 계속되었다. 경제위기를 계기로 집권에 성공한 민주당에 부여된 역사적 소명은 경제위기를

---

9) 2009년 중의원 총선거 직후 실시한 아사히신문의 전국여론조사(2009년 8월 31일, 9월 1일 이틀간 조사)에 의하면, 민주당 압승의 이유를 "유권자가 정권교체를 원했다"가 81%에 이르러 자유민주당 정권에 대한 국민피로감이 극한 상황에 이르고 있었음을 보여주고 있다.

극복하라는 것과 경제위기로 피폐해진 국민의 삶을 지켜내라는 것이었다. 그러한 역사적 소명의 실현을 위해 어떠한 경제정책, 사회정책을 추진하고 또 성공시킬 것인가? 민주당에 주어진 시간은 겨우 3년 4개월에 불과했다.

앞서 언급했듯이 민주당의 주요 선거공약 중 하나였던 자녀수당 문제는 선거기간 중 핵심 이슈의 하나였다. 하토야마 정권의 수립과 동시에 이 문제는 민주당이 사활을 걸고 추진하여 공약대로 추진시키는 데 성공했다. 그러나 뜻하지 않은 동일본대지진의 여파로 보편적 복지의 자녀수당은 선별적 복지의 아동수당으로 환원되었다. 이 사실이 시사하는 바는 민주당 정권이 서유럽의 사민주의 정권들과는 다르게 보편적 복지실현에 크게 개의치 않았다는 것이다. 그것은 민주당이 사민주의 정당이 아니었다는 것이고, 사회정책보다 외교안보정책에 중점을 두어 미군기지, 자위대 문제 등을 보다 우선시했다는 것이다. 실제 국민 여론도 자녀수당에 대해 크게 호의적이지도 않았다.[10] 이로 말미암아 자녀수당 제도는 민주당 하토야마 정권에 의해 실현되었고 민주당 노다 정권에 의해 좌초하였다. 일본의 사회정책의 역사로 본다면 노인 의료비 무료화 제도의 실패에 이은 보편적 복지정책의 또 하나의 실패였다.

민주당 정권은 사회정책에 있어 몇 가지 주목할 만한 정책을 내놓았지만 성공에 이른 정책은 소수에 불과하다. 2012년 8월 참의원 자유민주당이 발간한 "민주당 정권의 검증"이라는 문서에는 민주당의 정책적 실패를 일목요연하게 정리하고 있다. 이 문서에는 자녀

---

10) 앞의 아사히신문 여론조사에 의하면, 자녀수당에 대해 민주당 투표자의 43%만이 찬성하였고, 민주당 투표자의 반대자는 37%에 이르렀다. 고속도로 무료화에 대해서는 56%가 반대하여 찬성 27%의 두 배가 넘었다.

수당, 고속도로 무료화 정책에 대해 민주당이 철회했고, 이러한 정책철회를 민주당의 매니페스토 위반사항으로 분류해놓았다. 국민 모두에게 월 7만 엔 최저보장연금을 지급하고, 75세 이상의 후기 고령자 의료제도를 폐지하겠다는 공약도 마찬가지였다.

2009년 중의원 총선거에서 민주당이 매니페스토에서 제시한 주요 사회정책 중 민주당 정권이 실현하고 현재까지 그 생명력을 유지하고 있는 정책은 고교수업료 무상 정책과 농가 호별소득보상 제도 등에 불과하다. 결국 이러한 주요 정책의 실패는 정권 재창출의 실패로 연동되었다.

민주당의 주요 정책이 실패한 원인은 이러한 정책을 지속적으로 실현하기 위한 재원의 확보가 어려웠기 때문이기도 하다. 신설되는 자녀수당을 지급하기 위해서 필요한 예산은 약 5조 3천억 엔이었다. 기존 아동수당의 5배가 넘는 예산의 확보가 필요했다. 이러한 예산확보를 위해 민주당은 기존 예산에서 낭비되는 예산을 찾아 활용하겠다고 했지만, 예상만큼 낭비되는 예산을 찾아내지 못했다.[11]

이에 더해 경기 부진으로 약 9조 엔 세수결함이 나타났고, 동일본대지진으로 국가재정은 최악으로 치닫게 되었다. 2011년 말 국가채무는 총 809조엔, GDP 대비 204.2%로 선진국 중 최악이 되었다. 2011년의 국채발행액은 44.3조 엔으로 세수 40.9조 엔을 초과했는데 이는 민주당 정권 3년 내내 있었던 일이었다. 민주당의 마지막 수상인 노다는 사회보장과 조세개혁 병행, 소비세율 인상에 관한 여야 3당 합의를 도출한 후 퇴진했다. 아베 수상에게 민주당

---

11) 민주당이 예산 낭비로 찾아낸 재원은 목표로 했던 3조 엔의 반 정도 수준인 1.7조 엔에 불과했다. PHP総研, 『いま´民主党政権を振り返る -この3年で成したこと´直面する課題とは何か-』 2012년 10월, 4쪽.

정권이 실패했음을 자진신고 하는 치욕적인 합의이기도 했다.

3년 4개월의 짧았던 민주당 정권. '선무당이 사람 잡는다'라고 했지만, 그러지도 못했다. 정권의 교체라는 정치의 변화를 이루었지만, 정책변화 없는 정권교체에 불과했다. 경제정책도 사회정책도 대부분 원점으로 되돌아왔다. 자유민주당은 이러한 민주당을 '국가운영능력의 결여'[12]라고 한마디로 표현했다.

민주당 정권이 출범한 후인 2009년 10월 민주당을 지지하는 주요 조직이었던 노동조합 연합체 렌고(連合)의 연구기관인 렌고소우켄(連合総研)은 '국가의 정책 기획, 입안, 결정에 관한 연구위원회'를 설치했다. 자유민주당 정권과 다른 민주당 정권의 정책 결정, 정책변화 등을 비교 연구하기 위한 위원회였다. 이 위원회는 노동, 사회보장, 예산 및 세제, 지방분권의 4분야를 대상으로 검토를 하였고, 그 보고서[13]를 민주당 정권이 붕괴한 후인 2013년 11월 발표했다.

이 보고서의 개요 제3장 민주당 정권하의 사회보장·고용 레짐 전환의 모색에서는 이렇게 평가한다. 민주당은 '콘크리트로부터 사람에게'라는 슬로건 아래 '레짐 전환'의 입구까지는 도착했지만, 그것이 본격적인 레짐 전환에까지 연결되지 못한 것은 '사람'이라는 말에 담겨 있는 내용을 충분히 확장하지 못한 것에 있다. 종래의 레짐은 남성고용의 분배를 통하여 생활보장을 실현하여 왔는데, 그것과 다른 새로운 형태라는 것은 남녀가 안심하며 일할 수 있는 조건을 정비하는 것이어야 했다. 그러나 민주당의 고용정책이나 노동

---

12) 参議院自由民主党, "民主党政権の検証 -迷走の3年を総括-", 2012년 8월, 2쪽.

13) 보고서의 명칭은 『民主党政権3年3ケ月の検証 -政策と政権運営を中心に-』였다. 이 보고서는 본 보고서와 개요 판이 있다.

조건에 관한 관심은 약했고, 새롭게 일하는 방식을 공공정책에 의하여 지탱하는 것이 어젠다로서 인식되는 것은 없었다. 결과적으로 개인에 대한 지원은 정태적인 급여에 치우쳤고, 재분배정책으로서는 다소의 개선이 보였지만, '레짐 전환'까지는 이르지 못했다.[14]

경제위기를 계기로 정권교체에 성공하여 탄생한 민주당 정권은 이념적으로는 미국 민주당과 같은 리버럴 정당에 속한다. 55년 체제의 일본사회당은 외교안보정책에서만큼은 자유민주당과의 차별성을 가지고 있었지만, 21세기의 민주당 정권은 외교안보정책에서도 사회정책에서도 자유민주당과의 확실한 차별성 부각에 실패했다. 이에 더해 경제정책에서는 보수정당인 자유민주당의 강점을 넘어서지 못하고 있었다. 민주당 정권이 지속해야 할 이유를 일본국민들은 찾지 못했다.

3) 경제위기에 대응하는 아베노믹스

(1) 아베 정권의 탄생

2008년 경제위기는 민주당 정권에 의해 극복되지 못했다. 동일본대지진의 영향이 컸다. 이는 다른 선진국들과는 다른 일본만의 특징이다. 실제 <표 5>에서 보는 바와 같이 실질 GDP 규모가 가장 컸던 2007년 수준을 2012년 민주당이 정권을 내려놓을 때까지 회복하지 못하고 있었다. 이러한 정권운영능력의 한계를 노정한 민주당은 2012년 중의원 총선거 결과 3년 4개월 만에 자유민주당에 정권을 내주고 공중분해 됐다. (<표 4> 참조)

3년 4개월 만에 정권을 탈환한 자유민주당의 수상으로는 아베가

---

14)『民主党政権3年3ヶ月の検証 -政策と政権運営を中心に-』개요 판 30쪽.

결정됐다. 아베는 이전 수상에 재임한 적이 있었으나 어떤 실적도 남기지 못하고 건강상의 이유로 1년 만에 퇴진한 바 있다. 그런 아베의 재등장은 일본에서는 매우 이례적인 일이었으나 그가 일본 역사상 최장기간인 7년 9개월 동안이나 수상에 재임할 것이라고는 그 당시 아무도 상상할 수 없었다.

아베는 아베노믹스(Abenomics)와 함께 등장했다. 2012년 9월 자유민주당의 총재로 다시 선출된 아베는 12월에 실시한 중의원 총선거에서 동일본대지진의 여파에 따른 부흥과 방재정책을 첫머리에 올렸지만, 그가 가장 주안점을 둔 정책은 경제정책과 금융정책이었으며, 경제위기 시에 도탄에 빠진 국민의 삶을 보살피기 위한 사회보장정책 등은 상대적으로 국가책임을 회피하는 방향으로 설계되었다.

그는 경제위기 극복을 위한 경제성장에 방점을 찍고, 대담한 금융완화책, 세제·재정정책, 성장전략 등 모든 정책을 총동원하여 명목 3% 이상의 경제성장을 달성한다. '무역입국'만이 아니라 국내에서 새로운 부가가치창조에 연계되는 '산업투자 입국'이기도 한 '하이브리드 경제 입국'을 목표로 한다며 기염을 토했다.

그렇지만 사회보장정책에 대해서는 재정정책과 연동하면서 가급적 개인에게 책임을 묻고, 사회와 국가의 책임은 개입의 여지를 축소하였다. 국가의 책임은 사회보장제도가 국가의 의무이자, 개인의 권리로서가 아닌 잔여적 복지 차원에서의 국가의 역할로 한정하였다.

구체적으로 사회보장제도의 방향성에 대해서는 자조, 자립을 우선시하고 공조(共助)와 공조(公助)를 잘 분담하여 수익과 부담의 균형을 유지하는 지속 가능한 사회보장제도를 목표로 한다고 하였다. 이러한 방향성에 맞춰 민주당 정권 시기 도입하고 폐지했던 자녀수당 제도에 대해 폐지를 자유민주당의 업적으로 평가했다. 또한 생활보장급여 수준을 10% 내리고, 의료비 부조의 억제와 적정화를 추진하며, 고액요양비의 한도액을 내리고, 요양보험료의 상승을 억제하는 등 사회보장제도에 드는 비용의 절감을 통해 재정의 흑자를 유도하는 본말이 전도된 사회정책 공약을 제시하였다.[15]

(2) 아베노믹스

민주당의 역사적 대참패로 정권을 탈환한 자유민주당의 아베 정권은 2013년 6월 14일 발표한 '일본재흥전략(日本再興戦略)'에서 아베노믹스를 구체화하였다. 아베노믹스는 대담한 금융정책, 기동적인 재정정책, 민간투자를 환기하는 성장전략을 3개의 화살(3本の 矢)로 하여 경제성장을 목적으로 정책운영을 하는 것을 말한다.

대담한 금융정책은 2% 내로 인플레를 억제하는 것을 목표로 무제한 양적 완화, 엔고의 시정과 그를 위한 엔 유동화를 도모하고, 일본은행법을 개정하여 대담한 금융정책을 총괄하는 것을 목표로 삼았다. 기동적인 재정정책은 공공사업에 투자하는 케인지안 정책을 말하는 것으로 대규모 공공투자를 통해 경제성장을 견인하겠다는 전략이기도 하다. 민간투자를 환기하는 성장전략은 법인세의 인하 등을 통해 민간 기업이 경제성장에서 구체적이고 중추적인 역할을 하도록 하였다.

이러한 아베노믹스에 대해 경쟁원리와 작은 정부를 표방하고 있는 일본유신회와 민나노당 등 보수정당은 규제 완화를 더 요구하는 등 각론에서는 조금씩 생각을 달리하였지만, 총론에서 아베노믹스

---

15) 日本経済新聞, "自民党政権公約の要旨", 2012년 11월 22일.

에 대해 반대하지는 않았다. 제1야당인 민주당은 임금인상 없는 아베노믹스는 물가 상승을 부추기고 격차가 확대되며, 국채금리의 부작용 등이 우려된다며 반대하였으나 아베노믹스의 흐름을 막을 정도의 힘을 가지고 있지는 못했다.

아베는 2012년 12월부터 2020년 9월까지 7년 9개월간 일본의 역대 최장수 수상을 역임했다. 이 기간에 궤멸의 늪에 빠진 제1야당 덕분에 아베는 안정적인 정권 운용이 가능했다. 그러나 안정적 정권 운용이 아베노믹스의 성공을 말하는 것은 아니었다. 아베노믹스에 대한 성패와 상관없이 아베의 재임 기간에는 아베노믹스는 객관적인 평가는 물론 평가의 대상조차 되지 않았다. 오로지 아베 스스로가 아베노믹스의 성과에 대해 자화자찬하는 것이 전부였다.

아베는 자신의 재임 중에 아베노믹스가 목표로 했던 수치에 대해 데이터를 활용하여 지극히 주관적인 평가를 하였다. 그가 일본국 수상이자 자유민주당 총재로서 자유민주당의 홈페이지에 공개한 아베노믹스의 성과에 대한 항목별 데이터의 내용은 다음과 같다.[16]

젊은 층의 취직 내정률이 과거 최고 수준으로 대졸자 취직 내정률 97.6%, 고졸자 취직 내정률 98.2%였다. 중소기업의 도산은 28년 만의 저수준으로 2012년 12,077건에서 2018년 8,235건으로 아베 정권 출범 후 약 30% 정도 줄었다. 정규직 사원 유효구인배율은 사상 처음으로 1배를 넘어섰는데, 아베 수상 취임 당시인 2012년 12월 0.5배에서 2019년 4월 1.16배로 과거 최고를 기록했다. 또한 유효구인배율이 사상 처음으로 47개의 모든 광역자치단체에서

---

16) "データで見る! アベノミクス6年の実績" 자유민주당 홈페이지(https://www.jimin.jp/, 2021년 9월 17일 검색)

1배를 넘었는데, 2012년 12월 0.83배에서 2019년 4월 1.63배로 제
1차 오일쇼크 이후 최고 수준이었다. 가계 가처분소득은 4년 연속
증가하여 2012년 292.7조 엔에서 2017년 302.1조 엔으로 약 9.4조
엔 증가했다. 생산농업소득은 2012년 3조 엔에서 2017년 3.8조 엔
으로 증가했으며, 방일 외국인의 여행소비액은 2012년 1.1조 엔에
서 2018년 4.5조 엔으로 과거 최고를 기록했다. 국민총소득 역시
과거 최고로 2012년 4분기 506.8조 엔에서 2019년 1분기 573.4조
엔으로 증가했다. 리먼 사태 이후 54조 엔이나 감소했던 국민총소
득을 회복했다는 것이 자유민주당의 주장으로 아베노믹스의 효과라
는 것이다.

이렇게 아베노믹스의 성과에 대해서 자화자찬으로 일관했던 아
베 정권이지만, 그의 후계를 놓고서는 자유민주당 내에서도 자기
입장에 따라 아베노믹스에 대한 평가를 달리했다.

2020년 8월 아베 수상은 코로나19의 영향으로 도쿄올림픽을 1년
연기하기로 결정한 뒤 돌연 사임을 표명했다. 제1차 아베 정권 때
그의 발목을 잡았던 건강문제가 다시금 불거졌기 때문이었다. 아베
가 수상 사임을 표명한 후, 후계 수상 경쟁에 임했던 이들은 스가
관방장관, 기시다 정조회장, 이시바 전 간사장 등이었다. 이들은 아
베노믹스에 대해 다음과 같이 평가했다.[17]

후임 수상에 당선된 스가는 "버블 붕괴 후 최상의 상태까지 올라
왔다. 근본적으로 경제 환경을 개선할 수 있었다. 큰 성과다"라고
했으며, 당의 비주류로 아베의 정치적 라이벌이었던 이시바는 "아
베노믹스는 평가해야 할 점이 많다. 개인소득이 부진하다"라고 지

---

17) 머니투데이, "아베 정권 2인자 → 1인자 스가 임박, '아베노믹스 2.0' 출발", 2020년 9월 3일.

적했으며, 기시다는 "중산층과 중소기업에는 성장의 과실이 닿지 않았다. 낙수효과가 실감 나지 않았다"라고 했다. 이들이 아베노믹스에 대해 어떤 평가를 하느냐는 다분히 정치적 스탠스에 따른 것이었지만, 아베노믹스가 성공적이었다고 생각하는 인식은 당내에서도 그리 크지 않았다는 점을 방증하고 있다.

<표 6>은 아베 수상이 사임을 표명한 직후 일본경제신문이 아베 수상의 취임 전과 사임 표명 당시의 경제 상황의 변화를 수치를 통해 나타낸 것이다. 2020년 8월은 코로나19의 직접적인 영향으로 일본경제뿐 아니라 세계 경제가 새로운 위기국면에 돌입했을 때이다. 아베노믹스의 성과는 어디에서도 보이지 않았고, 대부분의 수치는 아베 수상이 취임했을 당시로 되돌아가 있었다. 그런 면에서 아베 수상 재임 7년 9개월은 아베노믹스라는 그럴듯한 이름으로 포장된 잃어버린 7년 9개월에 불과했던 것이다.

<표 6> 아베 수상 취임 전후의 경제 상황 변화

	취임 전	목표	최고치	현재(2020년 8월)
명목 GDP	492조엔 (2012년 4분기)	600조엔 (2020년 달성)	557조엔 (2019년 3분기)	506조엔 (2020년 2분기)
실질성장률	1.5%(2012년)	2.0%	2.2%(2017년)	0.7%(2019년)
물가상승률	-0.1%(2012년)	2.0%	2.6%(2014년)	0.0%(2020년 7월)
완전실업률	4.3%(2012년)	-	2.2%(2019년 12월)	2.8%(2020년 6월)
출생률	1.41명(2012년)	1.8명	1.45명(2015년)	1.36명(2019년)
외국인관광객	835만 명 (2012년)	4000만 명 (2020년 달성)	3188만 명 (2019년)	395만 명 (2020년 1월~7월)
기업환경순위	15위(2012년)	3위(2020년)	15위(2013년)	18위(2019년)

출처 : 내일신문, "아베 총리 퇴임과 함께 '아베노믹스'도 도마에 올라", 2020년 9월 1일.

4) 경제위기와 사회정책의 변화

<표 7> 2012년 중의원 총선거 시 주요 정당의 주요 정책 공약비교표

주요 정당		주요 정책
민주당	사회정책	슬로건 : 서로 돕는 공생 사회 일과 자녀 돌봄의 양립이 가능하고, 안심하고 자녀를 키울 수 있는 사회를 만든다. 불임 치료의 충실. 신 아동수당 지급, 보육소 정원 증원, 초등학생 방과 후 교실을 확보한다. 신연금제도, 고령자 의료제도는 3당 합의에 따라 사회보장제도개혁 국민회의에서 논의한다.
	고용정책	슬로건 : 젊은이의 고용을 촉진 젊은이들의 고용을 촉진한다. 태어나고 자란 지역에서 취직할 수 있도록 클린(환경, 에너지), 라이프(의료, 개호) 등의 성장 분야를 육성하여 2020년까지 400만 명 이상의 새로운 고용을 창출한다.
자유민주당	사회정책	슬로건 : 자조, 자립, 공조(共助), 공조(公助) 모두가 안심할 수 있는 지속 가능한 사회보장제도를 향하여 자조와 자립을 제일로 하고, 공조와 공조를 더해 약한 입장에 있는 사람에게 원조의 손을 내민다. 사회보장은 사회보장제도를 기본으로 하고 소비세는 전액 사회보장에 사용한다. 세금과 사회보장료를 부담하는 국민의 입장에서 생활보호법을 발본 개정하여 불공정한 돈 풀기를 저지하고 공평한 제도를 만든다.
	고용정책	슬로건 : 개개인에 맞는 취로 지원 헬로워크의 기능 강화 등에 의해 젊은이, 여성, 고령자 등 한 사람 한 사람의 상황에 대응하는 취로 지원을 적극적으로 추진한다. 출산가, 육아 휴가의 취득범위 확대 등에 의한 자녀 돌봄과 일의 양립 등 열심히 하는 개인을 지원하고, 경제의 글로벌화와 활력있는 사회에 대응하여 노동환경의 정비를 추진한다.
공명당	사회정책	슬로건 : 돌봐주는 사회 고립사 제로를 목표로 민생위원, 지역포괄지원센터 등 기존의 지역 돌보기 체제를 충실, 강화한다. 전기, 가스, 수도 등의 민간사업자로부터 정보제공 등을 포함하여 종합적인 '생명을 지키는 네트워크'를 구축한다. 직장이나 지역에서 우울증을 조기 발견하고 조기 치료하기 위한 체제를 정비함과 동시에 인지행동 요법이나 적절한 약물치료 요법의 보급을 추진한다.
	고용정책	슬로건 : 젊은이 고용대책 강화 환경, 의료, 개호, 농업, 관광 등의 신성장산업 분야를 중심으로 500만 명의 고용을 창출한다. '젊은이 고용 담당 장관'을 설치하여 젊은이 고용의 국가전략을 강력하게 추진한다.

출처 : 정치, 선거 플랫폼 '政治山' 衆議院選擧 2012 「政党情報＆マニフェスト・公約比較表」를 기초로 필자 재작성(홈페이지 : https://seijiyama.jp, 2021년 9월 17일 검색)

앞에서 살펴보았듯이 2008년 리먼 사태 이후 정권을 잡은 민주당은 사상 유례가 없는 선거승리로 자신들이 실현할 공약의 정치적 걸림돌은 없었다. 자녀수당 지급 공약을 시작으로 자유민주당 정권과 비교해 진보적 사회정책의 실현이 차곡차곡 진행되고 있었다. 그러나 이러한 공약실현의 발목을 잡은 것은 자유민주당 같은 야당이 아니라 아이러니하게도 민주당 자신이었다.

오키나와 미군기지 반환문제를 둘러싸고 하토야마 정권이 조기 붕괴하여 정권운영의 동력을 상실한 가운데, 사회정책은 민주당 정권이 실현할 공약의 우선순위에서도 밀리는 상황을 맞이했다. 하토야마 정권의 뒤를 이은 간 정권은 대한제국 강제병합 100년에 즈음한 담화를 발표하는 등 우리나라와의 새로운 관계 정립을 위해 노력했지만, 2011년 3월 11일 발생한 동일본대지진과 후쿠시마 원전파괴 등으로 인해 새로운 경제위기에 직면하게 되었다. 사회정책 실현의 우선순위는 더욱 더 밀리는 상황에 이르렀으며, 야당인 자유민주당도 반대당으로서의 역할을 강화하기에 이르렀다. 간 정권의 뒤를 이은 노다 정권은 민주당의 3대 정권 중에서 자유민주당 정권에 버금갈 정도의 보수적 색채를 띠는 무늬만 민주당 정권이었다. 자녀수당을 비롯한 민주당 정권에서 추진한 대부분의 사회정책은 추진동력을 상실한 채 무효화 하거나 축소되거나 포기하기에 이르렀다. 그리고 2012년 12월 정권은 자유민주당에 넘어간다.

2012년 12월 실시한 제46회 중의원 총선거는 동일본대지진의 여파를 어떻게 수습하느냐가 관건이었다. 위기를 극복하기 위한 경제정책, 잃어버린 일자리 회복, 젊은이들에게 삶의 활력을 불어넣어 주어야 할 필요성이 증가한 사회정책 등을 어떻게 균형 있게 실현할 수 있느냐가 평가 받아야 했다. 그러나 선거는 말초적으로 진행됐고 결과는 냉혹했다. 여당인 민주당은 반쯤 붕괴한 상태로 선거를 맞이하였지만, 선거 후에는 여당의 흔적조차 사라진 결과를 받아들여야 했다.

<표 7>은 당시 여당이었던 민주당과 제1야당이었던 자유민주당, 제2야당이었던 공명당의 주요 사회정책과 고용정책을 정리한 것이다. 정책의 내용만 본다면 민주당과 공명당은 놀랍도록 비슷하다. 자유민주당은 개인 책임의 우선, 그 책임에 상응하는 국가의 지원이라는 신자유주의 노선을 철저히 추구하고 있다. 그런데 선거결과 탄생한 정권은 아베를 수상으로 하는 자유민주당과 공명당의 연립정권이었다. 자유민주당은 단독정권수립도 가능한 상황이었지만 참의원에서 과반수를 확보하지 못한 상황이었고, 공명당과의 오랜 연립정권의 성과와 신뢰가 있었기에 연립정권을 선택한 것이다.

칼질도 해본 사람이 할 수 있다고 다시 도마 위의 칼을 잡게 된 아베는 경제정책으로서의 아베노믹스를 주창하면서 경제위기를 극복하려 하였다. 사회정책은 필요 최소한의 사회보장과 국가책임에서 개인 책임으로의 방향 전환을 특징으로 했는데, 사회정책의 실현은 경제정책의 부수적인 효과로 신자유주의의 신념이기도 한 낙수효과(trickle-down effect)를 노렸다.

아베 수상의 후임으로 취임한 스가 수상은 아베노믹스에 대해 긍정적인 평가를 하였지만, 그는 1년 만에 퇴진을 표명하지 않을 수 없었다. 스가 수상의 후임으로 취임한 기시다 수상은 자유민주당 총재선거 당시 1년 전과 똑같이 아베노믹스에 대해서 경제정책으로서의 아베노믹스는 "성장에서 중요한 성과를 이룬 것은 의심할

나위가 없다"라면서도, "부의 재분배라는 측면에서 낙수효과는 아 직 나타나지 않았다"라고 지적했다.[18]

아베 정권 당시 경제정책의 하위정책으로서 자리매김했던 사회 정책이었지만, 사회정책이 그 자체로서 실행력을 가지지 못할 이유 도 없었다. 2008년 리먼 사태, 2011년의 동일본대지진이라는 경제 위기상황에서 피폐해진 국민의 삶을 보듬기 위한 최소한의 사회정 책은 추진되어야 했기 때문이다.

그런데 아베 정권이 추진한 사회정책의 특징을 살펴보면 철저하 게 경제성장을 위한 전략적 차원에서의 사회정책이 추진되었다. 아 베는 자신이 주창한 아베노믹스의 성장전략에 따른 사회보장개혁을 추진했는데, 그 특징은 크게 3가지로 정리할 수 있다. 첫째, 사회보 장급여의 억제와 이용자 부담의 증가, 둘째, 사회보장의 시장화와 영리화, 셋째, 사회보장에 있어서의 국가책임의 방기(放棄)를 철저 하게 하는 것이 그것이다.[19]

구체적으로는 연금 분야에서 2013년 10월 노령, 장애, 유족연금 급여의 1%를 삭감하였고, 2014년 4월 다시 1% 삭감, 2015년 4월 에 또다시 0.5%를 삭감하였다. 생활보호 분야에서도 2014년 8월부 터 의료와 의류에 충당하는 부조비를 대폭 삭감하여 총액 670억 엔을 삭감하였고, 의료분야에서는 70~74세 고령자의 의료비 자기 부담이 20%로 인상되어 자기 부담이 증대되었고, 후기 고령자 의 료의 보험료 특례 경감조치도 폐지되었다.

또한, 민주당 정권하에서 민주당과 자유민주당, 공명당의 3당 합

---

18) 뉴스 1, "일 차기 총리 후보 기시다 '아베노믹스 낙수효과 없었다'", 2021년 9월 8일.
19) 藤田安一, "安倍政権による社会保障改革の特徴と問題点", 『地域学論集』, 第13巻, 第2号(2016 년), 16쪽.

의에 의한 '사회보장과 세제의 일체 개혁'을 구체화하여 사회보장을 목적세로 하는 소비세를 2014년 4월에 8%로 인상하였고, 2015년 10월에는 10%[20]로 인상하기로 결정했다. 사회보장비를 핑계 삼아 오랜 숙원사업이었던 소비세를 인상하는 데 성공한 것이다.

아베 정권은 사회보장을 민간 기업의 비즈니스 찬스 확대로 활용하려는 모습도 보였는데, 2014년 5월 30일 제정한 "건강·의료전략추진법"이 그 정수(精髓)라 할 수 있다. 이 법률의 목적은 "건강장수사회의 형성에 해당하는 새로운 산업 활동의 창출 및 해외에 있어서의 전개의 촉진, 그 외의 활성화에 의해 해외에서의 의료의 향상에 기여하며, 우리나라 경제의 성장에 기여하는 것을 목적으로 한다."라고 하여 사회보장의 시장화와 민영화를 강조했다.

한편, 일본 헌법 제25조 2항은 "국가는 모든 생활 부면에 대하여 사회복지, 사회보장 및 공중위생의 향상 및 증진에 노력하지 않으면 안 된다."라고 하여, 사회보장에서의 국가책임을 명확히 하고 있지만 아베 정권은 이러한 국가책임을 방기하고 자조와 공조 차원으로 사회보장의 책임을 회피하려 했다.

결국, 아베 정권에서 추진한 사회보장개혁의 결과, 급여의 억제에 의한 인간의 생리적 최저한의 생활보장에 한정되고, 사회보장은 기업 본위의 영리 목적의 수단으로 타락하고, 사회보장의 책임은 자조와 호조(互助)가 강조되어 국가책임이 방기되기에 이르렀다. 이것은 권리로서의 사회보장의 해체를 의미한다.[21]

이렇게 7년 9개월간의 아베 정권은 일본의 사회보장시스템 전반

---

20) 실제 소비세가 10%로 인상된 것은 2019년 10월임.

21) 藤田安一, "安倍政権による社会保障改革の特徴と問題点", 『地域学論集』, 第13卷, 第2号(2016년), 20쪽.

을 개혁이라는 이름 아래 철저하게 헌법정신마저 파괴하였고, 경제
정책의 하위정책으로서 사회정책을 확실하게 자리매김하였다. 경제
위기에 따른 사회정책의 확실한 변화를 보여준 것이다.

5. 일본의 사회정책은 지속 가능한가?

지금까지 살펴보았듯이 일본은 제2차 세계대전에서 패한 후 짧
은 기간 동안 세계 유수의 경제 대국의 지위를 획득했다. 그 지위
를 이용하여 대부분의 근대국가가 이룩한 사회정책의 근간을 갖추
는 데 성공했다. 그러나 경제성장에 따른 사회정책의 발전이라는
태생적 한계는 현재까지 극복하지 못하고 있다.

경제성장기에 실현된 사회정책이 지속 가능하기 위해서는 사회정
책에 대한 정치권의 합의가 필요하지만, 일본에서의 정당정치는 자
유민주당의 일당 우위 체제가 장기간에 걸쳐 지속하면서 정당 간의
합의가 아닌 자유민주당의 의지에 의존하는 측면이 컸다. 그런데 자
유민주당은 일관되게 사회정책을 경제성장의 부산물로 간주했다.

그렇기 때문에 경제위기 시에는 이를 극복하기 위한 방안으로 경
제성장 전략을 한 축으로 하고, 사회보장 축소전략을 한 축으로 하
여 일관되게 실행에 옮겼다. 제1차 오일쇼크, 제2차 오일쇼크의 경
제위기 시에는 노인 의료비 무료화 제도를 근간으로 하는 노인복지
법을 폐지하고 노인보건법을 제정했다. 리먼 사태로 경제위기가 찾
아왔을 때 이를 극복하기 위한 방안으로 민주당 정권에서 추진한
자녀수당 등 현금급여를 통해 사회보장을 확대하였던 정책마저도
동일본대지진의 경제 상황을 핑계로 자녀수당 제도를 폐지하기도

했다.

2012년 자신들이 정권을 잡았을 때는 아베노믹스로 경제를 회복시키겠다는 명분으로 헌법에서 국가책임으로 보장해야 하는 사회보장정책을 개인의 책임과 노력으로 치부하며, 사회보장을 축소하는 데 혈안이 됐다. 결국 아베 정권이 추진한 경제정책으로서의 아베노믹스는 성공을 거두지 못했지만, 사회보장의 축소라는 전략은 어렵지 않게 성공할 수 있었다.

일본은 경제위기 이외에도 고령화와 저출산, 인구의 감소라는 전대미문의 인구학적 위기, 자연재해 등 위기가 만연된 나라다. 버블경제 붕괴 이후 지난 30년간의 경제성장도 한정적으로 이루어졌다. 사회적 위기에 처한 사람들에게 사회정책으로 위기를 극복하게 하는 정책의 전환이 필요하다. 경제위기 시에 전가의 보도처럼 이루어지는 사회정책의 후퇴, 원점회귀라는 사회정책 패러다임의 전환이 필요한 시기다.

일본경제가 다시 승승장구하는 것은 세계 경제의 구조상 매우 어렵다. 그렇다면 일본은 새로운 정책목표를 수립해야 한다. 일등경제국가에서 일등사회국가로의 전환이다. 사실 일등사회국가는 일본이 아직 경험해보지 못한 세계다. 그렇기 때문에 실현의 가능성도 높다고 할 수 있다.

지금까지 자유민주당이 주도하는 연립정권에서 자신의 색깔을 드러내지 못한 채 한정적인 역할에 머물러 있던 공명당이 자신들의 당 색을 선명하게 내걸고 일등사회국가로 나아가는 정책목표를 설정한다면, 정권을 유지해야 하는 절체절명의 목표가 있는 자유민주당으로서는 따르지 않을 수 없을 것이다. 지난 10년간의 야당 생활에 종지부를 찍으려는 의지가 있다면 제1야당인 입헌민주당도 유럽의 사민주의 정당처럼 사회정책에 있어서 비교우위를 가져야 할 것이다. 결국 정당정치의 변화가 일본의 사회정책을 지속 가능하게 할 것이고, 경제위기를 극복하는 하나의 방법이 될 것이다.

07

경제위기 이후 대만의
정당정치와 복지개혁

임유진(강원대학교)

1. 서론

2008년 글로벌 금융위기 이후 전 세계는 일상화된 위기를 경험하고 있다. 경제적으로는 실업률의 증가로 인한 경제적 불평등의 문제가 더욱 심화하고 있으며, 사회적으로는 출산율 저하와 평균수명 연장으로 인한 급속한 고령화를 경험하고 있다. 이러한 상황에서 국민의 건강과 안전을 책임지고 안전한 삶을 보장하는 경제적 능력을 갖춘 근대국가의 산물인 복지제도의 필요성과 지속가능성에 대한 논의가 활발해지고 있다.

대만은 발전국가의 전략적 개입을 통해 급속한 경제성장을 이루어왔다. 1991년부터 2000년까지 대만 경제의 GDP 성장률은 6.3%를 유지하는 등 비교적 안정적으로 경제성장을 유지해왔으며 1997-8년 아시아 외환 위기에도 상대적으로 크게 영향을 받지 않으면서 예외적으로 생존해냈다(<그림 1> 참고).

---

* 강원대학교 조교수(yoojinlim@kangwon.ac.kr).
** 본 연구는 "대만의 정당정치와 위기대응의 정치경제: 차이잉원 정부의 공공 서비스 연금개혁을 중심으로."『담론 201』24권 3호(2021)에 게재된 논문을 수정 보완한 것임.

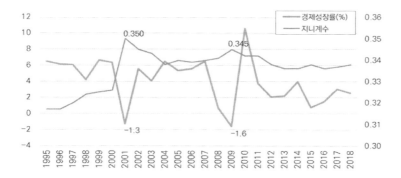

<그림 1> 대만의 지니계수와 경제성장률(1995-2018)

출처: Statistical Yearbook of the Republic of China (2019).

그러나 2001년 IT 버블 붕괴 이후 대만 경제의 성장률 증가가 점차 둔화되기 시작했으며 2008년 말 미국에서 시작된 글로벌 금융위기를 계기로 대만 경제는 심각한 저성장에 직면했다(<그림 1> 참고). 특히 2009년 1분기의 경우, 경제성장률이 -10.24%로 대만에서 사상 최고의 감소율을 기록하기도 했다(첸잉팡·뤼지엔더 2011). 그리고 1990년대까지 안정적으로 유지되던 실업률은 2000년대 이후 저성장 저투자의 어려움을 겪으면서 2000년 2.99%로 급격하게 상승했으며, 이후 4~5%대의 수준이 유지되는 등 대만에서 경제적 불평등은 지속적으로 악화되고 있다(Fuller 2018).

<表 1> 대만의 주요 경제지표(1985-2015)

	경제성장률 (%)	1인당 GDP (US $)	실업률 (%)	지니계수	5분위배율
1985	4.8	3,315	2.91	0.290	4.50
1990	5.7	8,216	1.67	0.312	5.18
1995	6.5	13,129	1.79	0.317	5.34
2000	6.4	14,941	2.99	0.326	5.55
2005	5.4	16,532	4.13	0.340	6.04
2009	-1.6	16,988	5.85	0.345	6.34
2010	10.6	19,278	5.21	0.342	6.19
2015	0.8	22,400	3.78	0.338	6.06

출처: Statistical Yearbook of the Republic of China(2019).

또한, 대만은 1990년대 이후 고령화로 인한 급격한 인구 변화를 경험하고 있다. 1993년 65세 이상 노년층의 인구 비율이 전체 인구의 7%를 넘어 고령화 사회(aging society)가 된 이후 2018년 14.05%로 증가하여 고령 사회(aged-society)로 공식 진입했으며, 불과 8년 뒤인 2026년 초고령 사회(hyper aged society)로 진입할 것으로 예상된다.[2] 특히 대만의 경우 고령 사회에서 초고령 사회로의 이행은 다른 선진 민주주의 국가들에 비해 매우 빠른 속도로 진행되고 있다. 예컨대 초고령화 사회에 이미 접어든 일본(11년), 프랑스(29년), 독일(37년)보다 빠른 속도이며, 전 세계적으로 가장 빠른 속도의 인구구조 변화가 나타나고 있는 한국(9년)보다도 빠르다 (Huang, Lin and Lee 2019; Lin 2014). 급속한 고령화에 따라 대만에서 노인부양비율 역시 1991년 9.73%에서 2009년 14.56%,

---

2) UN 등 국제기구는 한 국가에서 65세 이상 인구가 전체의 7% 이상이면 고령화 사회, 14% 이상이면 고령 사회, 20%를 넘으면 초고령 사회로 구분하고 있다.

2012년 15.03%, 2016년 18.0%로 증가하고 있으며 초고령 사회로 진입하게 되는 2026년에는 30.8%까지 증가할 것이 예상된다(Chen 2018).

대만에서 인구 고령화가 매우 빠르게 가속적으로 진행됨에 따라 사회가 함께 해결해 나가야 할 복지 욕구와 사회적 부양 부담은 증가하는 반면 경제위기 이후 경제적 생산성이 정체됨에 따라 비용 배분에 대한 사회적 합의를 도출하는 것이 쉽지 않을 것이 예상된다. 따라서 본 연구는 고령화 시대의 소득 보장을 위한 핵심과제라고 할 수 있는 노령소득보장을 중심으로 대만의 사례를 통해 사회의 지속가능성을 위한 효과적이고 신축적인 사회경제적 대응방안을 모색해보고자 한다.

본 연구는 다음과 같이 구성된다. 우선 대만의 발전주의적 복지 레짐의 변화와 관련한 기존 논의를 검토한다. 다음으로 대만의 분절적 노령소득보장제도의 발전과정과 현재 노령소득보장제도의 체계를 이해한다. 그리고 대만의 민주진보당(Democratic Progressive Party, 이하 민진당)의 차이잉원(蔡英文, Tsai Ing wen) 정부가 직면했던 사회경제적 위기를 분석하고, 이러한 위기에 대한 대응으로서 위기대응의 정치와 공공 서비스 연금개혁이 성공할 수 있었던 정치 경제적 원인을 분석하고자 한다. 그리고 이를 통해 동아시아에서 정당 경쟁과 복지개혁의 정치에 대한 새로운 이론화의 가능성을 탐색할 것이다.

2. 이론적 논의

1) 기존 문헌검토

대만의 복지제도에 대한 평가는 혼재되고 있다. 우선 민주화 이후 민진당 정부의 집권과 정당 경쟁 등에도 불구하고 대만의 복지국가는 여전히 낮은 복지 예산과 대상에 따른 불균형적인 구조의 지속 등 잔여적 복지제공의 기능만을 담당하고 있다고 평가된다. 특히 대만의 경우 민주화 이후에도 다른 동아시아 국가들과 비교해 복지비 지출은 낮은 수준을 유지하고 있으며, 사회보험 중심성과 직역별 계층화에 따른 복지 불평등이 지속되고 있다(권순미 2008; 강병익 외 2018; Nam 2019). 또한 2008년 글로벌 금융위기에 대한 대응에서 임시적이고 단편적인 복지제도들만을 포함함으로써 근본적인 위기를 해결하는 데 한계가 있었다(Lin 2018; Hwang 2012; 첸잉팡·뤼지엔더 2011; Lee 1999). 더욱이 최근 코로나19라는 전대미문의 정치·경제·사회적 위기에 대한 대응에서도 대만의 복지국가는 발전주의적 특성이 지속적으로 유지되는 회복 탄력성(resilience)을 보여주었다(Soon, Chou and Sho 2021). 그러나 이러한 제도적 관성을 강조하는 설명은 대만에서 민주화 이후 전민건강보험제도(1995년), 고령농민복지수당(1995년), 국민연금법(2008년) 등 복지제도의 적용 대상 및 급여 확대와 같은 지속적인 발전과 현재 차이잉원 정부에서 시도되고 있는 공무원 연금개혁을 모두 설명하기에는 한계가 있다.

한편, 대만의 복지제도가 변화하고 있다는 관점에서는 민주화 이후 사회보장을 위한 지출이 점차 확대되고 있으며(<그림 2> 참고),

복지 혜택의 대상이 점차 확대되고 있다는 점에 주목한다. 대만에서 민주화 이후 전민건강보험제도(1995년)를 통해 분절적으로 존재하던 건강보험체계를 통합함으로써 인구의 97%가 동등한 의료서비스를 받을 수 있게 되었다(지은주 2012). 그리고 민주화 이후 대만의 정치 동학에 따라 복지제도가 변화하는 원인을 정치 동학으로 설명한다. 첫째, 진보적 성향의 민진당의 역할이다. 친복지 정당을 자임했던 민진당은 2000년 천수이벤(陳水扁, Chen Shui-bian)의 집권 이후 복지에서 여러 가지 의미 있는 진전을 이루어냈다. 실제로 2000년 민진당으로의 정권교체 이후 정부지출대비 사회보장비 지출이 1999년 13.7%에서 2000년 16.9%, 2001년 17.5%로 증가했다. 2001년 IT 버블 붕괴 이후 2002년 정부지출에서 사회보장비가 차지하는 비율이 일시적으로 감소하기는 했으나 2008년까지의 민진당 집권 기간 동안 정부지출 대비 사회보장비는 15% 이하로 내려가지 않았다(<그림 2> 참고). 또한 민진당 정부 집권 기간 동안 실업급여, 직업훈련, 고용서비스를 통합한 고용보험법이 시행되었다(권순미 2008; Nam 2019). 둘째, 민주화 이후 선거에서 승리하기 위한 중국국민당(Kuomintang of China, 이하 국민당)과 민진당 간 정당 경쟁의 결과로 대만 복지국가의 변화를 설명한다(Aspalter 2001). 예컨대, 민주화 이후 국민당과 민진당 간 선거경쟁에서 나타난 공로경쟁(credit claiming)의 결과 무기여 수당의 형태로 고령농민복지수당(1995년)이 도입되었으며(3000위안), 선거경쟁이 점차 격화되면서 그 규모가 2011년 7000위안까지 확대되었다(Lin 2013). 그러나 당파성(partisanship)에 따른 복지확대 주장은 대만에서 민주화 이후 선거경쟁의 격화와 경제적 저성장이라는 정치 경제

적 구조가 동일하게 작동하고 있는 상황에서 2013년 국민당 마잉
주(馬英九, Ma Ying-jeou) 정부와 2017년 민진당 차이잉원 정부
모두 복지확대라는 공로 경쟁(credit claiming)이 아니라 비난 회피
(blame avoiding)가 요구되는 공공 서비스 연금개혁을 시도했는지
에 대한 설명을 하기에는 여전히 한계가 있다.

<그림 2> 대만의 정부지출대비 사회보장비 지출 추이(1995-2018)

(단위: %)

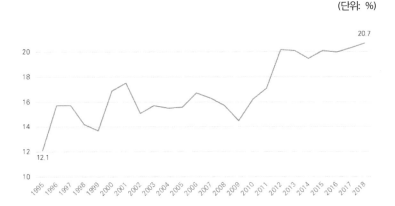

출처: Statistical Yearbook of the Republic of China(2019).

이러한 선행 연구에 대한 비판적 검토를 바탕으로 본 연구는 최
근 차이잉원 정부에서 추진하고 있는 대만의 공무원 연금개혁 사례
에 초점을 맞추어 복지개혁의 성공 원인을 정치적 변수를 중심으로
이해하고자 한다. 특히 복지제도 개혁에서 정치적 제도와 정당정치
에 초점을 맞추어 사회경제적 구조 변화에 따른 위기에 직면한 차
이잉원 정부가 난공불락으로 보였던 공공 서비스 연금개혁을 성공
할 수 있었던 정치 경제적 이유를 밝히고자 한다.

2) 정치제도와 복지국가의 발전과 개혁

정치제도는 복지국가의 발전과 개혁에 영향을 미친다(Estevez-Abe 2008; Iversen and Soskice 2006; Bonoli 2000). 일반적으로 당선자 결정방식, 선거구의 크기와 권력의 집중도 등의 정치구조변수가 중요하다. 첫째, 선거에서 당선자를 결정하는 방식은 복지제도의 차이를 만들어낸다(Yang 2019; Mitchell 2000). 비례대표제에서 정당은 전국을 하나의 선거구로 하여 전국단위의 정당 득표율에 의해 의석수가 결정된다. 따라서 비례대표제에서 정당은 전국을 상대로 전체 유권자의 동원에 유리한 복지와 같은 공공정책을 통해 득표를 모색할 가능성이 크다. 또한 비례대표제는 전국단위의 선거에서 지지율에 따라 의석을 차지한다. 따라서 신생 친복지 좌파정당도 의회에 진입하는 것이 용이하며, 추동하는 경향은 좌파세력이 연립정부의 구성에 참여할 가능성을 높여 준다는 점에서 비례대표제는 복지국가에 친화적이다. 반면, 단순 다수제는 지역구에서 최다 득표자만이 당선되기 때문에 후보자들은 해당 지역구에 대한 개발현안이나 지역구의 서비스 확충과 같은 공약을 제시하려는 경향이 있다. 더욱이 유권자들은 사표를 방지하기 위해서 차선이라도 유력한 정당 후보자에게 투표하려는 경향이 크기 때문에 신생 좌파정당의 의회 진출 가능성이 낮아진다.

둘째, 선거구의 크기가 복지 제도의 차이를 가져온다. 중대선거구(multi-member district: MMD)의 경우 하나의 선거구에서 2명 이상의 후보자가 당선된다. 따라서 상대적으로 소수의 득표만으로도 당선될 수 있기 때문에 후보자들은 소수의 조직화된 집단을 동원하기 위해 분절화된 사회보장 프로그램을 제공한다. 반면, 소선거구제(Single Member District, SMD)에서의 승자독식(winner-take-all) 원리는 득표에서의 작은 차이가 선거결과에서 당선과 패배라는 엄청난 차이를 만들어내기 때문에 다수의 비조직화된 유권자들의 전반적인 선호에 대해 보다 민감하게 반응하는 경향이 있으며 각 후보자들은 지리적으로 명확하게 정의되는 서비스와 관련한 선거 공약을 제시하는 경향이 있다(Estevez-Abe 2008).

특히 단기명 중선거구제(Single Non-Transferable Vote under Multi-member district, SNTV-MMD)의 경우 유권자는 한 후보자만 선택해야 하지만 정당은 여러 명의 후보자를 공천하며 다수의 당선자를 배출한다. 이러한 상황에서 후보자들은 지역구에서 다른 정당 후보자들과도 경쟁하는(inter-party competition) 동시에 같은 지역에 출마한 같은 정당의 다른 후보들과도 경쟁(intra-party competition)을 해야 한다. 따라서 후보자들에게 있어 정당 명칭(party label)은 크게 중요하지 않으며 정당 규율에 얽매이기보다는 개인의 정치적 이해관계에 보다 충실하게 된다. 더욱이 이데올로기와 공약에서 차이가 있는 정당 간 경쟁보다는 오히려 이데올로기와 공약에서 차이가 없는 동일 정당 후보 간 정당 내 경쟁이 더욱 중요하게 된다. 따라서 후보자는 보다 극단적인 입장을 통해 다른 후보자와 차별화를 하거나 당선을 위한 최소한의 득표를 위해 소규모의 핵심적인 그룹을 대상으로 선심성 공약사업(pork-barrel project) 등을 통해 지지를 극대화하고자 한다(지은주 2010; Hsieh 2009).

셋째, 권력의 집중도는 복지 제도의 차이를 가져온다. 거부점(veto point)의 존재는 제도변화에 서로 다른 영향을 미친다. 우선 권력 구조의 관점에서 대통령제에서는 철저한 권력 분립의 원칙에 따라 의회가 행정부를 견제하도록 구조화되어 행정부와 의회는 서로에 대한 거부점(veto point)으로 작용한다. 반면 의원내각제에서는 다수당이 행정부를 구성하기 때문에 거부점이 나타나지 않아 제도변화가 추동되기 쉽다(Tsebelis 2002). 그러나 정당 식별성(party identification)과 책임성(accountability)으로 인해 거부점의 존재가 오히려 제도변화를 추동할 수 있다(Estevez-Abe 2008). 하나의 정당이 정부를 구성하여 거부점이 존재하지 않는 다수 정부(majority party government)에서는 정책의 책임이 모두 집권당에 돌아가 직접적인 정치적 부담으로 작용할 수 있기 때문에 비인기정책이 시행되지 않는 경향이 있다. 반면, 거부점이 존재하는 연립정부 또는 소수 정부인 경우 정책의 책임이 연립정부를 구성하는 다른 정당 또는 다수를 점하고 있는 야당 등 다른 정당에 전가될 수 있기 때문에 비인기정책이 시행될 수 있다.

2005년 대만은 단기명 중선거구제(SNTV-MMD)에서 1인 2표 병립식 혼합선거제로 전환했다(지은주 2010). 2008년 제7대 입법위원 선거 이후 대만의 정치제도는 소선거구제-단순 다수제로 변화되었으며, 2012년 이후 입법위원 선거와 총통 선거를 동시에 실시함에 따라 나타난 일괄 투표의 경향으로 인해 다수 정부라는 특징이 나타나고 있다.

3) 대만에서 정당 경쟁과 복지정치의 등장

대만에서 민주화 이후 선거경쟁이 심화하면서 복지이슈가 정치에서 점차 부각하기 시작했다. 1992년 입법위원 선거에서 타이난에 출마한 민진당의 슈완즈(Su Huahn-Dj) 후보가 5000위안의 노령연금 공약으로 당선되면서 연금과 복지이슈가 선거에서 중요한 쟁점이 되었다(Lin, 2005). 이에 국민당은 복지와 같은 다양한 이슈를 포괄하는 전략(catch-all)을 통해 민주화 이후에도 압도적인 우위를 유지하기 위한 노력을 경주했다(Shen and Liao 2017). 예컨대 1995년 전민건강보험의 도입과정에서 민진당이 단독으로 공로를 획득하게 될 것을 우려한 국민당은 건강보험개혁을 선제적으로 제안했다. 이는 국민당과 민진당 간 정책적 차이가 계급과 소득과 같은 사회적 균열에 의한 것이 아니라 중국을 향한 서로 상이한 정치적 이데올로기에서 유래한 것이기 때문이었다(Shi, 2010). 그리고 정당 경쟁이 진행될수록 국민당과 민진당 간 복지정책의 격차는 점차 줄어갔으며, 대만 유권자들 역시 주요 정당의 복지이슈에 대한 입장의 차이가 점차 감소하고 있는 것으로 인식하고 있다(<그림 3> 참고).

<그림 3> 사회복지 증진에 관한 유권자의 자기평가와 정당에 대한 인식

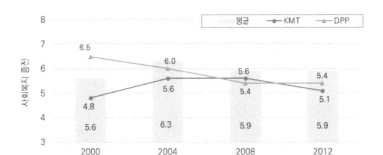

출처: Sheng and Kiao (2017) 재인용.

뿐만 아니라 선거경쟁의 과정에서 한 정당과 후보들이 특정 집단에 이익이 되는 정책을 옹호하는 경우 선거에서 승리하기 위해 다른 정당과 다른 후보도 비슷하게 행동하거나, 심지어 같은 대상을 겨냥하여 보다 확장적이고 급진적인 정책을 옹호하는 경향도 나타났다. 이에 따라 사회적 약자를 지지기반으로 친복지 정당을 표방했던 민진당이 복지에 대한 이슈 소유권을 주장하기가 점차 어려워졌다(Shen and Liao, 2017). 결국 국민당이 건강보험의 이슈 소유권(issue ownership)을 선점하면서 민진당은 연금 이슈에서만 우위를 점유하게 되었고, 복지이슈의 완전한 소유권이 아닌 연금과 건강보험 등 하위 수준에서 이슈 소유권을 둘러싼 정당 경쟁으로 변화하고 있다(Fell, 2005).

3. 대만의 노령소득보장제도

대만은 경제성장에 국가의 존립 근거와 국가 행위의 최우선권을 부여하는 발전국가의 전략적인 시장 개입을 통해 성공적인 경제성장을 이루어왔다. 발전국가에서 성장 이외의 문제, 즉 분배나 복지 등은 부차적이거나 심지어 경제발전이라는 국가가 추진해야 할 목표의 장애물이었다(Johnson 1982; Deyo 1992; Wade 1990). 이러한 점에서 발전국가 시기 대만의 사회정책은 국민의 복지를 증진하고 사회적 약자를 보호하기 위한 것이 아니라 당시 국민당 정권의 공고화와 경제성장이라는 목적에 부합하는 대상에 대해 우선으로 복지가 제공되면서 "직업 분리, 차별적 대우"를 특징으로 하는 대만의 복지체제가 성립되었다(Ku 1995; 강병익 외 2018; 권순미 2008; Wong 2004).

1) 대만 노령소득보장제도의 구조

대만의 노령소득보장제도는 5개의 기둥으로 이루어져 있다(<표 2> 참고). 0 또는 기본 기둥에 해당하는 사회복지 프로그램은 비기여 사회수당으로서 중간소득(3600위안) 및 저소득(7000위안)노인 생활수당, 노령농민복지수당(7000위안), 재향군인 요양수당(14,150 위안), 노인 기본보장수당(3500위안), 노령 원주민 복지수당(3500위안) 등이 포함된다. 첫 번째 기둥은 의무적인 공공보험으로서 군인, 공무원, 공립학교 교사 보험, 노동보험, 농민건강보험, 그리고 2008년에 시작된 새로운 국민연금제도가 있다.

두 번째 기둥은 의무적인 직업연금 프로그램으로 공공 서비스 연금 기금(Public Service Pension Fund, PSPF),[3] 노동 연금, 사립학교 연금 등이 있다. 공공 서비스 연금은 공무원(정치인 포함), 공립학교 교사, 군인이 포함된다. 노동보험(Labor Insurance)의 경우 1984년 근로기준법이 통과한 이후 도입된 구-연금제도 하에서 고용주들은 노동자 월 급여의 2~15%를 연금기금으로 기부하도록 했다. 그러나 구-연금제도는 이동성과 자금 부족의 문제에 직면했고, 이를 해결하기 위해 2005년 확정기여제(Defined Contribution, DC)가 도입되면서 고용주들은 노동연금기금에 6% 이상을 기부하고 있다. 사립학교연금의 경우 보험료율은 교사 월급의 두 배의 12%이며, 나머지 65%에 대해 고용주와 정부가 각각 32.5%를 부담하고 있다. 새로운 노동연금제도에 따라 근로자들은 퇴직과 관계없이 60세 이후 연금지급액을 수령하는 것이 가능하기 때문에 퇴

---

3) 公務人員退休撫卹制度는 일반적으로 '공무원 연금'으로 통칭하나, 본 연구에서는 公務人員退休撫卹制度의 의무가입 직업군이 군인, 공무원, 공립학교 교사를 포함하므로 영어표현을 번역하여 '공공 서비스 연금'으로 사용함.

직수당을 받거나 직장에 남아있을 수도 있다.

세 번째 기둥은 개인저축 계좌의 역할을 하는 자발적인 개인연금이며 마지막 네 번째 기둥은 대만에서 가족의 윤리적 지원체계로 노인에 대한 가족 간 세대 간 지원이 포함된다(Hsieh and Tung 2016).

<표 2> 대만의 다층 연금제도

	프로그램명	내용
기본 단계	사회복지프로그램	중·저소득노인 생활수당, 노령농민 복지수당, 재향군인 요양수당, 노인 기본보장수당, 노인원주민 복지수당
첫 번째	의무적인 공공보험	군인, 공무원, 공립학교 교사 보험, 노동보험, 농민건강보험, 국가 건강보험
두 번째	의무적 직업별 연금	노동 연금, 사립학교 교원연금, PSPF
세 번째	자발적인 민간 연금	민간 연금
네 번째	윤리적 지원 시스템	가족과 세대 간 지원

출처: Chen(2018).

2) 대만의 분절적 노령소득보장제도

대만의 발전국가적 발전 전략에 따라 대만의 노령소득보장 제도 가운데 두 번째 기둥인 의무적 직업별 연금제도는 직업별로 의도적으로 서로 다르게 구분되어 설계되었다. 첫째, 1950년 3월 도입된 노동보험(Labor Insurance)은 의료, 노령, 출산, 상병, 폐질, 사망 급부를 포함한 종합사회보험제도로서 국영기업과 100인 이상 사업장에 우선 적용되었다. 이후 강제적용 범위가 1950년 7월 20명 이상 사업장, 1953년 10인 이상 사업장, 1979년 5인 이상 사업장으로 점차 확대되면서 국민당에 대한 노동자의 충성심 확보와 경제개발을 위한 건강한 노동력의 확보라는 정치 경제적 차원에서 의미 있는 역할을 담당해왔다(Ku 1997, 158; 왕혜숙 2014; Shi 2010).

둘째, 1958년 도입된 공공 서비스 연금(公務人員退休撫卹制度, Public Service Pension System)은 '군인-공무원-교원(軍公敎)' 등 국민당의 핵심적인 지지집단에 가장 광범위한 복지를 제공하고 있다(Fell 2005, 20). 공공 서비스 연금의 경우 가입자의 재정 기여율 (35%)이 노동보험(직장 가입자 20%, 자영업자 60%)에 비해 상대적으로 높기 때문에 보험료율도 상대적으로 높다(기본급의 두 배의 12%). 그러나 공공 서비스 연금은 가입자의 재정 기여분(35%) 이외의 나머지 부분(65%)을 국가가 부담하며, 퇴직금 우대 금리제도 (연 18%)를 포함한 연금의 소득 대체율은 최대 90%까지 가능하다.[4] 또한 퇴직 이후에도 질병보험과 연금보험 등 다양한 급부체계가 유지된다.

4. 민진당 정부의 위기대응과 공공 서비스 연금개혁의 정치

1) 사회경제적 변화와 공공 서비스 연금의 재정 안정성 위기

공공 서비스 연금은 군인, 공무원, 공립학교 교원을 대상으로 하는 의무적인 직역별 연금제도이다. 2016년 현재, 공공 서비스 연금

---

4) 군인, 공무원, 교원의 퇴직금 제도는 연금 또는 일시금 중 하나를 선택할 수 있다. 일시금으로 받은 경우 퇴직금 우대 금리제도에 따라 퇴직금 전액을 대만은행에 예탁하면 18%의 높은 우대 금리를 보장받을 수 있다(권순미 2008). 만일 은행의 이자율이 18%보다 낮다면 정부가 부족한 부분을 책임지도록 하고 있다. 2008년 10월 현재, 대만은행의 정기예금 이자율은 3%임을 고려하면 정부의 재정부담이 상당할 것으로 예상한다(린 우완 이 2007).

가입자는 총 63만 5천 명이며 이 중 공무원 28만 9천여 명(45.5%), 공립학교 교원 18만 6천여 명(29.3%), 군인 16만여 명(25.2%)으로 구성된다. 한편, 공공 서비스 연금 수급자 30만 7천여 명 가운데 공무원(정치인 포함) 13만 8천여 명(45.%), 공립학교 교원 11만 1천여 명(35.8%), 군인 5만 9천여 명(19.2%)이 포함된다. 또한 공공 서비스 연금 기금(Public Service Pension Fund, PSPF) 가운데 가입자의 기여액은 596억 위안에 머물렀으나, 연금지급액은 786억 위안으로 가입자의 기여액보다 131.8%를 지급했다. 공공 서비스 연금기금이 설립된 이후 누적 기여액은 총 9,809억 위안이었으며 누적 지급액은 5,923억 위안(60.4%)이다. (<표 3> 참고)

<표 3> 2016년 공공 서비스 연금 기금(PSPF) 기여액과 지급액

(단위: 1억 위안)	구분	공무원	교사	군인	합계
2016년 연금액	연금기여액	278	219	99	596
	연금지급액	347	279	160	786
	지급액/기여액 비율	124.9	127.2	161.6	131.8
연금 누적액 (2016년까지)	연금기여액	4679	3625	1505	9809
	연금지급액	2300	2226	1397	5923
	지급액/기여액 비율	49.2	61.4	92.8	60.4

출처: 2016 Pension Fund Annual Report. Public Service Pension Fund Management Board 홈페이지 (https://www.fund.gov.tw/EN/News.aspx?n=1098&sms=11768) (검색일: 2021.7.14.)

대만의 공공 서비스 연금기금의 수익률은 1996년부터 2015년까지 2008년 글로벌 금융위기(22.3%), 2011년 부채위기(-5.98%) 등 매우 예외적인 경우를 제외하고 비교적 안정적으로 유지되어왔다. 그러나 공공 서비스 연금제도의 낮은 기여율 대비 높은 급여율로 인해 공공 서비스 연금기금의 재정 안정성을 담보하기 어려워지고 있으며, 대만의 군인 연금(2020년), 교원 연금(2030년), 공무원 연금(2031년)이 차례로 붕괴할 것으로 예상된다(*China Post* 2016).

특히 대만에서 2014년 공공 서비스 연금기금의 당해 지급액 대비 기여액 비율이 100%를 초과하면서 연금개혁의 필요성이 본격적으로 제기되기 시작했다(<그림 4> 참고). 이는 당해 공공 서비스 연금기금에 적립된 연금액보다 은퇴자들에게 지출된 연금액이 더 많다는 것으로 은퇴자들의 급여 지급을 위해 누적된 연금기금의 일부를 사용하게 되기 때문에 결과적으로 공공 서비스 연금기금의 누적액이 점차 감소한다는 것을 의미한다. 따라서 이러한 추세가 지속하는 경우 공공 서비스 연금기금의 재정 안정성을 담보하기가 어려워질 수밖에 없다(Public Service Pension Fund 2016).

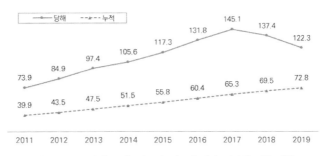

<그림 4> 공공 서비스 연금기금의 지급액 대비 기여액 비율(단위: %)

출처: Pension Fund Annual Report 각 년도. Public Service Pension Fund Management Board 홈페이지 (https://www.fund.gov.tw/EN/News.aspx?n=1098&sms=11768) (검색일: 2021.7.14.)

또한 공공 서비스 연금의 소득 대체율이 75~95%에 이르는 상황에서 연금 가입자의 평균 정년은 1996년 61.14세에서 2015년 55.72세로 낮아졌으며, 연금 일시불이 아닌 월별 분납 지급을 택하는 비율은 1992년 65%에서 2015년 97%로 증가하면서 공공 서비스 연금이 점차 정부 재정에 더욱 부담이 되고 있다.

뿐만 아니라 대만 연금개혁위원회에 따르면 2017년 현재, 13개의 연금제도가 대만에서 운용되고 있는데, 이 가운데 공무원과 일반 근로자의 연금제도 간 급여의 차이로 인해 사회적 갈등이 나타나고 있다(*Taipei Times* 2016). 공공 서비스 연금의 수급자들의 평균 월급여액은 군인(49,379위안), 공무원(56,383위안), 공립학교 교사(68,025위안) 등 상대적으로 높다. 반면, 사립학교 교사 17,223위안, 일반 노동보험 적용 근로자는 3,628위안에 불과해 국민연금과 공공 서비스 연금 수급액 간 불평등이 지속되면서(『아시아투데이』 2017/1/2.). 공공 서비스 연금에 대한 개혁의 필요성과 시급성이 지속적으로 제기되었다.

이에 따라 2013년 국민당 마잉주 정부는 공공 서비스 연금기금의 재정 안정성과 지속가능성을 담보하기 위한 연금개혁을 제안했다. 개혁의 내용은 1997년 7월 이전 취업한 퇴직 공무원에 대한 저축 우대 금리를 현재 18%에서 2017년 12%, 2018년 11%, 2019년 10%, 2020년 9%로 단계적으로 인하하는 것과 은퇴 시기를 연령과 근속 연수의 합이 90이 되는 경우로 연장하고, 소득 대체율의 상한선을 80%로 제한하는 것 등 다양한 급여 축소 조치들이 포함되도록 했다. 그러나 상당수의 공공 서비스 연금의 수급자들이 국민당의 오랜 지지자(iron voters)인 상황을 고려하면 2014년 11월 지방선거, 2016년 총통 선거와 입법위원 선거를 앞두고 집권당인 국민당이 자신의 지지 세력을 자극할 수 있는 연금개혁을 본격적으로 추진할 것을 기대하기는 어려웠다(Chen 2018).

2) 차이잉원 정부의 공공 서비스 연금제도 개혁의 정치

2016년 차이잉원 총통은 당선 직후부터 주요 선거 공약 가운데 하나였던 연금개혁에 착수했다. 2016년 6월 8일 연금개혁위원회(Pension Reform Committee)를 설립했으며, 마침내 2017년 1월 19일 공무원 및 교사 연금개혁 계획안, 2018년 6월에는 장교 및 부사관에 대한 병역법이 입법원을 성공적으로 통과했다. 그렇다면 민진당 천수이볜 정부와 국민당 마잉주 정부 등 이전 정부들과는 다르게 진보적 성향의 차이잉원 정부가 공공 서비스 연금 가입자들의 반발이 예상되는 상황임에도 불구하고 어떻게 연금개혁을 시작할 수 있었으며 또 성공했던 것일까?

첫째, 대만에서 2005년 단기명 중선거구제(SNTV-MMD)를 1인 2표 병립식 혼합선거제로 변경하는 선거제도 개혁의 의도하지 않은 결과였다. 2005년 선거제도 개혁은 의석수를 113석으로 축소하는 대신 입법위원의 임기를 4년으로 확대했다. 또한 입법위원 113석 가운데 73석은 지역구에서 단순다수대표로 선출하며, 34석은 비례대표(전국을 단위로 5% 이상 득표한 정당에 의석 배분, 50% 여성 할당), 그리고 원주민 할당의석 6석(평지 3인, 산간지역 3인)을 선출하도록 했다(지은주 2010).

대만에서 1인 2표 병립식 혼합선거제도로 개편된 이후 소수의 강한 이해관계를 가진 집단을 동원하는 것이 아니라 일반 유권자들의 일반적인 선호에 부합하는 전략이 정당의 합리적인 선택이 되었다. 따라서 민진당은 공공 서비스 연금 가입자들이 오랜 기간 향유해 온 특권과 기득권에 불만을 품고 있었던 일반 유권자들의 선호에 부합하는 공공 서비스 연금개혁을 통해 이들을 민진당의 잠재적 지지자로 동원하고자 했던 것이다(Chen et al, 2021). 반면 공공 서비스 연금개혁에 반대하는 기득권 집단은 공무원 노조의 부재로 조직화되지 못했으며 규모에서도 다음 선거에서 민진당에 실질적 위협이 되지 못했다. 2016년을 기준으로 공공 서비스 연금기금 개혁에 반대할 것으로 기대되는 공공 서비스 연금기금 가입자의 수는 64만 5천여 명 정도였다. 그리고 2016년 9월 3일 타이베이에서 공공 서비스 연금개혁에 대한 반대시위가 벌어졌을 때 참석 인원의 규모는 공무원, 교사, 퇴직 군인 등 전·현직 공무원을 모두 포함하여 10만여 명에 불과했다(『연합뉴스』 2016/9/4).

둘째, 2016년 1월 16일 실시한 총통 및 입법위원 선거에서 민진당이 압도적으로 승리하면서 공공 서비스 연금개혁에 대한 거부권 행사자의 수가 현저하게 감소했다(<표 4> 참고). 특히 민진당은 2016년 입법위원 선거에서 60.2%에 달하는 의석수를 차지하는 데 성공하면서 여소야대 정국을 끌어내면서 대부분의 개혁안을 입법원에서 단독으로 통과시키는 것이 가능하게 되었다. 더욱이 민진당은 2014년 실시하였던 지방선거에서 13개 지역과 민진당이 후원한 무소속 커 원저(Ko Wen-je) 후보의 당선까지 포함하여 압승을 거두면서 지방정부까지도 통제할 수 있는 능력을 갖추고 있었다.[5]

---

5) 차이잉원 정부가 다수 정부를 구성할 수 있었던 것은 과거 천수이볜 정부가 공공 서비스 연금의 개혁을 추진하려던 상황과 비교해 상당히 다른 제도적 조건으로 작동했다. 천수이볜 정부의 집권 기간 동안 여소야대 분점 정부는 민진당 주도의 행정부와 국민당이 이끄는 입법원 사이의 본질적인 갈등을 야기했으며 민진당 내 파벌 경쟁과 국민당이 주도하는 지방정부는 중앙 정부의 권위에 대해 지속적으로 견제했다.

구분	2012년			2016년		
	총통(%)	입법위원(%)		총통(%)	입법위원 (%)	
국민당(KMT)	**51.6**	**64**	(56.6)	31.04	35	(31.0)
민진당(DPP)	45.63	40	(35.4)	**56.12**	**68**	(60.2)
시대역량(NP)	-	-	-		5	(4.4)
친민당(PFP)	2.77	3	(2.7)	12.84	3	(2.7)
타이완 단결연맹(TSU)	-	3	(2.7)			(0.0)
무당단결연맹(NPSU)	-	2	(1.8)		1	(0.9)
무소속	-	1	(0.9)		1	(0.9)
합계	100	113	(100)	100	113	(100)

출처: 대만 중앙선거관리위원회 홈페이지(https://www.cec.gov.tw/english/cms/pe) (검색일: 2021/09/10.)

셋째, 민진당은 공공 서비스 연금개혁이라는 일부 조직화된 기득권 집단에 대한 혜택을 축소하는 비인기정책을 추진하는 과정에서 발생할 수 있는 비난을 회피하고자 이해관계자들을 서로 다른 하위 집단으로 분리하는 분할 전략을 적극적으로 활용했다. 분할(division) 전략은 조직화된 개혁 반대세력 내부의 하위 집단들을 분리하고, 특정 하위 집단에 대한 표적 삭감을 통해 개혁에 대한 잠재적 반대세력의 규모를 최소화함으로써 정치적 반발을 줄여나가는 데 도움이 될 수 있다(Pierson 1994).

민진당은 대만의 정체성에 따른 사회균열을 동원하여 '개혁되어야 할' 특권층을 구분해냈다. 1945년 국공내전에서 패배한 국민당과 함께 본토에서 이주해 온 외성인(外省人)들은 국민당이 정권을 장악하면서 지배계급을 구성했다. 그리고 외성인들은 권위주의 시대에 국민당의 주요한 지지 세력으로서, 민주화 이후에는 국민당의 철권 유권자로서 오랫동안 특권을 누려왔다. 반면, 오랫동안 대만에 거주해 온 본성인(本省人) 또는 내성인(內省人)과 원주민은 피지배계급으로서 민진당을 지지해왔다(Chu 1992). 이러한 정체성에 따른 사회균열을 기반으로 공공 서비스 연금의 특권을 향유해온 군인·공무원·교원 등 공공 서비스 종사자들을 '쌀벌레(rice worms)'로 폄훼하는 표현들을 통해 민진당을 지지하는 본성인과 구분했으며, 이러한 혐오 표현들은 소셜 미디어를 통해 급속도로 확산하였다(Chen et al. 2021).

또한 민진당은 가장 핵심 이해관계자라고 할 수 있는 공공 서비스 연금 가입자 집단을 서로 다른 이해를 가진 하위 집단으로 분리했다. 은퇴 시점의 직급에 따라 공공 서비스 연금의 급여액 수준이 다르다는 점을 부각함으로써 공공 서비스 연금 가입자들이 동일한 이해관계를 가진 하나의 집단이 아니라는 것을 분명하게 했다. 그리고 공공 서비스 연금 가입자들을 직급에 따라 구분하고, 직급별로 서로 다른 정도로 연금 급여액을 조정했다. 즉 소수로 구성되는 높은 직급 은퇴자 집단의 연금 급여액을 가장 큰 폭으로 조정했던 반면, 다수로 구성되는 낮은 직급 은퇴자 집단의 연금 급여액은 상대적으로 적게 조정했으며, 이러한 연금 급여액 조정액의 차이는 하위 직급의 은퇴자들도 은퇴 후 최소한의 만족할 만한 삶의 수준을 보장하기 위한 것임을 강조했다(<표 5> 참고).

<표 5> 대만의 공공 서비스 연금개혁 전후 직급에 따른 연금수령액 비교(단위: 위안)

	급여 포인트 (salary point)	합계	개혁 이전	개혁 이후	변화(%)
고급/고위 (senior)	800	연금액	76,824	63,690	-36,402 (-37%)
		우대저축(금리 18%)	23,268	0	
		합계	100,092	63,690	
중간 (junior)	590	연금액	56,829	46,908	-16,700 (-27%)
		우대저축(금리 18%)	6,779		
		합계	63,608	46,908	
하위/초급 (elementary)	520	연금액	50,165	41,316	-17,422 (-30%)
		우대저축(금리1 8%)	8,573		
		합계	58,738	41,316	

출처: Chen, et al. (2021) 재인용.

3) 차이잉원 정부의 위기대응의 정치적 결과

차이잉원 정부에서 추진하고 있는 공무원 및 교사 연금개혁 계획 안의 내용은 다음과 같다. 첫째, 퇴직 공무원과 교사의 우대저축이 율이 현 18%에서 6년 뒤에는 사라진다. 우대저축이자율은 첫 2년 동안 18%에서 9%로 인하되며, 이후 매 2년마다 6%, 3%로 각각 인하되고 마지막 7년 차에 0%로 인하되며 사라진다. 그러나 월 연 금이 25,000위안(공무원) 또는 32,000위안(공립학교 교원)에 미치 지 못하는 경우 18% 우대 금리가 지속적으로 적용되도록 했다. 둘 째, 공무원과 공립학교 교원의 정년이 65세까지 단계적으로 연장된 다. 셋째, 소득 대체율은 80%에서 75%로 감소하며, 이후 매년 1% 씩 감소하여 최종적으로 60%에 도달하도록 했다. 넷째, 퇴직 공무 원과 공립학교 교원의 보험료율이 12%에서 18%로 인상된다. 2018 년 6월, 공무원 퇴직 및 연금관리법과 공립학교 퇴직 및 연금관리법을 통과되어 7월 1일부터 시행되기 시작했다, 결국 퇴직 공무원 및 공립학교 교원에 대한 우대저축 이자율은 현재 18%에서 2020년 12월 31일까지 단계적으로 9%로 축소되며, 2021년 1월 이후에는 완전히 사라지게 된다. 또한 소득 대체율 역시 향후 10년 동안 60%까지 단계적으로 낮아졌다.

다음으로 2018년 6월 입법원을 통과한 육군 장교 및 부사관에 대한 병역법은 2018년 7월부터 시행되고 있다. 이에 따라 퇴역군인에 대한 우대저축 이자율(18%)은 10년에 걸쳐 단계적으로 폐지된다. 그리고 소득 대체율은 20년 근속 퇴역군인을 기준으로(55%) 근무 연수에 따라 2%씩 증가하지만, 장교 90%, 부사관 95%를 초과할 수 없도록 했다(*Taiwan News* 2017/11/15).

차이잉원 정부의 공공 서비스 연금개혁으로 정부 지출(1조 3천억 위안)과 2018년 정부 예산의 적자(943억 7천만 위안, 29%)가 크게 감소할 것으로 기대된다. 이러한 개혁에 대해 직접 연금의 축소를 경험하는 공공 서비스 종사자들은 격렬하게 반대했으며 지속적으로 반대시위가 개최되었다. 그 결과 2018년 11월 24일 실시한 지방선거에서 여당인 민진당은 시청 및 군청장 22석 가운데 6석을 획득하는 데 그쳤던 반면, 국민당은 15석이나 획득하는 등 민진당아 참패했다. 이로 인해 차이잉원 총통은 민진당 주석에서 사퇴하였으며 2020년 총통 선거에서도 차이잉원의 재선이 불투명한 것으로 예측되기도 했다(<표 6> 참고).

그러나 공공 서비스 연금개혁이 실제로 이루어지면서 2020년 치러진 총통 선거결과 차이잉원 총통은 대만 역사상 가장 높은 득표율(817만여 표)로 재선에 승리했으며(57.13%), 이후 노동보험, 국민연금 등 분절화되어 있는 대만의 연금개혁에서 차이잉원 총통의 역할이 기대되고 있다.

<표 6> 공공 서비스 연금개혁 이후 대만의 선거결과

	지방선거		총통 선거(2020년)		
	2014년	2018년	후보자	득표수	득표율(%)
민진당	13	6	차이잉원	8,170,231	57.13
국민당	6	15	한궈위	5,522,119	38.61
친민당			쑹추위	608,590	4.26
무소속	3	1			
합계	22	22	0	14,300,940	100

출처: 대만 중앙선거관리위원회 홈페이지(https://www.cec.gov.tw/english/cms/pe) (검색일: 2021/09/10.)

5. 결론

본 연구는 대만 차이잉원 정부에서 실시한 공공 서비스 연금개혁의 사례를 통해 복지정치를 이해하고자 했다. 우선 발전주의적 성장의 과정에서 성장의 부수적인 위치에서 발전한 결과 만들어진 대만의 분절적 복지의 특징을 이해하고 차이잉원 정부의 공공 서비스 연금개혁의 정치와 연금개혁의 결과를 분석했다. 차이잉원 정부의 공공 서비스 연금개혁은 2005년 선거법 개정에 따라 1인 2표 병립식 혼합선거제의 도입과 동시선거로 인한 일괄 투표 경향으로 인해 대통령제이지만 거부권이 발생하지 않는 단독정부의 구성(여대야소)으로 설명될 수 있었으며, 민진당은 단독정부(여대야소)에서 비인기정책을 추진할 때 직면할 수 있는 책임성의 문제를 분할이라는 비난 회피를 통해 효과적으로 해결하면서 오히려 지지계층의 확대를 가져올 수 있었다.

그리고 대만에서 진보적 성향을 가진 민진당의 집권 기간 동안 추진된 공공 기관 연금개혁은 이데올로기를 둘러싼 사회균열의 역사가 존재하지 않는 국가에서 복지개혁은 누가 집권하느냐와 같은 당파성(partisanship)이 중요한 것이 아니라 선거경쟁의 국면에서 선거 승리라는 목적을 위해 선택되는 정당의 정책이 보다 중요하다는 것을 경험적으로 보여주었다(Shim, 2020).

나아가 대만의 경험은 한국의 복지와 복지정치에 여러 가지 시사점을 제기한다. 우선 정책적으로 급속한 인구 고령화로 인해 급격하게 증가한 복지 및 부양 요구에 대한 사회적 합의를 도출해야 하는 과제를 안고 있는 한국에서 노령소득보장 제도의 지속가능성을 위한 연금개혁이라는 현실적인 과제를 풀어내기 위한 해결 방법을 보여주고 있다. 또한 이론적 차원에서도 한국의 복지개혁 역시 정당 경쟁이 이루어지는 정치제도의 맥락과 정당 사이의 위상적 관계를 통해 이해할 필요성과 함께 한국 복지정치와 비교를 통해 동아시아 발전국가를 중심으로 복지개혁의 정치학에 대한 새로운 이론화의 가능성을 모색해 나가야 할 것이다.

참고문헌

강병익 · 권혁용 · 지은주 · 董思齊. 2018. "민주화 이후 한국과 대만의 사회보장제도의 특징과 기원."『한국정치학회보』52(1).

권순미. 2008. "민주화, 세계화, 대만의 사회정책."『사회과학논집』39(2).

린 우완 이. 2007. "대만의 사회정책 현황과 전망." 한국사회복지학회 창립 50주년 기념 2007년 세계학술대회 발표문.

왕혜숙. 2014. "대만의 분절된 사회보험 체계의 역사적 기원: 노동보험과 공무원보험을 중심으로."『사회복지연구』45(3).

윤상우. 2013. "신자유주의 시대의 대만 발전국가: 변화와 연속성,"『경제와 사회』100.

지은주. 2012. "대만 경제개방의 확대와 소득 불평등 개선을 위한 정부의 대응."『국제정치논총』52(3).

_____. 2010. "대만의 2005년 선거제도 개혁과정의 분석과 평가."『국가전략』16(2).

첸잉팡 · 뤼지엔더. 2011. "경제위기 하 대만 사회복지제도의 발전과 개혁."『아세아연구』54(1).

Aspalter, Christian. 2001. "On the Road to a Taiwanese Welfare State: Political Parties Capitalizing on the Issue of Social Welfare." in Christian Aspalter, ed. *Understanding Modern Taiwan: Essays in Economics, Politics and Social Policy*. London: Routledge.

Bonoli, Giuliano. 2000. *The Politics of Pension Reform: Institutions and Policy Change in Western Europe*. Cambridge: Cambridge University Press.

Chen, Don-yun, Chung-an Chen, Zhou-peng Liao, Hsiang-kAi Dong, and Hung-chen Kuei. 2021. "The Rough-and tumble of Taiwan's Pension Reform in the First Administration of Tsai Ing-wen, 2016-2020." in Gunter Schubert, Chun-Yi Lee. *Taiwan During the First Administration of Tsai Ing-Wen*. New York: Routlege.

Chen, Chien-Hsun. 2018. "Taiwan's Pension Crisis." *Economic & Political*

Weekly Vol. LIII no. 50.

Chu, Yun-han. 1992. *Conflicting Democracy in Taiwan.* Taipei: Institute for National Policy Research.

Deyo, Frederic C. 1992. *Beneath the Miracle: Labor Subordination in the New Asian Industrialism.* Edward Elgar Cheltenham.

Estevez-Abe, Margarita. 2008. *Welfare and Capitalism in Postwar Japan.* Cambridge: Cambridge University Press.

Fell, Dafydd. 2005. *Party Politics in Taiwan: Party Change and the Democratic Evolution of Taiwan, 1991-2004.* New York: Routledge.

Fuller, Douglas B. "The Drift: Industrial Policy under President Ma." in Andre Beckeroff and Gunter Schubert. *Assessing the Presidency of Ma Ying-ju in Taiwan.: Hopeful Beginning, Hopeless End?* New York: Routldge.

Hsueh, Cherng-Tay and Yu-Fang Chang. 2016. "Social Welfare Policies during Global Financial Crisis: An Example of Social Inclusion in Taiwan." *Asia Pacific Journal of Social Work and Development* 26(2-3).

Hsieh, John Fuh-sheng. 2009. "The Origins and Consequences of Electoral Reforms in Taiwan." *Issues & Studies* 45(2).

Hsieh, Kevin Yu-Ching and An-Chi Tung. 2016. "Taiwan's National Pension Program: A Remedy for Rapid Population Aging?" *Journal of the Economics of Ageing* 8.

Huang, Wen-Hsin, Yeu-ju Lin and Hsien-Feng Lee. 2019. "Impact of Population and Workforce Ageing on Economic Growth: Case Study of Taiwan." *Substantiality* 11(22).

Hwang, Gyu-jin. 2012. "Explaining Welfare State Adaptation in East Asia: The Cases of Japan, Korea and Taiwan." *Asian Journal of Social Science* 40.

Iversen, Torben and David Soskice. 2006. "Electoral Institution and the Politics of Coalition: Why Some Democracies Redistributive More Than Others." *American Political Science Review* 100(2).

Johnson, Charlmers. 1982. *MITI and the Japanese Miracle: The Growth of Industrial Policy, 1925~1975.* Stanford: Stanford University Press.

Ku, Yeun-wen. 1997. *Welfare Capitalism in Taiwan: State, Economy and Social Policy.* Basingstoke: Macmillan.

_____. 1995. "The Development of State Welfare in the Asian NICs with Special Reference to Taiwan." *Social Policy & Administration* 29(4).

Lee, Hye Kyung. 1999. "Globalization and the Emerging Welfare State: The Experience of South Korea." *International Journal of Social Welfare* 8.

Lin, Wan-I. 2014. "The Aging Society and Social Policy in Taiwan." in Larry Diamond and Gi-Wook Shin, eds.. *New Challenges for Maturing Democracies in Korea and Taiwan*. Stanford University Press.

Lin, Yei-Whei. 2017. "Political Enthusiasm for Social Pension and Its Eventual Decline in Taiwan: An Institutional Account of Pension Dynamics in a New Democracy." *Asian Journal of Political Science* 25(1).

_____. 2013. "Rural Pension Politics in Taiwan: The Institutional Explanation and Implication for East Asian Agriculture Development." *Asian Journal of Social Science* 4.

Lin, Chenwei. 2018. "Weak Taxation and Constraints of the Welfare State in Democratic Taiwan." *Japanese Journal of Political Science* 19.

Lin, Chen-Wei. 2005. "Pension Reform in Taiwan: The Old and the New Politics of Welfare." in Giuliano Bonoli and Toshimitsu Shinkawa. eds. *Ageing and Pension Reform around the World: Evidence from Eleven Countries*. Cheltenham: Edward Elgar Publishing.

Mitchell, Paul. 2000. "Voters and Their Representative: Electoral Institution and Delegation in Parliamentary Democracies." European Journal of Political Research 37(3).

Nam, Yunmin. 2019. "The Divergent Evolution of East Asian Welfare States: Japan, South Korea, Taiwan, and Singapore." *Asian Politics & Policy* 12.

Pierson, Paul. 1994. *Dismantling the Welfare State? Reagon, Thatcher and the Politics of Retrenchment*. New York: Cambridge University Press.

Shi, Shih Jiunn. 2010. "The Fragmentation of the Old-Age Security System: The Politics of Pension Reform in Taiwan." in Yeun Wen Ku and Ka Ho Joshua Mok, eds. *Social Cohesion in Greater China: Challenges for Social Policy and Governance*. New Jersey: World Scientific Publishing.

Shim, Jaemin. 2020. "Left is Right and Right Is Left? Partisan Difference on Social Welfare and Particularistic Benefits in Japan, South Korea and Taiwan." *Journal of International and Comparative Social Policy* 36(1).

Sheng, Shing-yuan and Hsiao-chuan (Mandy) Liao. 2017. "Issues, Political Cleavages and Party Competition in Taiwan" in Christopher H. Achen and T. Y. Wang, eds. *The Taiwan Voter*. Ahn Arbor: University of Michigan Press

Soon, Suetgiin, Chelsea C. Chou and Shih-Jiunn Shi. 2021. "Withstanding the Plague: Institutional Resilience of the East Asian Welfare State." *Social Policy Administration* 55.

Tsebelis, George. 2002. *Veto Players: How Political Institutions Work*. New York: Princeton University Press.

Wade, Robert. 1990. *Governing the Market: Economic Theory and the Role of Government in East Asian Industrialization*. Princeton: Princeton University Press.

Wong, Joseph. 2004. *Healthy Democracy: Welfare Politics in Taiwan and South Korea*. New York: Cornell University Press.

Yang, Jae-jin. 2019. *The Political Economy of the Small Welfare State in South Korea*. Cambridge: Cambridge University Press.

Zheng, Zhenqing. 2013. "Taiwan's Wealth Gap and the Evolution of Electoral Politics after the 2008 Global Financial Crisis." *Asian Survey* 53(5).

Public Service Pension Fund (2016).

Statistical Yearbook of the Republic of China (2019).

Pension Fund Annual Report. 각 년도.

China Post (2016).

Taipei Times (2016).

Taiwan News (2017/11/15.).

『연합뉴스』 (2016/9/4).

『아시아투데이』 (2017/1/2).

대만 중앙선거관리위원회 홈페이지(https://www.cec.gov.tw/english/cms/pe)

참고문헌

경향신문. 2021. "한 달 새 전 세계 감염자 '뚝'…코로나 터널 끝 '빛' 보이나."
2021/02/23. http://news.khan.co.kr/kh_news/khan_art_view.html?artid=
202102232129025&code=970100 (검색일: 2021.02.23).

김동택 외. 2020. 『민주적 거버넌스 관점에서 본 한국의 코로나-19 대응체계
의 특징』. 성남: 한국국제협력단.

김상호. 2016. 『중동호흡기증후군』. 세종: 한국보건사회연구원.

김경화. 2020. "'배울 건 배우자'는 옛말…日 향한 한국의 시선, 어떻게 변했
나?" 『한국일보』 20/10/14. https://www.hankookilbo.com/News/Read/
A2020101211500005981?did=DA (검색일: 2020.10.15).

김석동. 2020. "발전국가에서 토지·교육 평등 및 경제민주화의 경제발전에
대한 역할." 『한국정치연구』 29집 2호, 183-211.

김석동. 2021. "한국형 발전국가에서 사회적 다원화와 불평등에 따른 합의 민
주주의의 요구: 세계화와 외환위기 및 코로나19 이후에 '민주주의의
질' 성찰." 『현대정치연구』 14권 1호, 47-86.

뉴스1. 2020. "200일 넘게 국내 확진자 '0'…대만은 어떻게 '코로나 무풍지대'
됐나." 2020/11/29. https://www.news1.kr/articles/?4133217 (검색일:
2020.11.29).

마인섭. 2011. "한국정당의 복지정책과 선거." 『의정연구』 17권 3호, 29-62.

양상희. 2020. "정부의 코로나19 사태 대처에 대한 평가 기준 연구: 「국제보
건규칙」(2005)과 메르스 사태 분석을 비교하여." 『인문사회 21』 제11
권 2호, 1613-1625.

오윤미. 2020. "대만의 코로나19 사태 대응과 시사점." 대외경제정책연구원.
『KIEP 세계 경제 포커스』 제3권 18호(6월 19일), 1-18.

윤홍식. 2020. "코로나19 팬데믹(pandemic)과 복지국가의 정치경제학: 위기
이후 복지국가의 길 '들'." 『비판사회정책』 68호, 113-142.

중앙일보. 2020. "코로나 확산 결정적 이유…기온 아닌 인구밀도 때문이었
다." 2020/11/08. https://news.joins.com/article/23914563 (검색일:

2020.11.08).

질병관리본부. 2018. 『감염병 공중보건 위험소통 표준운영절차(SOP)』. 개정판 (디지털 버전). 12월 14일. https://nih.go.kr/board.es?mid=a20507020000 &bid=0019&tag=&act=view&list_no=142118 (검색일: 2021.09.25).

한국경제신문. "니케이 '한국·대만이 코로나 잡은 비결은 일본에 없는 이것'" 2020/04/21. https://www.hankyung.com/international/article/20200421 5054i (검색일: 2021.09.16).

호사카 유지(Hosaka Yuji). 2020. "일본 정부의 코로나19 정책 고찰." 『민족연 구』 76권, 62-94.

Chu, Yun-han. 2003. "East Asia: Development Challenges in the Twenty-first Century." Atul Kohli, Chung-in Moon, and George Sørensen (eds). *States, Markets, and Just Growth: Development in the Twenty-first Century.* Tokyo: United Nations University Press, 127-163.

Hong, Jinshan, Rachel Chang, and Kevin Varley. 2021. "The Covid Resilience Ranking: The Best and Worst Places to Be as Variants Outrace Vaccinations." Bloomberg. April 26. https://www.bloomberg.com/ graphics/covid-resilience-ranking/#data-reference (검색일: 2021.05.01).

IMF. 2020. *World Economic Outlook.* Washington, DC: International Monetary Fund.

Independent. "Coronavirus: Taiwan tracking citizens' phones to make sure they stay indoors." 20 March 2020. https://www.independent.co.uk/news/ world/asia/coronavirus-taiwan-update-phone-tracking-lockdown-quaranti ne-a9413091.html (검색일: 2021.09.17).

Jamshidi, Sajad, Maryam Baniasad, Dev Niyogi. 2020. "Global to USA County Scale Analysis of Weather, Urban Density, Mobility, Homestay, and Mask Use on COVID-19." *International Journal of Environmental Research and Public Health* Vol. 17, No. 7847, 1-17.

Jeong, Hyoung Sun. 2011. "Korea's National Health Insurance—Lessons from the Past Three Decades." *Health Affairs.* Vol. 30, No. 1, 1-9.

Jones, Leroy, and Il Sakong. 1980. *Government, Business, and Entrepreneurship in Economic Development: The Korean Case.* Cambridge: Harvard University Press.

Kohli, Atul, Chung-in Moon, and George Sørensen, eds. 2003. *States, Markets, and Just Growth: Development in the Twenty-first Century.* Tokyo: United Nations University Press.

OECD. 2020. "Digital Government Index: 2019 results." OECD Public Governance Policy Papers No. 3.

OECD. 2021. "Self-employment Rate (indicator)." doi: 10.1787/fb58715e-en (검색일: 2021.09.24).

Sachs, Jeffrey, Christian Kroll, Guido Schmidt-Traub, Guillaume Lafortune, Grayson Fuller, and Finn Woelm. 2020. *Sustainable Development Report 2020: The Sustainable Development Goals and COVID-19.* Cambridge: Cambridge University Press.

Woo-Cumings, Meredith. 1999. "Introduction: Chalmers Johnson and the Politics of Nationalism and Development." Meredith Woo-Cumings (ed.). *The Developmental State.* Ithaca: Cornell University Press, 1-31.

Worldometer. "COVID-19 CORONAVIRUS PANDEMIC." https://www.worldometers.info/coronavirus/.

You, Jong-sung, and Youn Min Park. 2017. "The Legacies of State Corporatism in Korea: Regulatory Capture in the Sewol Ferry Tragedy." *Journal of East Asian Studies.* Vol. 17, No. 1, 95-118.

은민수

전) 고려대학교(세종) 공공정책대학 초빙교수
고려대학교 사회복지학 박사
논문: 복지국가와 역진적 조세의 정치: 스웨덴, 프랑스, 일본의 부가세와 보편적 사회기
여세((CSG)의 개혁과정(2012), 경제위기 이후 그리스와 포르투갈의 정치적 후견주으와 재
정긴축 정책 결정(2021), 촛불 이후, 한국의 복지국가를 묻는다(2020).
공저: Basic Income for Everyone's Economic Freedom(2020).

박성호

연세대학교 미래 캠퍼스 교수
노스캐롤라이나 대학교(University of North Carolina at Chapel Hill) 정치학 박사
논문: Capital Taxation in Japan and South Korea, the 1990s–2010s: Similar Outcomes,
Different Trajectories(2020), Tax Burdens in Japan and South Korea: Measurement Using
Average Effective Tax Rates(2020), Wage Moderation in the Public Sector: The Experiences
of 11 EMU Countries in the Recent Economic Crisis, 2008-2010(2015).

손영우

제사회노동위원회
전문위원프랑스 파리8대학 정치학 박사
사회적 대화 : 노동은 어떻게 프랑스 사회를 운영하는 주체가 됐나(2018), 사회 양극화
개선과 '을' 간의 사회적 대화(2018).
역서: 사회운동 : 어디에서 오고, 무엇이며, 어디로 갈까(2015).

손정욱

울대학교 국제문제연구소 연구위원
서울대학교 정치학 박사
논문: Dynamic Services, District Magnitude, and the Trilemma of the Service Economy (2020), Welfare States with Work: Government Partisanship and Policy Responsiveness in the Netherlands(2020), The Effect of Partisan Identity on Individual's Economic and Political Attitudes: An Empirical Analysis on South Korea Case(2020).

장선화

대전대학교 글로벌문화콘텐츠학전공 조교수
이화여자대학교 정치학 박사
논문: 코로나 19 팬데믹과 위기 거버넌스: 독일, 대만, 한국, 영국, 스웨덴 초기 대응 사례를 중심으로(2020), 북유럽 포퓰리스트 우파정당의 성장과 정당 체제 변화: 스웨덴민주당과 핀란드인당을 중심으로(2017), 한국 정당민주주의의 제도적 특징과 개혁과제: 독일, 영국, 스웨덴과 비교적 관점에서(2015), 사회협약의 정치: 세계화 시대 경제위기와 집권정당의 위기극복 전략(핀란드, 벨기에, 스페인, 아일랜드)(2014).

홍이진

중산(中山)대학교 정부학과 부교수
연세대학교 사회복지학박사
논문: Measuring Social Policy Change in Comparative Research: Survey Data Evidence from South Korea. Journal of Comparative Policy Analysis: Research and Practice(2019), Is South Korea as leftist as it gets? Labour market reforms under the Moon presidency(2019), Evaluation of a community development program in Nepal. A Propensity Score Analysis(2018)
공저: Welfare Reform and Social Investment Policy in Europe and East Asia(2021).

김영필

국회 고성연수원 교수
일본 가나자와(金沢)대학교 법학박사
후발산업국 일본의 복지국가 전략(2006), 일본의 고령화와 '복지사회'로의 이행(2008).
역서: 실버 데모크라시-고령화 시대의 새로 쓰는 정치학(2006).

임유진

원대학교 정치외교학과 조교수
연세대학교 정치학 박사
논문: 복지와 세대 갈등의 상관성에 대한 비판적 검토(2021), 한국 경제민주화의 성과와
한계(2020), 국제기구의 청년 담론과 한국의 청년 정책(2020)
공저: Historical Evolution of the Welfare Mix in Colonial Korea(2019).

경제위기 이후 복지정치와 사회정책

초판인쇄   2022년 4월 15일
초판발행   2022년 4월 15일

기획   한국복지국가연구회
엮은이   은민수·박성호
지은이   은민수·손영우·손정욱·장선화·
            홍이진·김영필·임유진
펴낸이   채종준
펴낸곳   한국학술정보㈜
주 소   경기도 파주시 회동길 230(문발동)
전 화   031) 908-3181(대표)
팩 스   031) 908-3189
홈페이지   http://ebook.kstudy.com
E-mail   출판사업부 publish@kstudy.com
출판신고   2003년 9월25일 제406-2003-000012호

ISBN   979-11-6801-439-8 93330